# BULLETIN

DE LA

## SOCIÉTÉ DES SCIENCES

HISTORIQUES & NATURELLES

DE LA CORSE

IVe ANNÉE

SEPTEMBRE-OCTOBRE-NOVEMBRE 1884 — 45e-46e-47e FASCICULES

BASTIA

IMPRIMERIE & LIBRAIRIE Ve OLLAGNIER

1884.

# SOMMAIRE

### DES ARTICLES CONTENUS DANS LE PRÉSENT BULLETIN

**Corsica,** par Ferdinand Gregorovius; traduction de P. Lucciana.

SOCIÉTÉ DES SCIENCES HISTORIQUES ET NATURELLES
DE LA CORSE

# FERDINAND GREGOROVIUS

# CORSICA

TRADUCTION DE P. LUCCIANA

Volume II

BASTIA
IMPRIMERIE ET LIBRAIRIE Vᵉ EUGÈNE OLLAGNIER
1884.

TOUS DROITS RÉSERVÉS

# LIVRE PREMIER

## CHAPITRE PREMIER

#### DU NEBBIO A L'ILE-ROUSSE

Si, partant de Bastia, on franchit la *Serra* qui continue la chaîne de montagnes du Cap-Corse, on arrive dans le Nebbio, sur la côte opposée. Pendant une heure, on gravit le Monte-Bello, par une route excellente, et la vue domine à gauche la plaine de Furiani et de Biguglia ainsi que le vaste étang où débouche la rivière du Bevinco. Dès qu'on atteint le col de Tegghime, on aperçoit la mer des deux côtés. Alors la route s'incline vers l'occident, la côte orientale disparaît, et devant les yeux éblouis se déroule une immense nappe d'un sombre azur, bordée de roches basses, presque nues, aux teintes rougeâtres, aux dentelures bizarres : c'est le golfe de Saint-Florent. Le spectacle est grandiose, surprenant, méridional.

Sur le penchant de la montagne s'élève le noir Barbaggio ; la voiture passe auprès du village en traversant des bois de châtaigniers et d'oliviers. Cette grande route fut ouverte par le général Marbeuf, et le soldat Bernadotte y a travaillé. Comme nous le fait observer le conducteur, elle décrit un M gigantesque.

Nous approchons du beau golfe, qui semble sourire avec sa rouge couronne de paisibles rivages. Les anciens disaient des eaux rayonnantes de la mer : « elles rient ; » et l'image est juste. « O toi, s'écrie Eschyle, rire infini de la joyeuse mer ondoyante ! » Le golfe sourit par ses flots innombrables d'un bleu pourpré, et près de lui sourit également un frais vallon, où parmi des milliers de lauriers-roses couverts de fleurs rouges, serpente un alerte ruisseau. Chez nous, les cours d'eau s'égaient de quelques bouquets d'aunes et de saules qui se penchent sur leurs rives ; dans ce beau midi, ils étalent une riche parure de lauriers-roses.

Ce pays est presque inculte. On y trouve parfois des maisonnettes abandonnées, enfouies sous le lierre qui pend en festons au-dessus des portes et des fenêtres. Les sylphes en ont peut-être fait maintenant leur demeure ; et ces petites créatures doivent bien ricaner lorsqu'un furtif rayon de soleil ou de lune, se glissant par les verts barreaux du feuillage, vient les surprendre au milieu des espiègleries qu'elles nous préparent dans l'ombre. Qui sait si les hommes qui les habitaient autrefois n'ont pas été mêlés à quelque drame sanglant et cruel, s'ils n'ont pas fui loin de leur demeure, chassés par les Barbaresques, par les Génois, ou par la *Vendetta* ?

Sur le rivage s'élève çà et là quelque vieille tour.

Plus on approche de Saint-Florent, plus la contrée devient pittoresque. A droite s'étend le golfe dans toute sa majesté, à gauche dans un fond lointain surgit l'amphithéâtre des montagnes qui descendent vers la mer. Ce sont les fiers sommets du col de Tenda, au pied desquels les Corses battirent autrefois les Romains. Ils environnent le Nebbio de toutes parts, excepté vers Saint-Florent, l'unique ouverture de cet immense amphithéâtre. C'est un pays montueux et très sec, mais riche en vin, en fruits, en olives et en châtaignes. On l'a regardé de tout temps comme une forteresse naturelle. Aussi, les conquérants de la Corse essayèrent-ils toujours d'y pénétrer, et y livrèrent-ils d'innombrables combats. Le Nebbio forme de nos jours quatre cantons ou pièves, qui sont : Saint-Florent, Oletta, Murato et Santo-Pietro-di-Tenda.

Nous arrivâmes à Saint-Florent à l'heure brûlante de midi. C'est une petite ville qui compte à peine 600 habitants ; mais elle est magnifiquement située sur l'un des plus beaux golfes de la Corse ; et derrière elle s'étend la seule vallée du Nebbio qui ait quelque importance, le val d'Aliso, arrosé par le cours d'eau du même nom. La rivière rampe à travers des marécages qui empestent la contrée. Sur ses rives j'aperçus un palmier-éventail solitaire : au milieu de cette atmosphère enflammée, il donnait au paysage un caractère tropical. Des femmes et des enfants babillaient assis autour d'une citerne et près de leurs vases d'airain, tableau de genre où le palmier était bien à sa place. La plupart des plages qui bordent les golfes de la Corse ont un aspect oriental rappelant en partie Homère et en partie l'Ancien Testament.

Il ne faut pas plus d'un quart d'heure pour parcourir la petite ville. Un fortin, avec une tour surmontée d'une coupole et ressemblant plutôt à une mosquée qu'à une citadelle, protège le port. Il y avait à l'ancre quelques barques de pêcheurs. Ce golfe, l'un des plus beaux de la Méditerranée, semble tellement désigné pour un grand port de relâche, qu'on est tout surpris de le voir désert. Voici ce qu'en dit Napoléon dans les mémoires d'Antommarchi : « Saint-Florent est l'une des situations les plus heureuses que je connaisse : c'est la plus favorable au commerce. Elle touche à la France, elle confine à l'Italie ; ses atterrages sont sûrs, commodes, peuvent recevoir des flottes considérables : j'y eusse fait une ville grande, belle, qui eût servi de capitale. »

D'après Ptolémée, c'est sur le golfe que se trouvait l'antique *Cersunum*. Au moyen-âge, il y avait à cette place la ville de Nebbio, dont les débris gisent à un demi-mille de Saint-Florent. On voit sur une colline l'ancienne cathédrale des évêques du Nebbio, en partie ruinée, mais encore imposante. Cette église, autrefois consacrée à L'*Assunta*, est dans le style des basiliques pisanes, et peut remonter au XII<sup>e</sup> ou même au XI<sup>e</sup> siècle. Près de là sont les ruines de l'évêché. Ces évêques, qui s'intitulaient comtes du Nebbio, n'étaient pas moins belliqueux que les plus fiers seigneurs : ce n'est qu'armés du glaive qu'ils se présentaient à l'assemblée populaire de la *Terre de Commune;* pendant qu'ils célébraient la messe, ils posaient, dit-on, deux pistolets chargés sur l'autel. La ville a disparu, ainsi que les évêchés corses d'Accia et de Sagone. On trouve de ce côté beaucoup de médailles romaines, souvent même d'antiques urnes funéraires.

Là s'éleva plus tard Saint-Florent qui en 1483 se donna à la Banque de Gênes. C'est l'une des premières localités de l'île qui aient rendu cet hommage. Aussi la ville jouissait-elle d'un grand nombre de privilèges. Chaque année la Banque lui envoyait un *Castellano* ou *Podestà*, chargé, avec quatre *Consuls*, d'administrer la justice. Le château de Saint-Florent a souvent joué un rôle considérable dans les guerres corses.

Après avoir mangé d'excellent poisson rôti qu'on venait de pêcher dans le golfe, je poursuivis mon voyage. Pendant quelque temps la route s'éloigne de la mer pour s'élever vers la montagne. Jusqu'à la Balagne et à l'Ile-Rousse c'est une côte stérile. Des quartiers de roches lancés par les forces plutoniques couvrent les pentes abruptes de blocs gigantesques ou de petits fragments, schistes, calcaires, granits.

La culture même de l'olivier et du châtaignier est ici fort restreinte ; mais l'olivier sauvage *(ogliastro)* envahit les collines, et l'arbousier, le romarin, le myrte et la bruyère pullulent partout. Le soleil de juillet avait roussi les arbustes ; la couleur de leurs feuilles d'un brun rougeâtre, la teinte grise des massifs d'oliviers et les débris de rocs qui jonchaient le sol donnaient au paysage une mélancolie profonde. On n'entendait pas chanter un oiseau ; l'atmosphère embrasée s'agitait seule dans le silence, que la sauterelle troublait de son cri. De temps en temps apparaissait un noir troupeau de chèvres couchées sous un olivier; ou bien, saisies tout à coup d'une terreur panique, elles s'enfuyaient au loin sur les rocs.

Nous passions parfois à côté d'une auberge solitaire, où l'on changeait les mulets de la poste, et parfois l'on s'arrêtait auprès d'une source sur laquelle bêtes et gens se précipitaient avec joie.

J'aperçus quelques petits champs de céréales. La moisson était déjà faite, on battait le blé. Le procédé est fort simple : au milieu du champ se trouve une aire ronde en maçonnerie ; le Corse y dépose les gerbes, sur lesquelles il fait passer des bœufs traînant une grosse pierre. J'ai constaté ici que, contrairement aux prescriptions de la bible, on avait lié la bouche des bœufs qui foulaient les grains. Il y avait d'innombrables aires de cette espèce disséminées dans les champs, et tout près d'elles de petites granges carrées en pierre avec des toitures plates, mais pas un village. Ces aires rondes et ces maisonnettes grises, rangées de toutes parts autour de nous, produisaient dans ce désert un effet bizarre : on aurait dit des habitations de gnomes. Le Corse rit de bon cœur en entendant décrire la manière de battre le blé chez nous ; pour rien au monde il ne voudrait s'assujettir à ce travail de galériens.

Pendant tout mon voyage je n'ai pas rencontré un seul véhicule. De temps en temps on voyait passer un Corse à cheval, le fusil double en bandoulière, et l'ombrelle ouverte. On tire ici beaucoup de pigeons sauvages, et qui sait ? peut-être même.... des hommes.

Après avoir traversé la petite rivière d'Ostriconi, nous nous rapprochâmes enfin de la mer. En certains endroits, la côte s'abaisse à une centaine de pas du rivage, puis elle se relève brusquement pour former de hautes falaises. Plus on avance vers l'Ile-Rousse, plus les montagnes deviennent puissantes. Ce sont les pics sourcilleux de la Balagne, cette terre promise des Corses, où coulent vraiment l'huile et le miel. Quelques-uns portent une belle couronne de neige, étincelante comme un pur cristal.

L'Ile-Rousse est là devant nous sur la plage. Voici les deux tours grises des Pisans ; et ces écueils rouges, ce sont les îlots qui ont donné son nom à la petite ville. Quelle idylle charmante au bord de la mer éclairée par les derniers feux du jour ! Là-haut des montagnes silencieuses, ici la mer tranquille, des oliviers tendant aux voyageurs leurs paisibles rameaux, une fumée hospitalière s'élevant des maisons.... je crois vraiment que je suis arrivé aux rivages enchanteurs du pays des Lotophages.

## CHAPITRE II

---

**IDYLLE SUR LE RIVAGE DE L'ILE-ROUSSE**

> Ils n'avaient d'autre envie que de demeurer là avec les Lotophages, et de vivre de lotos dans un entier oubli de leur patrie.
>
> Homère (Odyssée).

A l'entrée de l'Ile-Rousse on voit une grande place champêtre enfermée dans les murs de la ville, qui ressemblent à une clôture de jardin, et au milieu de cette place une fontaine de granit, en forme de cube, avec un buste de Paoli, érigé il y a à peine deux mois. Le grand patriote a jeté les fondements de l'Ile-Rousse en 1758, c'est-à-dire au plus fort de sa lutte contre Gênes qui occupait encore Algaiola située non loin de là. Les Génois accoururent avec des canonnières pour empêcher la construction ; mais elle s'éleva sous la grêle des balles ennemies. De nos jours l'Ile-Rousse compte 1860 habitants ; c'est l'important entrepôt des huiles de la riche Balagne.

Des enfants folâtraient autour de la fontaine. Je remarquai un très joli garçon de six ans, aux cheveux bouclés du plus beau noir, aux grands yeux noirs et pleins d'expression : c'était un charmant petit ange.

— Savez-vous aussi, leur dis-je, quel est l'homme placé là devant nous sur la fontaine ?

— Certainement nous le savons, répondirent-ils : c'est Pascal Paoli.

Les enfants me demandèrent de quel pays j'étais. Je le leur laissai à deviner : ils nommèrent bien des contrées, même l'Egypte ; mais aucun d'eux ne connaissait l'Allemagne. Depuis ce moment, ils m'accompagnent sur tous les chemins : je ne puis m'en débarrasser. Ils me chantent des romances, m'apportent des débris de corail et des coquillages bariolés ; ils sont partout, et leur nombre s'accroît toujours. Comme le preneur de rats de Hameln, je traîne derrière moi une troupe de gamins ; ils me suivent jusque dans l'eau. Poseidon qui ébranle la terre, Nérée et les filles de Doris, aux pieds bleus, nous portent patiemment et, sur les vagues cristallines, plus d'un dauphin prend auprès de nous ses joyeux ébats.

C'est bien ici le lieu de devenir enfant parmi les enfants.

Cet isolement sur le blanc rivage, au milieu de la verdure, fait du bien au cœur. La petite ville est silencieuse comme un rêve. Les maisons avec leur toit plat et leurs persiennes vertes, la petite église avec ses deux clochers éclatants de blancheur, tout est si gracieux, si casanier ! De la mer surgissent trois rouges écueils gardés par une tour qui semble encore, dans le paisible crépuscule, nous raconter les vieilles légendes des Sarrasins, pendant qu'autour de ses murailles voltigent des essaims d'hirondelles et de ramiers bleus. Je montai, le soir, sur ces rochers. On peut y arriver par terre depuis qu'on les a reliés à la ville au moyen d'une jetée. Les vagues y ont creusé une grotte d'un accès difficile. Près de là on construit une digue ; au moment où je m'y trouvais, des ouvriers français étaient en train d'élever de grands blocs avec des crics pour les jeter à l'eau.

Vu de ces écueils, le soir, le paysage est splendide : on découvre à droite la mer et toute la presqu'île du Cap-Corse, voilée de vapeurs ; à gauche, une rouge langue de terre baignée par les flots, la petite ville au premier plan ; des barques de pêcheurs et quelques navires à voiles dans le port ; au fond Sant'Angelo, Santa-Susanna et l'âpre Monte-Feliceto ; au flanc de ces trois superbes montagnes, des bois d'oliviers, des villages noirs ; et çà et là les feux des chevriers.

Plus que partout ailleurs, on peut mener dans ce pays une existence patriarcale. La terre et la mer offrent en abondance leurs fruits. Le soir, on va s'asseoir sur le môle pour bavarder, ou l'on pêche à la ligne sur les eaux tranquilles, ou bien encore on fait un tour de promenade dans les bois d'oliviers et d'orangers. Le jour, le pêcheur prépare ses filets et travaille à l'ombre d'un mûrier ; et la romance et la guitare sont naturellement à leur place ici.

Je m'étais établi dans un petit café, tenu par une jeune Lotophage qui savait les plus belles chansons. Sur le désir que j'en exprimai, on réunit, le soir, une petite société chez elle, et les guitares et les couplets allèrent leur train. Le jour, les enfants qui couraient après moi m'en chantèrent aussi leur part : c'étaient la *Marseillaise*, la *Marche des Girondins*, les *Adieux de Bertrand* avec des paroles ajoutées en l'honneur du président de la République française ; et tous ces airs se terminaient invariablement par le cri de *Vive Napoléon !* Le petit Camillo surtout enlevait bien la *Marseillaise*.

Nous cherchions aussi des coquillages au bord de la mer. On en trouve beaucoup près du petit cloître qui s'élève sur le rivage, et où habitent les Sœurs de la *Madonna-alle-Grazie*. Les filles de Marie jouissent, dans cette villa, d'une vue superbe sur la mer et sur les montagnes ; plus d'une peut continuer ici son ancien rêve d'amour, lorsque le disque de la lune brille au-dessus de Santa-Reparata, comme ce soir. Le rivage s'étend au loin aussi blanc que la neige, et ses bords sablonneux ont de fines broderies de coquillages et de poudre de corail. Le petit Camillo m'aidait bravement dans mes explorations ; mais il prenait encore plus de plaisir à chercher les *lapare*, coquillages moussus qui adhèrent aux rochers. Il allait dans l'eau pour les détacher de la pierre et avalait avec délices les petites bêtes vivantes, tout surpris de ce que je n'en faisais pas autant. Le soir, nous jouîmes du spectacle des vagues phosphorescentes, en nous baignant dans des millions d'étincelles.

Gracieux monde enfantin ! De temps en temps leurs voix se taisent, puis viennent de nouveau charmer mon oreille. Les Lotophages ne veulent pas me laisser partir ; ils me prennent pour un riche seigneur, et me prient de rester parmi eux.... Se perdre dans ce coin du monde, ce ne serait, ma foi, pas trop mal !

« Oui, la *vendetta* nous décime, me dit un habitant de l'Ile-Rousse. Voyez-vous là-bas ce portique aux blanches colonnes ? C'est notre petit marché. L'année dernière, un citoyen s'y promenait tranquillement, lorsque soudain un coup de feu retentit, et le pauvre homme tomba foudroyé. Massoni était venu, en plein jour, loger une balle dans le cœur de son ennemi ; puis il avait regagné la montagne ; et tout cela s'est passé à la lumière du soleil ! »

C'est à l'Ile-Rousse que fut attaqué Paoli à la suite de la conspiration de Dumouriez ; et c'est là aussi que Théodore de Neuhoff parut pour la dernière fois en Corse, pour se rembarquer aussitôt, car son rêve de roi était bien fini.

J'allai un jour avec un soldat alsacien du 10e de ligne, cantonné dans l'île, visiter la montagne de Santa-Reparata et le village de même nom. C'est un vrai village des montagnes corses, qu'il est difficile de peindre par des mots. On en aura une idée en se représentant une rangée de tours noirâtres coupées par le milieu. La plupart des maisons, en pierres brutes, ont une toiture d'argile, parfois recouverte de végétation. Des escaliers en pierre, étroits et roides, mènent à la porte d'entrée. C'est ainsi que les montagnards corses se logeaient peut-être aux temps des Etrusques et des Carthaginois. De tous côtés règnent la misère et la malpropreté : des hommes et des porcs pêle-mêle dans des chambres pareilles à des antres, recevant le jour par la porte. On est ici inondé de lumière, et l'on vit comme les Troglodytes ! D'une de ces tanières je vis sortir une pâle jeune femme, qui s'avança vers moi avec un enfant dans ses bras. Je lui demandai comment elle pouvait se plaire ainsi dans les ténèbres. Elle me considéra un instant, et sourit.

Dans une autre maison, je trouvai une mère de famille qui se disposait à faire coucher ses trois enfants. Tous les trois étaient nus sur le parquet, souffreteux et maladifs.

C'est ainsi que grandissent ces braves et vigoureux montagnards ! Ils sont en même temps chasseurs, bergers et laboureurs ; mais leur grande et presque unique ressource, c'est l'huile de leurs oliviers, qu'ils vont vendre dans les villes ; et la plupart en possèdent bien peu. Les misères de l'existence ne proviennent donc pas ici de la civilisation, mais de l'état de nature dans lequel cette société s'est maintenue.

J'entrai à l'église, dont la sombre façade m'attirait. Elle est flanquée d'un blanc *campanile* tout neuf. Dans ce pays les clochers n'ont point de flèche : ils se terminent par une galerie. A l'intérieur étaient une chaire et un maître-autel en pierres maçonnées, d'un style baroque, avec beaucoup d'ornements ; et au-dessus de l'autel une inscription latine disant : « *Sainte-Reparata, prie pour ton peuple !* » *Pour ton peuple*, c'est bien démocratique ! Aux murs on voyait des peintures grossières, quelques niches encadrées par des colonnes arrondies, à chapiteaux mi-corinthiens et mi-fantaisistes. L'église vient d'être interdite, et voici pourquoi : A la mort du curé, la commune, refusant d'accepter le successeur désigné par l'évêque d'Ajaccio, se divisa en deux partis, qui se firent une guerre sanglante. L'interdit de l'évêque ne l'a pas fait cesser.

Je traversai les rues sales et étroites du village pour arriver au bord de la vallée, d'où la vue s'étend au loin vers les hauteurs qui forment comme une enceinte à la Balagne. Sur les gradins de cette arène gigantesque s'élèvent çà et là des villages noirs et des bois d'oliviers, et les tons crus des âpres montagnes font puissamment ressortir la tendre verdure des jardins. J'avais pour guide un Corse au visage de flamme, qui était bègue et un peu faible d'esprit, je crois. Je lui fis dire les noms des villages ; et il me raconta d'une voix gutturale une foule de choses que je n'entendis qu'à moitié. Mais je le comprenais fort bien quand il s'écriait : *Ammazzato a colpi di fucile* ! en désignant au milieu des rocs un endroit où le sang humain avait coulé. Je m'éloignai avec horreur, et redescendis à l'Ile-Rousse par Ogillione en traversant des bois d'oliviers. Ce sont de vrais sentiers de chèvres. Des hommes sur des coursiers agiles escaladaient lestement les rochers. Le soir vint. La montagne déserte de Feliceto rayonnait des teintes les plus suaves ; une petite cloche sonnait l'*Angelus* ; sur le penchant de la colline un chevrier jouait du chalumeau. Tout cela était en parfaite harmonie, et quand j'arrivai à l'Ile-Rousse, mes dispositions étaient encore à l'idylle.

Enfants, bergers, vengeurs sanguinaires, tout forme ici des contrastes terribles et violents.

## CHAPITRE III

### VITTORIA MALASPINA

> E il modo ancor m'offende.
> (*Francesca da Rimini*, de Dante.)

A Bastia, j'avais fait la connaissance de Mucius Malaspina, homme fort considérable de la Balagne. C'est un descendant des Malaspina de Toscane, qui gouvernèrent la Corse au XI$^e$ siècle. Par sa femme il appartient à la famille Paoli : Vittoria Malaspina, fille du conseiller Giovanni Pietri, homme généralement aimé et l'un des plus distingués de la Corse actuelle, était en effet l'arrière-petite-fille d'Hyacinthe Paoli, et descendait du célèbre Clément.

Le *Signor* Malaspina m'avait offert l'hospitalité à Monticello, village à quelques milles au-dessus de l'Ile-Rousse ; et j'avais accepté avec joie d'être son hôte dans une maison autrefois habitée par Pascal Paoli, qui a daté de là bon nombre de ses lettres. L'aimable Corse avait même eu l'attention de me remettre un billet qui devait m'ouvrir sa demeure en tout temps.

Je pris donc la voiture de l'Ile-Rousse pour aller passer quelques jours à Monticello. Mais j'appris en route l'affreux malheur arrivé, il y avait à peine trois ans, à Malaspina qui ne m'en avait pas dit un seul mot ; et j'en restai comme interdit, ne sachant de quoi il fallait s'étonner le plus, de cette destinée horrible et cruelle, ou du caractère de ce Corse qu'elle n'empêchait pas d'accueillir chez lui un étranger inconnu. Je ne pus me résoudre à demander l'hospitalité dans une maison où elle venait d'être en quelque sorte assassinée ; mais je voulus aller à Monticello rendre hommage au malheur par la part que mon cœur d'homme y prenait.

A l'entrée du village, sur le bord d'un rocher couronné de verdure, s'élève la maison Malaspina, solide et vaste construction très ancienne, d'un style sévère, ressemblant à une citadelle. La terrasse qui la domine surgit au milieu des cyprès, de sorte que de loin elle rappelle déjà au voyageur le drame lugubre dont elle fut le théâtre. Devant la porte est une petite place ornée de jeunes platanes qui entourent une chapelle funéraire.

Je montai par un escalier étroit et sombre, et cherchai les habitants de la maison. Elle me sembla déserte. Je traversai des chambres tristes d'où l'esprit de confort avait disparu. Je rencontrai enfin une vieille femme vêtue de deuil (c'était la gouvernante), avec la fille la plus jeune de la famille, une enfant de huit ans. J'eus de la peine à obtenir de la vieille qu'elle me fît bon visage ; mais peu à peu elle m'accorda sa confiance.

Je n'adressai point de questions. Mais la petite *Felicina* m'engagea elle-même à visiter la chambre de sa mère ; et, dans son innocence, elle ne fut que trop expansive.

La vieille *Marcantonia* s'assit à côté de moi ; et ce qu'elle me raconta alors, je vais le répéter ici fidèlement ; je ne tairai que le nom de famille et la ville natale de l'infortuné.

\*
\* \*

— Pendant l'été de 1849, dit-elle, il y avait en Corse plusieurs réfugiés italiens. L'un d'eux (il s'appelait Giustiniano) était menacé d'extradition. Le *signor* Pietri, qui compatit à tous les malheurs, eut pitié de lui : il obtint de le faire rester en Corse, et l'accueillit même à l'Ile-Rousse dans sa propre maison. M. Pietri garda l'étranger tout un mois à l'Ile-Rousse, et quand il dut se rendre à Ajaccio pour le Conseil général, M. Mucius Malaspina et Madame Vittoria, ma maîtresse, hébergèrent Giustiniano à Monticello. L'étranger trouva chez eux toutes les distractions désirables, chasse, chevaux, bonne chère, et des hôtes accourant en foule pour lui faire honneur. L'Italien était avenant, très affable, mais mélancolique, car il vivait loin de son pays. La *signora* Vittoria se faisait aimer de tout le monde, et surtout des pauvres. C'était un ange....

— Est-ce qu'elle était belle ?

— Elle était grande et forte avec un teint délicat, des cheveux plus noirs encore que ceux de Felicina, des mains et des pieds d'une beauté admirable. Au lieu de se bien trouver dans notre demeure, où on le comblait d'affectueuses attentions, l'Italien s'abandonna de plus en plus à la tristesse, ne mangeant presque rien, taciturne, pâle comme la mort. On le voyait parfois errer des heures entières au milieu des montagnes ou bien s'asseoir dans un silence effaré.

— N'a-t-il jamais découvert sa flamme à la *signora* ?

— Il la suivit une fois dans sa chambre ; mais elle le chassa, et enjoignit à la bonne, qui avait tout vu, de se taire, de n'en rien dire à son maître. Quelques jours avant le 20 décembre (il y aura de cela bientôt trois ans), Giustiniano s'affaissa au point que nous eûmes des craintes sérieuses pour sa santé. Il devait partir de Monticello, aller se distraire à Bastia. Lui-même l'avait désiré. Il ne prit aucune nourriture pendant trois jours. Un matin je voulus lui apporter le café, comme à l'ordinaire ; sa porte était close. Je revins quelque temps après, et l'appelai par son nom. Il m'ouvrit : sa vue m'effraya. « Qu'avez-vous, *signore* ? » lui demandai-je. Il mit la main sur mon épaule, comme je la pose maintenant sur la vôtre, et me dit : « Ah, Marcantonietta ! si tu savais combien mon cœur souffre ! » Et il se tut. Je vis sur la table un pistolet, de la poudre dans du papier, et des balles. Il avait fait prendre cela la veille dans une boutique par la sœur aînée de Felicina.

Il voulait donc retourner à Bastia, et s'y embarquer pour un autre pays. Il prit, en effet, congé de tout le monde, et partit à cheval pour l'Ile-Rousse. C'était le 20 décembre. Le matin de ce jour la *signora* m'avait dit : « J'ai fait, cette nuit, un mauvais rêve. Il me semblait que ma commère malade se mourait. Je vais la voir pour la restaurer un peu. C'était son habitude : elle allait souvent chez les malades leur apporter de l'huile, du vin ou des fruits. »

Ici Marcantonia fondit en larmes.

« Il n'y avait presque personne à la maison : M. Malaspina s'était rendu à Speloncato ; j'étais sortie pour affaires ; il ne restait qu'une parente malade, Mademoiselle Mathilde, les enfants les plus jeunes et une domestique. C'était l'après-midi. En rentrant, j'entendis un coup de feu. Ce sont des gens qui chassent dans la montagne, me dis-je, ou des ouvriers qui font jouer la mine dans quelque carrière. Mais bientôt après retentit une autre détonation, et il me sembla cette fois que c'était chez nous. Je tremblai de tous mes membres en pénétrant dans la maison, et, pleine d'angoisse, je demandai à la bonne : « Où est donc la maîtresse ? » Elle me répondit en tremblant aussi : « Ah, mon Dieu ! elle est allée s'habiller là-haut dans sa chambre, pour se rendre chez la malade. — Cours, lui dis-je, et vois ce qu'elle fait.... »

« La servante redescendit bien vite : elle était aussi pâle que la mort. Il faut, dit-elle, qu'il soit arrivé quelque chose : la porte de la chambre de la maîtresse est toute grande ouverte, à l'intérieur tout est sens dessus dessous, et la porte de l'étranger est close. » Je montai aussitôt, suivie par la bonne, Felicina et sa sœur. L'appartement de ma maîtresse présentait un désordre affreux... La porte de la chambre de l'Italien était fermée. Nous frappâmes, nous criâmes, nous enfonçâmes enfin la porte.... Ah! Monsieur, quel spectacle s'offrit à mes regards !.... Mais, je n'ajouterai rien.

— Non, Marcantonia, pas un mot de plus ! »

Je me levai plein d'émotion et sortis. La petite Felicina et la gouvernante me suivirent, en m'accompagnant à la chapelle. L'enfant et la vieille s'agenouillèrent pour prier. Je pris à l'autel une branche de myrte, et la jetai sur la dalle qui recouvre les restes de Vittoria ; puis, je m'en retournai tristement à l'Ile-Rousse.

L'esprit a de la peine à comprendre une monstruosité pareille, et la langue se refuse à l'exprimer.

Après son départ de Monticello, Giustiniano, revenu brusquement sur ses pas, avait pu, à l'insu de tout le monde, remonter l'escalier de la maison. Son appartement et celui de Vittoria se trouvaient à l'étage supérieur, séparés seulement par une salle. Vittoria était dans sa chambre, en train de se vêtir, lorsque Giustiniano se précipita sur elle, un pistolet et un poignard à la main, éperdu, fou d'amour. Vittoria était robuste. Aussi la lutte fut-elle terrible (on le reconnut au désordre de la chambre partout couverte des touffes de cheveux de l'infortunée). Mais l'Italien parvint à terrasser sa victime, et la traîna sanglante, moribonde dans la pièce qu'il occupait. Là il l'acheva en lui tirant un dernier coup à la tempe, et la jeta sur son lit. Puis, il lui ôta ses bagues qu'il mit à ses propres doigts, se coucha à côté d'elle,... et lui-même se fracassa le crâne avec son pistolet.

C'est ainsi que le trouvèrent la vieille et la petite Felicina, alors âgée de cinq ans, qui s'écria en pleurant à cette vue : « C'est le sang de ma mère ! » La population de Monticello voulait déchirer le corps de Giustiniano. Malaspina s'y opposa (il était revenu de Speloncato en proie à de sombres pressentiments). On l'enterra au milieu des rochers. Il avait 25 ans à peine ; Vittoria en comptait 36, et était mère de six enfants.

Je trouvai en Mucius Malaspina un homme de manières simples, aux traits énergiques, impassible comme l'airain. J'aurais hésité à raconter ici cette lugubre histoire, si elle n'était connue de tout le monde, et même imprimée à Bastia dans un petit volume avec des sonnets en l'honneur de Vittoria. J'ai pu reconnaître, à cette occasion, avec quelle rapidité, chez le peuple, les faits se transforment en légendes : la vieille gouvernante m'a affirmé que l'âme de la pauvre Vittoria est apparue à quelques malades. Et bientôt l'on entendra dire que l'assassin sort, la nuit, des roches grises qui lui servent de tombeau et, pâle et inquiet comme il l'était dans la vie, se dirige en chancelant vers la maison où il a commis son horrible forfait.

*
* *

Irrité contre la nature humaine, je descendis des montagnes, et considérai quel petit intervalle a à franchir la plus noble des passions, l'amour, pour devenir la plus hideuse des furies. Qu'ils sont près l'un de l'autre, dans le cœur de l'homme, l'ange et le démon ! Comment se fait-il qu'ils puissent naître tous deux d'un même sentiment ? Je ne regardai plus ni les montagnes, ni la mer paisible et lumineuse ; je maudis la Corse entière et l'instant où j'avais mis le pied sur sa terre sanglante.... Mais le beau Camillo accourut auprès de moi avec force gambades ; le petit m'avait suivi dans ma course alpestre. Il avait les mains pleines de mûres sauvages, qu'il avait cueillies et, les yeux brillants de joie, il me les offrait à manger. La vue de ce petit innocent me rasséréna. Il me semblait qu'il se mettait là sur mon chemin pour me

# CHAPITRE IV

### DE L'ILE-ROUSSE A CALVI

Mon *vetturino* me souhaita la bienvenue en m'apprenant que j'avais l'honneur de m'asseoir dans un véhicule extraordinaire. « C'est dans cette voiture, dit-il, que j'ai transporté l'année dernière les trois fameux bandits Arrighi, Massoni et Saverio. Ils se présentèrent à moi sur la route, tous armés jusqu'aux dents, et m'enjoignirent de les mener à Calvi. C'est ce que je fis sans tarder, et ils me laissèrent ensuite repartir tranquillement. Ils sont tous morts. »

La route de Calvi longe la côte. On voit sur les montagnes de nombreuses ruines de villages détruits par les Sarrasins. Au-dessus de Monticello sont les restes du château du célèbre Giudice della Rocca, Lieutenant des Pisans. Ce *Juge* vit encore dans la mémoire de son peuple. Il était, dit-on, équitable même envers les animaux sans raison. Se trouvant en Balagne, il entendit un jour des agneaux pousser des bêlements plaintifs ; il interrogea les bergers, qui lui répondirent franchement : « C'est la faim qui les fait crier, car nous les avons sevrés du lait de leurs mères. » Giudice ordonna aussitôt qu'à l'avenir on ne trairait plus les brebis que lorsque les agneaux auraient suffisamment tété.

Je visitai d'abord Algaiola, ancienne place maritime ; elle est de nos jours complètement ruinée, et compte à peine 200 habitants. On y trouve un grand nombre de maisons désertes, ravagées par les bombes anglaises. Elles sont encore à l'état de décombres où la guerre les a mises il y a déjà soixante ans ; triste témoignage des conditions du pays ! Les maisons habitées elles-mêmes ressemblent à de sombres ruines. Un aimable vieillard, que les guerres de Napoléon avaient conduit à Berlin, me montra les curiosités d'Algaiola, entre autres un grand amas de pierres qu'il décora du nom de *Palazzo della comunità*. Au temps des Génois, Algaiola était le centre du commerce de la Balagne, et comme les habitants de tous les villages de la province pouvaient s'y rendre et retourner chez eux le même jour, la République en avait fait la résidence d'un Lieutenant et l'avait fortifiée.

Ce qu'il y a de plus curieux à noter dans cette petite ville, c'est la légende populaire de Chiarina et Tamante, deux amants fidèles. Tamante, condamné au dernier supplice par les Français, fut arraché à la mort par son amante accourue à la tête de quelques partisans. Le peuple honore partout les exploits de l'amour qu'il rend immortels dans les légendes : l'histoire de Chiarina et Tamante a parcouru toute l'Italie, et j'en ai retrouvé à Rome même les feuillets épars.

Près d'Algaiola, on extrait un superbe granit d'un gris bleuâtre. J'en ai vu, dans la carrière, une colonne qui ferait honneur à un temple égyptien : elle a 60 pieds de long et 12 de diamètre. Depuis bien des années elle gît dans l'abandon battue par les orages, et le voyageur ou l'aigle solitaires vont seuls parfois s'y reposer. Elle était destinée à Ajaccio pour un monument en l'honneur de Napoléon I$^{er}$ ; mais on a reculé devant les frais de transport, et elle est restée là. On la transportera peut-être un jour à Paris. C'est de cette même carrière d'Algaiola que provient l'énorme bloc de granit servant de base à la colonne Vendôme. En regardant la colonne d'Austerlitz, le Corse peut donc dire aux Français avec un orgueil légitime : « C'est mon pays qui a produit tout cela, et le grand homme placé là-haut, et le granit sur lequel il repose. »

Je me rendis à Lumio, village escarpé, dont les maisons noirâtres, en forme de tours, se confondent presque, de loin, avec les rochers. On remarque çà et là quelques volets verts : ils annoncent les habitations des notables du pays. Les descendants des anciens seigneurs résident encore dans ces villages, et ces hommes qui portent les plus beaux noms et comptent tant d'illustres aïeux vivent familièrement avec le bas peuple. Nulle part au monde on ne rencontre une aussi grande égalité que dans cette île, où les distinctions de classes sont à peine sensibles, où, comme je l'ai vu souvent moi-même, le *vilain* est un homme libre qui traite d'égal à égal avec le *seigneur*.

Pierre-Napoléon, fils de Lucien, habite près de Calvi; c'est le seul Bonaparte qui réside maintenant dans l'île, berceau de sa famille. Les Balanins disent à sa louange qu'il est intrépide chasseur, fraye volontiers avec les pauvres bergers, et se souvient toujours que ses ancêtres étaient Corses. L'élection du prince Louis a rempli de joie et d'orgueil tous ces insulaires. On trouve partout ici le portrait de cet homme dont les Corses exaltent l'énergie comme une qualité de leur race. Il y en a cependant parmi eux qui ont des vues plus larges, un patriotisme moins étroit, et appellent les Napoléon des tyrans, les derniers tyrans de la liberté.

Lumio possède beaucoup de jardins d'orangers et un nombre infini de haies de cactus que je n'ai vus qu'à Ajaccio en pareille quantité. Le cactus a ici les dimensions d'un arbre.

Du haut des montagnes on jouit d'une belle vue sur la vallée et sur le golfe. On aperçoit Calvi sur une langue de terre, avec ses sombres maisons aux toitures plates, que dominent les coupoles de deux églises et les murs de la citadelle placée à l'extrémité de la presqu'île : on dirait une ville maure.

Calvi est le chef-lieu du plus petit des arrondissements de

la Corse. Il est divisé en 6 cantons avec 34 communes et environ 25,000 âmes, et comprend à peu près toute la partie Nord-Ouest de l'île, des montagnes et des côtes encore à moitié incultes. La grande plage de Galeria est complètement déserte. La Balagne est cependant très populeuse et bien cultivée.

La petite ville (elle compte aujourd'hui 1680 habitants) fut fondée par Giovanninello, seigneur du Nebbio, ennemi acharné de Giudice della Rocca et partisan des Génois ; elle se donna ensuite à Gênes à qui elle resta toujours fidèle. Ainsi que les Bonifaciens, les Calvais obtinrent de la République un grand nombre de privilèges. Au temps de Filippini, la ville se composait de 400 feux. Cet historien l'appelle capitale, tant à cause de son antiquité que de ses belles maisons, « remarquables, dit-il, pour le pays. » C'est la Banque de Gênes qui a fait construire la citadelle.

La langue de terre où s'élève Calvi est la dernière ramification de l'une des hauteurs qui couronnent la grande vallée autour du golfe. Les montagnes sont nues et composées de granit et de porphyre. Elles forment comme un puissant amphithéâtre. L'olivier et la vigne prospèrent sur leurs flancs, et leurs pieds sont couverts d'ifs, de myrte, d'arbousiers et de lauriers-tins. Les abeilles aiment à sucer les fleurs de ces arbustes, qui donnent au miel corse l'amertume dont parlent déjà Ovide et Virgile. Calenzana surtout produit du miel en abondance. Un cours d'eau traverse cette vallée montueuse, et va former près de Calvi un marais aux émanations délétères. Il s'appelle la *vigna del vescovo*. On raconte sur son origine une de ces ingénieuses légendes qui, en Corse, viennent souvent égayer le voyageur. La voici : L'évêque de Sagone, établi à Calvi, y possédait, paraît-il, une belle vigne. Il emmena un jour dans sa propriété une jeune vierge dont il était éperdûment amoureux ; et là il la serra sur son cœur, la couvrit de baisers, en perdit tout à fait la tête. La jeune fille, voyant au doigt du saint homme l'anneau pastoral, lui dit avec un gracieux sourire : « Ah ! qu'il est beau l'anneau d'un évêque ! Je vous aimerais bien pour cette bague du bon Dieu ! » L'évêque soupira profondément ; le feu de son amour le consumait ; il tira de son doigt l'anneau du Seigneur, et le donna à la belle enfant. Mais, quand elle voulut embrasser le saint homme, elle laissa tomber la bague, qu'il fut impossible de retrouver. Le lendemain l'évêque revint la chercher dans sa vigne ; hélas ! la vigne même avait disparu, et à sa place s'étendait un marais.

## CHAPITRE V

#### CALVI ET SES HOMMES REMARQUABLES

Les miasmes de ce marécage rendent malsain le faubourg de Calvi. L'air est meilleur là-haut dans l'enceinte de la forteresse, qui renferme la ville proprement dite. Je montai à cette citadelle génoise, la plus forte après Bonifacio. Au-dessus de la porte on lit cette inscription : « *Civitas Calvi semper fidelis.* » Calvi fut toujours fidèle aux Génois. Il faut admirer la fidélité quand elle est, comme ici, exempte de servilisme : Calvi était une colonie génoise. Ces paroles sont devenues historiques à plus d'un titre. Lorsqu'en 1794 le général républicain Casabianca, après une défense héroïque, dut livrer Calvi aux Anglais, il exigea entre autres choses que la porte de la ville conservât son ancienne inscription ; ce qui fut scrupuleusement observé.

Il n'y a qu'un point sur lequel Gênes et Calvi ne sont pas d'accord : les Calvais soutiennent que Christophe Colomb est né dans leur ville, d'une famille génoise qui y était établie depuis longtemps. Il s'est élevé à ce propos une vive dispute rappelant l'ancien débat entre les sept villes de Grèce, qui s'attribuaient l'honneur d'avoir donné le jour à Homère. On dit que Gênes s'est emparée des registres de la famille des Colomb de Calvi et qu'elle a même changé le nom de la *via Colombo* de cette ville en celui de *via del filo !* Il paraît, en outre, que les Calvais ont été les premiers Corses qui se soient rendus en Amérique et que les Colombo existent encore parmi eux. Il y a aujourd'hui des écrivains corses qui regardent le grand explorateur comme leur compatriote ; pendant son séjour à l'île d'Elbe, Napoléon lui-même fit faire des recherches à ce sujet. Dans son testament, Christophe Colomb se dit pourtant natif de Gênes. Le monde aurait bien lieu d'être jaloux si le sort avait fait naître aussi dans le petit pays de Corse cet homme extraordinaire, plus grand que Napoléon.

Calvi a reçu assez de lustre du courage de ses habitants : si l'on considère la petite ville comprise dans l'enceinte de la forteresse, avec son amas de maisons noircies par le temps et trouées par les balles, on peut y lire l'histoire de plus d'un vieux héros. Il est singulier de voir une ville qui, après environ un siècle, montre tous les ravages de son bombardement. Mais, en Corse, le temps semble stationnaire. Une main de fer y enchaîne le passé : les vieilles mœurs populaires, les nénies des Etrusques, les guerres de famille à famille du moyen-âge, l'antique simplicité et aussi l'antique héroïsme ; au milieu des sombres ruines de ses villes, le peuple mène ici une sombre existence qui apparaît comme une lointaine légende aux peuples civilisés du continent.

Dans la cathédrale, dont la coupole montre encore les traces des bombes anglaises, se trouve le tombeau de l'ancienne et héroïque famille des Baglioni, qui porte le plus beau nom du monde, celui de *Libertà*. En 1400, quelques aristocrates de Calvi, devenus les tyranneaux de la ville, voulaient la livrer aux Espagnols. Le jeune Baglioni prit alors les armes, et, soutenu par quelques amis, il attaqua les tyrans dans la citadelle, comme autrefois Pélopidas à Thèbes, les tailla en pièces et appela le peuple à la rescousse, en criant : *libertà ! libertà !* et le peuple reconnaissant le décora du surnom que lui et sa famille portèrent depuis. Baglioni eut pour descendants trois héros : les frères Pierre, Antoine et Barthélemy Libertà. Ils se trouvaient à

Marseille au moment où cette ville était aux mains de la ligue et bravait Henri IV qui cependant avait déjà reçu l'hommage des Guises et était entré à Paris. Le Consul de la Ligue, Casaulx, opprimait Marseille et se disposait à la livrer à la flotte espagnole, commandée par Carlo Doria, lorsque Pierre Libertà résolut de sauver la ville : suivi de ses frères et d'autres hommes décidés, il pénétra dans le château, renversa lui-même le Consul d'un coup de lance qui lui traversa la gorge, ferma les portes de la citadelle, après en avoir massacré et désarmé les gardes, puis, l'épée sanglante à la main, il courut dans la ville aux cris de *libertà ! libertà !* Marseille fut délivrée ; et le duc de Guise vint en prendre possession au nom de Henri IV, qui, le 6 mars 1596, adressa de Rosny une belle lettre de remercîments à Pierre Libertà ; il le nomma Grand Juge de Marseille, capitaine de la Porte Royale, gouverneur de Notre-Dame de la Garde, et le combla d'autres honneurs. Deux années auparavant, un autre Corse, Alphonse Ornano, fils de Sampiero, avait conquis Lyon à Henri IV, qui s'écria alors : « C'est maintenant que je suis roi. » Pierre Libertà mourut peu d'années après. La ville lui fit de magnifiques funérailles, et plaça à l'hôtel de ville sa statue avec cette inscription : *Petro Libertæ libertatis assertori, heroi, malorum averrunco, pacis civiumque restauratori.*

Les familles corses ont une vitalité remarquable. En étudiant l'histoire de ce peuple, on voit qu'en général l'énergie des pères s'y transmet aux enfants et aux neveux.

Il m'est bien pénible de passer du tombeau de *Libertà* aux champs de Calenzana, où *Schiavitù* a trouvé le sien ; c'est là, en effet, que tombèrent 500 de nos compatriotes, obscurs mercenaires de la tyrannie.

Je l'ai déjà raconté dans mon *Histoire des Corses*, Charles VI avait vendu des troupes auxiliaires aux Génois. Le 2 février 1732, les Impériaux, attaqués près de Calenzana par les Corses sous les ordres de Ceccaldi, furent défaits après une lutte opiniâtre et laissèrent 500 des leurs sur le terrain. Et ces étrangers venus en Corse pour l'asservir, furent pieusement inhumés par les indigènes sur la belle côte qui s'étend entre Calvi et Calenzana, où leurs tombeaux sont couverts de myrte verdoyant et de plantes fleuries ; et les prêtres de Calenzana vont encore, le Samedi Saint, au *Campo Santo dei Tedeschi,* asperger d'eau bénite la place où les pauvres mercenaires sont tombés. C'est ainsi que la Corse se venge de ceux qui voulaient l'asservir. Et moi, l'un des rares Allemands qui aient visité ces tombeaux, le seul peut-être qui y songe encore, je me sens comme le devoir de remercier ici les braves insulaires au nom de l'Allemagne pour leur magnanime pitié. C'est un trait de plus à ajouter à l'histoire de leurs vertus. Quant à mes malheureux compatriotes je leur consacre cette inscription :

## EPITAPHE

*des cinq cents mercenaires Allemands tombés à Calenzana*

---

« Nous étions cinq cents pauvres mercenaires, et nous vînmes ici, — vendus hélas ! à Gênes par l'empereur, — pour abattre la liberté du peuple corse. — Nous pérîmes tous en accomplissant notre forfait. — Ne nous accuse pas, plains-nous plutôt — (la terre ennemie nous couvre elle-même compatissante) ! — N'insulte pas, ô voyageur, les enfants d'un siècle de ténèbres ! — Mais vous qui vivez, lavez-nous de la honte ! »

Cette époque où l'on vendait nos pères comme un vil troupeau, pour les transporter en Corse et en Amérique, était assez pleine d'ignominie. Mais alors surgirent Paoli dans cette ile, Washington dans le Nouveau Monde, les Droits de l'Homme au-delà du Rhin, et la faute du temps fut lavée, et avec elle la honte de Calenzana ; car les neveux de ces esclaves couchés là-bas dans leurs noirs tombeaux, ont combattu en hommes libres pour l'indépendance de leur patrie et ont abattu le tyran.

Le soleil va disparaître, le golfe est inondé de lumière et les montagnes abruptes de Calenzana se parent de couleurs chatoyantes. En adoucissant les teintes, les vapeurs lointaines donnent aux paysages du midi une magique beauté. Il n'y a rien qui saisisse plus l'âme que les périodes transitoires : c'est dans le passage de l'être au néant ou du néant à l'être que réside la plus belle, la plus profonde poésie de l'existence. Il en est ainsi de l'histoire des peuples : ses plus merveilleux phénomènes apparaissent au moment où deux civilisations se touchent pour se confondre, de même que, dans la nature, les saisons où les jours brillent de tout leur éclat, lorsqu'ils sont sur le point de disparaître et que d'autres vont leur succéder. Le même fait s'observe, ce me semble, dans l'histoire de la vie de chaque homme. Là aussi le passage d'une période de culture, d'une forme d'instruction à une autre est plein de charmes et fécond en heureux résultats, et c'est alors seulement que se développent en nous les germes de la force créatrice ou de la poésie.

L'isolement et le silence qui m'entourent ici tiennent presque du prodige : les eaux du golfe immobiles, un miroir ; aussi loin que portent les yeux, aucun navire, aucun oiseau ; et là-bas sur le blanc rivage une tour noire, pareille à la sombre image d'un rêve.... Mais, voici un aigle superbe : il se repose dans sa royale majesté ; puis d'un vigoureux coup d'aile, il s'élève dans les airs et se dirige vers les hauts sommets. Il est repu de sang.... Ah ! je dérange là aussi un renard, le premier que j'aie vu en Corse, où ces bêtes sont d'une remarquable grandeur. Il était paisiblement étendu au bord de la mer, semblant admirer la couleur rose des vagues, comme enseveli dans ses pensées ; et sa contemplation l'absorbait tellement que je pus me glisser jusqu'à deux pas de lui. Maître Renard bondit à ma vue, et comme le rivage était fort étroit, j'eus le plaisir de lui barrer le chemin et de lui faire perdre la tête un instant. Mais le matois fit une savante conversion et s'esquiva gaiement vers la montagne. Il est très bien en Corse, où les animaux doivent en avoir fait leur roi, puisque l'île manque de loups.

La nuit vint. J'entrai dans une barque et me mis à ramer sur le golfe à l'aventure. Quelle volupté, quel charmant spectable nocturne ! le ciel semé d'innombrables étoiles ; l'air d'une transparence magique ; là-bas, le promontoire avec son phare brillant ; des lumières au château de Calvi ; des feux de bergers aux flancs des montagnes ; quelques navires endormis sur l'eau ; autour de ma barque des vagues phosphorescentes ; mes rames ruisselant d'étincelles..., et dans le profond silence, sur le rivage, une guitare, aux sons mélodieux.

## CHAPITRE VI

#### UNE FÊTE DE MAITRES-CHANTEURS

Le charme poétique de cette nuit devait se prolonger encore. A peine endormi dans ma petite *locanda*, je fus réveillé par des accords de cithares et une mélodie à plusieurs voix. On joua et on chanta pendant une heure devant ma maison. C'était une sérénade pour une fille qui y demeurait. On aurait dit un *vocero* mélancolique, et cette psalmodie au milieu des silencieuses ténèbres pénétra avec force dans mon cœur. On débuta par un solo, auquel se joignit une seconde voix, puis une troisième et enfin le chœur tout entier. C'était un récitatif dans le genre du *ritornello* italien, qui exprime aussi en notes presque lugubres un sentiment qui n'a rien de triste en soi. J'avais bien entendu ailleurs en Corse des nocturnes pareils, mais nulle part je ne leur avais vu cette ampleur et cette solennité. Il m'arrive parfois comme un écho de ce chant, et il y a un mot surtout, celui de *speranza*, dont l'accent plaintif retentit encore dans mon âme.

Le matin, j'entrai par hasard dans l'échoppe d'un vieux cordonnier, qui me dit être le joueur de cithare de la veille. Il me passa avec complaisance son instrument. La *cetera* corse a seize cordes, et ressemble à la mandoline ; mais elle est plus grande et sa table d'harmonie, au lieu d'être ronde, est un peu aplatie. On en fait vibrer les cordes au moyen d'un petit morceau de corne aiguisée. On l'a remarqué souvent : la classe des cordonniers cultive la musique et la poésie. Sur le désir que j'en exprimai, notre Jean Sachs de Calvi appela quelques-uns des meilleurs chanteurs de la ville. On mit les souliers et les formes de côté, et la petite société de chanteurs se réunit dans l'arrière-boutique, dont la fenêtre couronnée de fleurs donnait sur le golfe... ; les musiciens rapprochèrent les chaises, le maître prit la *cetera*, « ferma les yeux et chanta à gorge déployée... » Mais il faut que je vous présente MM. les artistes : et tout d'abord, le vieux cordonnier remplissant le rôle de Maître-chanteur ; puis, son jeune apprenti à qui, avec les principes de la chaussure, il enseignait l'art de la gracieuse *Musica* ; ensuite, un jeune homme élégant, attaché au tribunal de Calvi ; enfin un septuagénaire aux cheveux gris d'argent. Malgré son âge, le vieillard s'en donnait à cœur joie ; mais il n'avait plus sa valeur juvénile, et comme les notes des *voceri* se prolongent beaucoup, il perdait quelquefois la respiration.

Alors commença la plus belle fête musicale que l'on vît jamais. Ils chantèrent ce que je désirais entendre, des sérénades et des *voccrati* ou *lamenti*, ces derniers surtout parce qu'ils me charmaient particulièrement par leur sombre beauté. Ils entonnèrent entre autres un *vocero* sur la mort d'un soldat, dont voici le sujet : Un jeune montagnard quitte père, mère, sœur, et part pour la guerre sur le continent. Bien des années s'écoulent ; il revient, comme officier, à son village, où personne ne le reconnaît. Il ne se découvre qu'à sa sœur, dont la joie est inexprimable. Il dit à ses parents de préparer pour le lendemain un dîner splendide qu'il se charge de bien payer ; et le soir venu, il prend son fusil, et va à la chasse, laissant dans sa chambre son havre-sac avec beaucoup d'or. A la vue de ces richesses, le père décide de donner la mort à l'étranger. Le crime horrible s'accomplit. Le jour suivant arrive ; midi se passe, et l'officier ne paraît point. Sa sœur en demande des nouvelles à la famille ; et, le cœur plein d'angoisse, elle découvre à ses parents que l'étranger est son frère. Ils se précipitent tous dans la chambre, le père, la mère et la sœur,... et le voient baigné dans son sang. La sœur commence alors le *lamento*. — L'histoire est vraie, comme le sont, en général, toutes celles qui forment le sujet des chants populaires corses. Le cordonnier me fit d'abord de l'événement un récit fort dramatique, corroboré par les gestes expressifs du vieillard ; puis il décrocha la *cetera*, et l'on entonna le *lamento*.

Comme je dis à ces aimables chanteurs que je traduirais leurs poésies dans ma langue et me souviendrais d'eux et de ce moment, ils me prièrent de rester le soir à Calvi, m'assurant qu'ils passeraient toute la nuit à chanter pour me faire plaisir ; que si, cependant, je voulais partir à tout prix, ils me conseillaient d'aller à Ziglia, où se trouvaient les plus habiles chanteurs de la Corse. « Hélas ! s'écria le cordonnier le meilleur est mort. Il chantait d'une voix si claire ! On aurait dit un oiseau. Il alla dans la montagne et devint bandit. Sa belle voix lui attira l'amitié des paysans qui le protégèrent longtemps contre les gendarmes. Mais à la fin on l'arrêta : on lui trancha la tête à Corte. »

Au milieu de ces contrées paisibles et désertes, je me croyais comme dans une mélodieuse oasis. Je notai ce détail : Calvi a vu naître deux des meilleurs poètes corses, l'abbé Giovan Battista Agnese (1611) et Vincenzo Giubega qui mourut à Ajaccio, où il était juge au tribunal, à l'âge de 39 ans (1800.) C'est avec raison que l'on nomme ce dernier l'Anacréon de la Corse. J'ai lu de lui quelques poésies érotiques : elles se distinguent par la grâce du sentiment. Il ne reste qu'un très petit nombre de pièces de ce poète, qui a brûlé de sa main la plupart de ses compositions. Sophocle dit que la mémoire est la souveraine des choses, et comme la muse de la poésie est fille de Mnémosine, je crois à propos de mentionner ici le fameux Giulio Guidi, de Calvi, que sa mémoire vraiment malheureuse fit passer, en 1581, pour la merveille de Padoue. Il pouvait répéter 36,000 noms après les avoir entendus une seule fois. On l'appelait *Guidi dalla gran memoria*. Il ne produisit rien : la mémoire avait tué en lui la force créatrice. Pic de la Mirandole, qui était aussi merveilleusement doué sous ce rapport, mourut à la fleur de l'âge. Il en est de la précieuse mémoire comme de toutes les autres facultés : le ciel veut nous punir quand il nous en accorde une trop large part.

J'ai déjà cité le nom de Salvatore Viale, né à Bastia, où il vit encore, chargé d'années. C'est le poète le plus fécond que l'île ait produit. Il a composé la *Dionomachia*, poème héroï-comique dans le genre de la *Secchia rapita* de Tassoni, et a traduit Anacréon ainsi que plusieurs pièces de Byron (Byron en Corse !). Doué d'une infatigable activité littéraire, Viale a surtout bien mérité de ses compatriotes par ses illustrations de leurs mœurs nationales. L'île possède aussi un traducteur d'Horace : c'est Giuseppe Ottaviano Savelli. Je pourrais citer d'autres poètes indigènes, comme le poète lyrique Biadelli, de Bastia, mort en 1822. Mais leurs vers ne sortiront pas de leur pays. Les plus belles poésies que les Corses aient produites, ce sont leurs chants populaires, et leur plus grande muse, c'est la douleur.

## CHAPITRE VII

#### CHANTS FUNÈBRES DE LA CORSE

Pour bien comprendre les *voceri* corses, il faut étudier les coutumes funèbres du pays, lesquelles remontent à une haute antiquité. Un peuple à qui, plus qu'aux autres, la mort apparaît sans cesse sous les traits sanglants d'un ange exterminateur, doit aussi, plus que les autres, se distinguer dans son culte pour les trépassés.

Lorsque la mort arrive, les parents, réunis autour du lit funèbre, récitent le rosaire, puis entonnent un chant plaintif (*grido*). Le corps est placé sur une table (*tola*) appuyée au mur. La tête repose sur un coussin, et porte un bonnet. Afin que les traits du visage ne se déforment point, on passe sous le menton un mouchoir ou un ruban qui va se nouer au sommet de la tête, sous le bonnet. Les jeunes filles sont revêtues d'une robe blanche et couronnées de fleurs; les femmes d'un certain âge portent en général des vêtements de couleur, et les vieilles sont habillées de noir. Les hommes, enveloppés d'un suaire, sont coiffés du bonnet phrygien et, dans cet accoutrement, ils ressemblent bien aux morts des Etrusques, entourés de pleureuses, tels que je les ai vus représentés au musée du Vatican.

La veillée et les plaintes autour de la *tola* durent parfois la nuit entière, pendant laquelle on tient toujours le feu allumé. Mais le grand *lamento* s'élève le matin des funérailles, au moment où le corps est mis dans le cercueil et avant que les confréries viennent l'enlever. Les parents et les amis accourent des villages voisins pour assister aux obsèques. Le convoi s'appelle *corteo* ou *scirrata*, mot qui a une certaine analogie de son avec l'allemand *Schar* (troupe), mais dont il est assez difficile d'expliquer l'origine. Une femme (c'est toujours la chanteuse ou poétesse, car elle réunit les deux qualités) conduit le chœur des pleureuses. *Andare alla scirrata* se dit des femmes qui se rendent en *troupe* à la maison mortuaire. Quand il y a eu mort violente, on se sert de l'expression *andare alla gridata,* aller aux cris. En entrant, les pleureuses vont saluer la veuve, la mère ou la sœur du défunt, et restent une demi-minute la tête penchée sur la sienne. Puis une femme de la maison mortuaire les convie à entonner la plainte. Elles font cercle (*cerchio* ou *caracollo*) autour de la *tola*, se balancent, rompent et reforment la chaîne, en poussant des cris plaintifs qu'elles accompagnent des signes de la plus sauvage douleur.

Ces pantomimes ne sont pas les mêmes partout. En plusieurs endroits, le temps les a déjà fait disparaître ; ailleurs, il les a adoucies ; mais au fond des montagnes, et surtout dans le Niolo, elles persistent avec toute leur vieille énergie païenne, et ressemblent aux danses funèbres des Sardes. Elles sont d'un effet dramatique effrayant. Les femmes seules prennent part aux danses, aux complaintes, aux cris : leur chevelure dénouée, pareille à celle des Ménades, vole autour de leur sein ; leurs yeux étincellent de flammes ; leurs manteaux flottent en désordre ; et elles mènent leur ronde terrible, poussent des hurlements plaintifs, battent des mains, se frappent la poitrine, s'arrachent les cheveux, pleurent, sanglotent, se jettent sur la *tola*, se couvrent de cendre ;... puis les cris cessent tout d'un coup, et, comme les Sibylles, elles vont s'accroupir à terre, en silence, respirant avec effort, cherchant à se calmer. Il y a ici un contraste effrayant entre cette danse sauvage et le mort lui-même qui semble la diriger du haut de la *tola* où il étend ses membres raidis. Dans les montagnes, les pleureuses se déchirent le visage jusqu'au sang, parce que, d'après une antique idée païenne, le sang est agréable aux morts et apaise leur ombre. Cela s'appelle *raspa* ou *scalfitto*.

Les pleureuses doivent être terribles à voir quand elles dansent autour d'un homme assassiné. Elles deviennent alors les sombres Euménides à la crinière de serpents, que nous dépeint Eschyle : « Elles tournoient avec d'affreuses contorsions, battent des mains, hurlent, entonnent leur hymne vengeur, et ce chant produit parfois un effet tel que, saisi d'épouvante, en proie aux angoisses du remords, le meurtrier se trahit lui-même. » Voici ce que j'ai lu : Un assassin eut l'audace d'aller, sous l'habit des Frères de la Miséricorde, tenir le cierge auprès de la bière de celui qu'il avait aidé à immoler. En entendant l'hymne vengeur, il se mit à trembler si fort que le cierge lui tomba des mains. — Dans les procès criminels, on regarde comme une charge grave le fait que le prévenu s'est troublé pendant ces complaintes... Ah ! il est plus d'un Corse qui ressemble à l'Oreste d'Eschyle, et dont la Pythie pourrait dire :

« Je vois, assis sur la pierre qui est le centre du monde, un homme chargé du poids d'un sacrilège ; c'est un suppliant. Ses mains dégouttent de sang ; et il tient un glaive nu...... Aux pieds de cet homme, dorment, assises sur des sièges, une inconcevable troupe de femmes... Que dis-je, des femmes ? non, des Gorgones.... Mais non, ce n'est point là la figure des Gorgones ; je les ai vues autrefois peintes dans un tableau, qui ravissaient le repas de Phinée. Celles-ci n'ont point d'ailes ; elles sont noires ; tout leur aspect inspire l'horreur. »

Il règne dans la chambre un silence de mort. On n'entend que le bruit de la respiration des pleureuses accroupies en cercle, enveloppées dans leur manteau, la tête penchée sur la poitrine, poignante image de la douleur : c'est ainsi que le vieil artiste hellène voile la face de celui dont il renonce à peindre l'immense affliction.

La nature n'a donné à l'homme que deux manières d'exprimer la douleur : le cri du sentiment qui éclate au moment où la force vitale déchaîne en quelque sorte tous ses esprits, et le silence profond où la force vitale va mourir épuisée.

Soudain, du cercle de ses compagnes une femme bondit pareille à une prophétesse inspirée, et entonne la complainte. C'est une poésie divisée en stances qu'elle déclame sur le ton d'un récitatif solennel, et chaque strophe se termine par un cri douloureux répété par le chœur, comme dans les tragédies grecques. C'est la chanteuse qui dirige le chœur et invente ou improvise les vers. En Sardaigne, ce rôle est généralement rempli par la femme la plus jeune. Ces poésies, où les éloges du défunt alternent avec les regrets et les excitations à la vengeance, sont presque toujours l'œuvre du moment.

Qu'il est singulier le contraste de la civilisation dans un pays où se produisent encore des scènes pareilles, qu'un abîme de trois mille ans semble séparer de notre société !

Qu'on se représente donc le mort sur la *tola*, les pleureuses accroupies sur le sol : une jeune fille se lève, le visage enflammé par l'inspiration. Comme Mirjam ou Sapho, elle chante des vers d'une grâce suprême, pleins des images les plus hardies ; et de son âme agitée débordent sans cesse de mélodieux dithyrambes exprimant ce qu'il y a de plus profond, de plus sublime dans l'humaine douleur ; et, après chaque strophe, le *dih ! dih ! dih !* du chœur se fait entendre comme un plaintif hurlement. — Je ne sais si l'on peut trouver ailleurs dans l'existence une image où l'horrible s'allie au gracieux avec autant de profondeur poétique que celle d'une jeune fille se dressant, comme une Euménide, sur le corps de son frère assassiné, étendu sur la *tola* avec ses armes, et jetànt à la foule des rimes vengeresses, que la bouche d'un homme ne saurait rendre ni plus sanglantes ni plus féroces. La femme vit en Corse dans l'humble condition d'une servante ; et c'est elle qui s'y érige en juge, et c'est sur sa plainte, devant son tribunal, que les coupables sont poursuivis ! Cela me rappelle dans les *Choéphores* d'Eschyle ce passage du chœur des esclaves :

« Mon fils, la dent dévorante du feu n'anéantit pas le sentiment chez les morts. Après la vie, ils font éclater leur courroux. La victime pousse un cri de douleur, et le meurtrier voit son crime apparaître au jour ; et de toutes parts s'élèvent, retentissent les gémissements que doivent pousser les fils aux malheurs de leur père, de leurs aïeux ; les gémissements qui appellent la vengeance. »


Quelques-unes de ces illuminées, que je comparerais volontiers à la germaine Velléda, se sont rendues célèbres par leurs improvisations, comme Mariola delle Piazzole, par exemple, qui, au siècle dernier, dirigeait les chœurs funèbres, et dont les *voceri* étaient partout demandés, et Clorinda Franceschi de Casinca. En Sardaigne, les pleureuses s'appellent *piagnoni* ou *prefiche*, en Corse *voceratrici* ou *ballatrici*. Ce ne sont pas toujours les directrices ordinaires du chœur qui chantent, mais bien des fois aussi les parentes du défunt, la mère, l'épouse et surtout les sœurs : même chez les personnes dépourvues de talent poétique, l'âme pleine de douleur déborde en plaintes naturellement éloquentes, et rend la langue sublime et les pensées hardies. La forme de ces complaintes étant, en outre, invariable, la femme corse s'y est toujours exercée avant que l'occasion se présente de les composer pour les siens ; car les chants funèbres deviennent ici populaires comme d'autres poésies parmi nous.

Cette lugubre cantilène s'appelle *ballata* (1) (strophe). On dit *ballatare sopra un cadavere*, chanter des strophes sur un cadavre. *Vocerare* signifie pousser des cris, et *vocero* cri, plainte. En Sardaigne la même complainte porte le nom de *titio* ou *attito*. On dérive ce mot des *dih ! dih ! dih !* soupirs douloureux par lesquels la directrice du chœur termine chaque strophe, et que répètent les pleureuses. Les Latins criaient *atat*, les Grecs *otototoi*, comme on le voit dans leurs tragédies ; et chez nous autres Allemands, la douleur violente s'exprime aussi quelquefois par *ahtatata* : chacun de nous peut s'en rendre compte lorsqu'il se brûle au doigt et qu'il bondit en le faisant claquer dans l'air.

Lorsque les confréries sont enfin venues pour enlever la bière, on entonne une nouvelle complainte ; alors le funèbre cortège se rend à l'église, où le mort reçoit la bénédiction ; puis, au milieu de chants plaintifs, on le transporte à sa dernière demeure. La cérémonie se termine par le banquet funèbre (*convito* ou *conforto*). Mais celui-ci est précédé d'un repas plus modeste, appelé *veglia*, offert à ceux qui veillent le cadavre, et chacun des confrères reçoit en outre un gâteau. Le *conforto* est donné aux parents et aux amis soit dans la maison mortuaire, soit au domicile de quelque membre de la famille, et tous sont instamment priés d'y assister. C'est un honneur pour le défunt que le banquet se fasse avec éclat, et

---

1) Le mot vient sans doute de *ballo*, et devait désigner à l'origine la danse funèbre, appelée aussi *caracollo*, que les pleureuses exécutent autour de la *tola*. On lit dans un *vocero* :

>Grande fatemi lu cieciu, (cerchio)
>E majò lu caracolu !

(*Note de l'auteur*).

par le nombre des convives on juge de la considération dont il jouissait dans la vie. Souvent, à l'occasion de ce repas, on se livre à beaucoup de dépenses, et l'on distribue même du pain et de la viande dans quelques maisons. Les personnes en deuil s'habillent de noir, et l'homme laisse croître sa barbe. Le banquet se renouvelle parfois au retour de l'anniversaire des funérailles.

Tel est donc en Corse le culte des morts. Il s'est maintenu jusqu'à nos jours dans l'intérieur et au sud de l'île, comme un reste des antiques mœurs païennes subsistant au milieu du christianisme et d'accord avec lui. Quelle est l'antiquité de cette *ballata* ? Quand et d'où s'est-elle introduite dans le pays ? C'est ce qu'il est difficile de savoir, et je ne me risquerai pas à le rechercher. Mais quelques rapprochements me semblent nécessaires.

L'expression de la douleur en présence d'un mort chéri est partout la même : on pleure, on se lamente, on rappelle ce qu'il a été dans la vie et l'amour qu'on lui portait. Les âmes passionnées éclatent en manifestations impétueuses, dramatiques, images parlantes de la douleur. L'éducation a imposé une règle, un frein aux hommes civilisés et empêché leurs sentiments naturels de se montrer dans toute leur véhémence. Il en est autrement chez l'homme inculte, chez l'enfant et chez celui qu'on appelle un homme du commun, qui, au milieu de notre civilisation, reflète encore la période épique de l'humanité. Si on veut se convaincre que des personnages d'épopée, des rois, des héros, des chefs de peuples montrent une douleur aussi violente que les Corses modernes dans leur *ballata*, on n'a qu'à lire Homère et la Bible, les chants de Firdusi et les Nibelungen. Esaü pousse de grands cris, et pleure pour la bénédiction qu'on lui a ravie. Jacob déchire ses vêtements en apprenant la mort de Joseph ; Job déchire ses vêtements, se rase la tête, se jette par terre et, comme lui, ses amis se lamentent, pleurent, déchirent leurs vêtements et lancent de la cendre en l'air pour la faire retomber sur leur tête. David prend ses vêtements et les déchire à la nouvelle de la mort de Saül et de Jonathas, et il s'afflige, et il pleure, et il se lamente ; et il pleure de même en fuyant devant Absalon : il se couvre la tête et marche nu-pieds.

Les manifestations de la douleur sont encore plus violentes chez les personnages d'Homère. Achille gémit sur la mort de Patrocle, et s'enveloppe dans un sombre nuage de tristesse. De ses deux mains il prend de la cendre, et en répand sur sa tête :

« Lui-même est étendu sur la poussière, couvrant de son grand corps un grand espace, et s'arrachant les cheveux. Et les femmes que lui et Patrocle avaient faites prisonnières poussent de grands gémissements, et, se précipitant hors des tentes, accourent auprès d'Achille. De leurs mains toutes se frappent la poitrine, et leurs genoux se dérobent sous elles (1). »

A la mort d'Hector, Hécube s'arrache les cheveux, et Priam pleure et se lamente ; et, plus tard, lorsqu'il demande à Achille un lit pour se reposer, il lui dit :

« Je n'ai pas fermé les paupières depuis le jour où mon fils est tombé sous vos coups ; j'ai passé tout ce temps-là à soupirer et à gémir, étendu à la porte de mon palais sur la cendre et sur la poussière. »

C'est ainsi que, dans Firdusi, le héros Rustem s'arrache les cheveux pour la mort de son fils Sohrab ; il rugit de dou-

---

1) *Iliade,* Trad. de M. Dacier.

leur, et pleure du sang. La mère de Sohrab se jette des charbons ardents sur la tête, déchire sa robe, tombe et retombe toujours en faiblesse, remplit la salle de poussière, pleure jour et nuit, et meurt au bout d'une année. La passion prend ici des proportions colossales, et les héros eux-mêmes sont des géants.

Dans les Nibelungen, la plus grande tragédie de la vengeance que l'on connaisse, la passion et la douleur se manifestent avec non moins d'énergie. Autour du cadavre de Siegfried, Chriemhild pousse des cris déchirants. Le sang lui sort de la gorge ; elle pleure du sang sur le corps chéri, et toutes les femmes la soutiennent de leurs gémissements.

Dans presque tous ces passages, les complaintes sont comme l'épanchement lyrique de la douleur, et prennent la forme de chants. En l'honneur des *voceri* corses, plaçons ici le plus sublime des *lamenti*, la complainte de David sur la mort de Saül et de Jonathas.

« Pleure, ô Israël, sur ceux qui sont morts par le glaive sur tes coteaux. Hélas ! comment ces héros sont-ils morts ?

« N'annoncez point cette nouvelle dans Geth ; ne la publiez point dans les places publiques d'Ascalon ; de peur que les filles des Philistins ne s'en glorifient et que les filles des incirconcis n'en triomphent de joie.

« Montagnes de Gelboé, que la rosée et la pluie ne tombent jamais sur vous ; qu'il n'y ait point sur vos coteaux de champs dont on offre les prémices ; parce que c'est là qu'a été jeté le bouclier des vaillants d'Israël, le bouclier de Saül, comme s'il n'eût point été sacré de l'huile sainte.

« Jamais la flèche de Jonathas n'est retournée en arrière ; mais elle a toujours été teinte du sang des morts, du carnage des plus vaillants ; et l'épée de Saül n'a jamais été tirée en vain.

» Saül et Jonathas, ces princes qui pendant leur vie étaient si aimables et d'une si grande majesté, n'ont point été divisés dans leur mort même. Il étaient plus vites que les aigles, et plus courageux que les lions.

» Filles d'Israël, pleurez sur Saül, qui vous revêtait d'écarlate parmi la pompe et les délices, et qui vous donnait des ornements d'or pour vous parer.

» Comment les forts sont-ils tombés dans le combat ? Comment Jonathas a-t-il été tué sur vos montagnes ?

» Votre mort me perce de douleur, Jonathas, mon frère, le plus beau des princes, plus aimable que la plus aimable des femmes. (Je vous aimais comme une mère aime son fils unique).

» Comment les forts sont-ils tombés ? Comment **la gloire des armes a-t-elle été anéantie ?** »

La complainte sur la mort d'Hector dans le dernier chant de l'Iliade est fort dramatique et ressemble tout-à-fait à une *ballata* chantée auprès de la *tola*. Ecoutons-la également :

« Quand le roi et le héraut, suivis de tout le peuple, sont arrivés dans le palais, ils déposent le corps sur un lit magnifique, et l'entourent de chanteurs qui entonnent l'hymne des funérailles ; les femmes y répondent par des gémissements. »

Andromaque commence sa plainte :

« Mon époux, tu as été retranché de la vie avant l'âge, et tu me laisses veuve dans nos palais. Et ce fils que nous avons eu tous deux, infortunés ! est encore enfant ; et je ne pense pas qu'il parvienne jamais à l'adolescence, car auparavant cette ville sera ruinée de fond en comble. **Tu as péri, toi notre gardien et le rempart d'Ilion, toi le salut de nos chastes épouses et de nos petits enfants**, qui bientôt seront emmenés captifs dans les profonds navires, et moi-même avec eux. Pour toi, mon fils, ou tu me suivras, et tu seras employé à d'indignes travaux, et tu te fatigueras pour un maître impitoyable ; ou quelque Grec, te saisissant dans sa main, te précipitera du haut d'une tour, mort lamentable ! pour venger un frère, ou un père, ou un fils qu'aura tué Hector ; car un grand nombre de Grecs ont mordu la terre sous ses coups, et ton père ne se laissait pas fléchir dans les sanglantes batailles. Aussi tout le peuple le pleure dans Ilion. Tu as causé à tes parents une affliction inexprimable, Hector. Mais c'est surtout à moi que tu as laissé d'amères douleurs ; car tu ne m'as pas, en mourant, tendu tes mains de ton lit, et tu ne m'as dit aucune sage parole dont je puisse éternellement me ressouvenir en pleurant nuit et jour. » (1)

Ces plaintes sont suivies de sanglots et de pleurs, et toutes les femmes les accompagnent de leurs cris et de leurs gémissements. Puis, Hécube reprend ainsi :

« Hector, Hector, le plus cher de mes enfants ; pendant ta vie tu as été aimé des dieux, et ces mêmes dieux ne t'ont pas abandonné après ta mort précipitée. Tous mes autres fils, qui sont tombés entre les mains d'Achille, ont été vendus au-delà des mers, dans les îles de Samos ou d'Imbre, et dans la barbare Lemnos. Et toi, depuis le moment fatal que sa cruelle épée a tranché ta vie, il t'a traîné sans cesse autour du tombeau de Patrocle, que tu lui as tué. Que lui ont servi ces cruautés inouïes ? il n'a pas ressuscité son ami, et, par la faveur des immortels, tu m'es rendu aussi frais et aussi entier que si tu ne venais que d'être tué ; on dirait que c'est Apollon lui-même qui a terminé tes jours avec ses plus douces flèches. »

---

(1) Trad. de M. Dacier.

A ces mots, elle se jette sur le corps de son fils et l'arrose de ses larmes ; et toutes les femmes redoublent leurs plaintes et leurs cris. Hélène continue alors :

« Hector, vous avez toujours été celui de mes beaux-frères que j'ai le plus aimé. Hélas ! le funeste présent que Pâris vous fit en m'épousant et en m'amenant à Troie ! Plût au ciel que je fusse morte le jour qu'il aborda nos côtes et qu'il se présenta à moi, semblable à un dieu ! Voici la vingtième année depuis que je l'ai suivi et que j'ai quitté ma patrie ; pendant tout ce temps-là, et au milieu de cette funeste guerre, non seulement je n'ai entendu de votre bouche ni le plus petit reproche, ni la moindre parole qui ait pu me blesser, mais encore, lorsque mes beaux-frères, mes belles-sœurs ou ma belle-mère s'emportaient contre moi (car pour le roi mon beau-père, il m'a toujours témoigné des bontés de père), vous les reteniez par vos paroles, et vous modériez leur colère par votre douceur. Voilà pourquoi je ne puis assez vous pleurer ; en pleurant sur vous, je pleure sur moi malheureuse. Quel cruel avenir pour moi ! je n'ai plus ni protecteur, ni ami dans Troie ; ils me regardent tous avec abomination et avec horreur. »

« Elle accompagna ces plaintes d'un torrent de larmes, et une multitude infinie de peuple lui répondit par des gémissements et par des cris. » (1)

Les Pélasges, les Grecs, les Phéniciens (particulièrement les Egyptiens), les anciens peuples d'Italie, les Etrusques, les Romains ont tous eu leurs chants funèbres, non moins que les Celtes, les Irlandais et les Germains. Il en est ainsi des peuples qui vivent actuellement à l'état de nature, en

---

(1) Trad. de M⁰ Dacier.

Amérique comme en Afrique ou dans les Indes. En Italie même, on trouve, en dehors de la Sardaigne et de la Corse, d'autres contrées ayant de pareilles coutumes funèbres, notamment dans le royaume de Naples.

Ainsi que l'a déjà remarqué Pietro Cirneo, le culte des morts, en Corse, ressemble beaucoup à celui des anciens Romains, lequel était incontestablement étrusco-pélasgique. Rome aussi avait ses pleureuses, *præficæ* (on les appelle toujours de ce nom en Sardaigne), et ses funèbres complaintes, *næniæ*. J'ai cité une de ces nénies romaines : c'est le *vocero* sur la mort de Claude, ou plutôt la parodie qu'en a faite Sénèque. A propos des funérailles de Germanicus, Tacite parle, comme d'un ancien usage, des vers chantés alors pour célébrer les mérites du défunt, et provoquer les regrets et les larmes. Cette poésie s'appelait *lessus*. C'est la *ballata* corse. Interdite en Grèce par les lois de Solon, elle fut condamnée à Rome, comme une coutume barbare, par la loi des Douze Tables, qui s'expriment ainsi : *Mulieres genas ne radunto, neve lessum funeris ergo habento : mulier faciem ne carpito.*

L'usage du repas funèbre est également très ancien. J'attribue son origine à trois choses : au besoin de se restaurer après l'épuisement causé par l'affliction ; à l'honneur que l'on veut faire au défunt, en assistant à ce dernier festin, pour ainsi dire donné par lui ; enfin au mystique symbole du manger lui-même, qui est comme le retour de la mort à la vie et montre que les personnes en deuil reviennent au commerce des vivants. Chez les Phéniciens, les Pélasges, les Egyptiens et les Etrusques, le repas funèbre se composait surtout de fèves et d'œufs : d'après les idées pythagoriciennes du vieux mysticisme oriental, ces deux aliments symbolisaient la force active et la force passive de la vie. L'usage de manger des fèves et des œufs à ces repas existe encore sur plusieurs points de la Sardaigne ; je n'ai pas entendu dire que cela se pratique en Corse. Chez les Romains le banquet funèbre s'appelait *Silicernium*. Les Troyens affligés revenant des funérailles d'Hector se rendent à la maison de Priam où ils assistent à un festin solennel.

Les *voceri* corses (je vais en faire connaître quelques-uns) sont tous écrits en dialecte. C'est le trochée qui domine dans ces poésies, mais avec des interruptions assez fréquentes. Chaque strophe se compose de six vers, dont trois riment ordinairement ensemble, entremêlés de vers blancs ; parfois aussi tous les vers sont à rimes croisées. La gravité de cette mesure et la monotonie des rimes produisent le plus grand effet : il est difficile de trouver un rythme plus propre à exprimer la douleur. Les *voceri* se distinguent en tendres complaintes sur la perte d'un être chéri et en sauvages hymnes de vengeance. Ces chants jettent une vive lumière sur la nature des Corses : ils montrent combien leur âme est ardente et quelle est la violence de leurs passions. Si l'on songe que ces poésies sont presque toutes composées par des femmes, on éprouvera un sentiment d'effroi ; car la femme est destinée par la nature à traduire les plus douces émotions du cœur, à mitiger l'âpre énergie de l'homme. Je ne sache pas que chez aucun peuple le hideux et le terrible soient devenus au même degré le fonds de la poésie populaire ; et c'est ici qu'éclate surtout la puissance de la poésie, puisque d'un souffle elle peut prêter à l'horrible une mélancolique beauté. La poésie corse est, en effet, capable des sentiments les plus tendres ; on y trouve la langue imagée d'Homère, comme celle des Psaumes et du cantique de Salomon. Simples et naturelles, ces pièces offrent le caractère d'improvisations, qu'on peut étendre à volonté ; et l'on y sent palpiter l'inspiration, l'ivresse du moment. L'ineffable candeur de certains *voceri* et leur touchante naïveté nous transporte dans un monde d'enfants, de bergers et de patriarches. Il n'y a point de génie de poète capable de trouver ces mots de la nature.

Afin que parmi les voix des peuples, que nous autres Allemands sommes habiles à discerner, cette voix plaintive puisse aussi se faire entendre, j'ai traduit, le plus fidèlement possible, quelques *lamenti* corses, et tâché d'en reproduire la forme et l'intonation. (1) On compare volontiers à des perles les beaux vers ainsi que les larmes d'une noble douleur. Ces chants funèbres de la Corse, je les appellerai ses coraux rouge-sang.

---

(1) L'auteur les a traduits en vers allemands avec un rare bonheur. Quant à nous, nous nous contenterons d'une fort modeste traduction en prose, que nous conseillons de passer, si on peut lire l'original.

# VOCERI

## COMPLAINTES CORSES

> E come i gru van cantando i lor lai....
> (DANTE).

# DÉDICACE

Entends-je vos deux voix chéries, — ô vous dont les fraîches tombes surgissent à mes yeux ? — Lorsque, sur le paisible rivage de cette île, — le chantre fait doucement vibrer les cordes de la *cetera*, — oh ! comme son *lamento* réveille — les notes plaintives de mon cœur !

Cygnes envolés là-haut avant moi, — bons génies de ma course errante, — dans les montagnes, sur les mers, — votre voix me salue tout bas ; — vous me saluez sur cette île déserte — par les sons d'une funèbre complainte.

Ce qui palpite dans ce chant lugubre, — je l'ai éprouvé, il a retenti en moi-même ; — c'est un écho de mon âme, — un cri échappé à ma douleur. — Que ces rimes éplorées — soient comme un *vocero* que j'entonne pour mes morts.

## IN MORTE D'UNA GIOVINETTA DELLA PIEVE DI VERDE

*Vocero della Madre.*

Via lasciatemi passà
Vicinu alla miò figliola,
Chi mi pare ch'ella sia
Qui distesa in su la tola,
E chi l'abbianu ligata
Di friscettu la so gola.

O Maria, cara di mamma,
Eri tu la miò sustanza ;
Eri tu di lu to vabu
L'odorosa e la speranza.
Questa mane si decisa
Di fa l'ultima partanza.

---

*Sur la mort d'une jeune fille de la Pieve di Verde*

*Vocero de la mère.*

Laissez-moi donc passer — auprès de ma fille, — car il me semble qu'elle est — étendue ici sur la *tola*, — et qu'on lui a serré — la gorge avec un ruban.

O Marie, amour de ta mère, — tu étais mon seul bien ; — tu étais de ton père — la fleur et l'espérance. — Ce matin tu es décidée — à faire le dernier voyage.

O morte cusì crudele,
Di speranza m'hai privatu :
T'hai pigliatu lu miò fiore,
Lu miò pegnu tantu amatu :
Questa mane lu miò core
Mi l'hai cusì addisperatu.

E qual' è chi regghierà,
O figliola, a tanta pena,
Chi mi manca lu respiru,
Toglie mi sentu la lena ?....

Or nun bedi tutte quante
Le to cumpagne fidate,
Chi sò qui d'intornu a te
Cusì mesto e disperate ?
Via, rispondili una volta,
E rendile cunsulate !

Mettiti lu to vestitu,
Cara di mamma, o Maria ;
Vedi chi sò tutte qui,
Ti volenu in cumpagnia,
Chi tu badi a sente messa
Nella chiesa a Sant'Elia.

---

O mort que tu es cruelle ! — Tu m'as privée d'espérance ; — tu m'as ravi ma fleur, — mon gage tant aimé. — Ce matin, tu as comblé — mon cœur de désespoir.

Et qui donc supportera, — ô ma fille, une peine si grande ? — la respiration me manque, — je me sens suffoquer.....

Ne les vois-tu pas toutes, — tes compagnes fidèles, — réunies autour de toi, — tristes et désespérées ? — allons, réponds-leur une fois, — et rends-les consolées !

Mets ta robe, — amour de ta mère, ô Marie ! — Ne vois-tu pas qu'elles sont toutes ici ? — Elles veulent qu'avec elles — tu ailles entendre la messe — à l'église de Saint-Élie.

## CHAPITRE VII. 59

*(Una compagna della defunta risponde)* :

Bulemmu falà alla messa,
Or che l'altare è paratu
Di cironi e di candele,
E di neru è circundatu ;
Perch'u vabu la so dota
Questa mane l'ha stimatu.

Questa mane alla parocchia
Ci ha da esse un bellu vede :
C'è la dota di Maria
Di cironi e di candele....

*(Un'altra compagna prosegue)* :

O Signora, u vostru male
Eo cunoscelu vuria :
Eo nun so s'è stata febre,
O veramente etisia.
Oh, chi male incunusciutu,
Ch'una volta un si vidia !

---

*(Une compagne de la morte répond)* :

Nous voulons descendre à la messe, — maintenant que l'autel est orné — de cierges et de chandelles, — et tout tendu de noir ; — car c'est sa dot que son père — y a mise ce matin.

Ce matin, à la paroisse, — on verra un beau spectacle : — il y a la dot de Marie — en cierges et en chandelles.

*(Une autre compagne continue)* :

Madame, votre maladie, — je voudrais bien la connaître : — Je ne sais si ce fut une fièvre, — ou réellement une phthisie. — Ah ! quel mal inconnu, — qu'on ne voyait point autrefois.

Duve mai l'ete pigliata
Voi la morte, o mia Signora?
Sempre stavate in carrega,
O usciate a spassu fora;
Ed a voi la vostra mamma
Nun vi facia mette tola.

(*Ripiglia la Madre*)

Questa mane a Sant'Elia
Un bel fiore eo li presentu :
Un bel mazzulu li donu
Caricu d'ogni ornamentu :
Con un donu cusì bellu
Credu restera cuntentu.

Pregà bogliu la Maria,
Pregà bogliu lu Signore,
Chi stamane eo mi ne vada
Abbracciata a lu mio fiore.
O Marì, cara di Mamma,
Chi mi crepa lu mio core !

---

Mais où donc l'avez-vous pris, — ce mal mortel, ô madame ? — Vous étiez toujours en fauteuil, — et ne sortiez que pour vous promener ; — et ce n'est pas vous que votre mère — aurait laissé mettre la nappe.

(*La Mère reprend :*)

Ce matin, Saint-Elie — recevra une belle fleur : — je lui offre un beau bouquet, — chargé d'ornements précieux ; — avec un si beau présent, — il sera satisfait, je crois.

Je veux prier la Vierge Marie, — je veux prier le Seigneur — de me laisser partir ce matin — attachée à ma fleur. — O Marie, amour de ta mère, — je sens mon cœur se briser !

## CHAPITRE VII.

Le to dodeci strapunte
Cun le vintiquattru anelle,
Qual è chi le guderà,
Fiore di le giuvanelle ?
Nun ci resta piu nisunu,
Nè fratelli, nè surelle.

Duve si ne sonu andate
Le to guance culurite,
Ch'eranu culor di rosa,
Ed or sonu impallidite ?
Oh la ladra di la morte,
Chi l'ha cusì stramurtite !

Morte fammiti venire,
E fa ch'ella sia finita :
Eo ti pregu per pietà
Chi tu mi tolga la vita,
Chi stamane eo mi ne vada
Cu la miò figliola unita.

Lu paese di la Petra
Stamane è in cunfusione :

---

Tes douze matelas, — tes vingt-quatre bagues, — qui donc en jouira, — ô toi fleur des jeunes filles ? — Il ne reste plus personne, — ni frères, ni sœurs.

Que sont devenues — tes joues si fraîches ? — Elles avaient l'éclat de la rose, — et maintenant elles sont décolorées ! — Ah ! c'est la mort cruelle — qui les a pâlies !

O mort, appelle-moi, — et termine mes peines : — je te prie en grâce — de m'ôter la vie, — afin que ce matin je m'en aille — en compagnie de ma fille.

Le village de la Pietra, — est, ce matin, plein de confusion ; — des

Pienghienu dirottamente
Tutte quante le persone ;
E tu, cara di la mamma,
Ne si tutta la cagione.

Nun bedi le to cumpagne ?
Per te sò cusì amurose,
Chi ti lavanu lu visu
Di lagrime dulurose ;
E tu le voli lascià
Cusì meste ed affannose !

Chi è andata a coglie i fiori ;
Chi è andata a piglià a rosa :
Ti tessenu la ghirlanda
Per curunatti da sposa ;
Et tu ti ne voli andà
Dentru di la cascia chiosa !

Quandu tu surtii di casa,
Tu spargevi moltu odore
Cu li to voni custumi,
Chi lampavanu splendore.
La morte ti s'ha pigliatu
In lu to più bellu fiore.

---

torrents de larmes coulent des yeux — de tous ses habitants ; — et c'est toi, amour de ta mère, — qui en es seule la cause.

Ne vois-tu pas les compagnes ? — Elles ont tant d'amour pour toi, — qu'elles te baignent le visage — de larmes douloureuses ; — et toi tu veux les laisser — si tristes et pleines d'angoisse !

Les unes sont allées cueillir les fleurs des champs, — les autres sont allées prendre des roses ; — elles tressent une guirlande, — pour te couronner comme épouse ; — et toi tu veux partir, — enfermée dans le cercueil !

Quand tu sortais de la maison, — tu répandais un grand parfum, — le parfum de tes bonnes mœurs, — qui rayonnaient autour de toi. — La mort t'a enlevée — dans ta plus belle fleur.

Quantu ci serà suspiri,
Oh, quantu ci serà pienti,
Quand'elli la senteranu
Tutti li nostri parenti !.....

Ma nun la pienghimmu più ;
Surtimmu di stu dulore ;
Chì la nostra Mariuccia
Or è sposa d'u Signore :
Serà ricevuta in Celu
Stamane cun tant'onore.

Sentu dì *ora pro ea*
Intornu a Santa Maria ;
Perchè avale arriva in piazza,
Figliola, la cumpagnia,
E ti volenu purtà
In chiesa di Sant'Elia.

Or eo vurria falà
Cun tutte a lu campu santu :
Ma nun ci possu arrivà,
Chi nun possu reghie a tantu :
Solu ti vogliu mandà
Dall'occhi un fiume di piantu.

. . . . . . . . . . . .

---

Combien il y aura de soupirs, — combien il y aura de larmes, — quand cette nouvelle — arrivera à nos parents !...

Mais ne la pleurons plus ! — Faisons trève à cette douleur, — car notre petite Marie — est maintenant l'épouse du Seigneur ; — elle sera reçue au ciel — ce matin avec grand honneur.

J'entends dire *ora pro ea* — autour de Sainte-Marie ; — car maintenant la confrérie — arrive sur la place, ô ma fille ; — et ils veulent te porter — à l'église de Saint-Elie.

Et moi je voudrais descendre — avec elles au cimetière ; — mais je ne pourrais y arriver, — je n'en aurais pas la force. — Seulement je veux t'envoyer — de mes yeux un torrent de larmes.

## VOCERO D'UNA GIOVINETTA PER L'OMICIDIO DEL PADRE

(Dialetto del di qua da' monti)

Eo partu dalle Calanche
Circa quattr'ore di notte :
Mi ne falgu cu la teda
A circà per tutte l'orte,
Per truvallu lu miò vabu :
Ma l'avianu datu morte.

(*Sopravviene un'altra giovine, che cerca un parente ucciso, e scorgendo il cadavere, lo crede quello del suo caro, e si ferma per incominciare il lamento ; ma la prima le dice*) :

Cullatevene più in su,
Chi truverete a Matteju ;
Perchè questu è lu miò vabu,
E l'aghiu da pienghie eju......

---

*Vocero d'une jeune fille sur la mort de son père assassiné*
(*Dialecte du deça des monts*).

Je pars des *Calanche* — vers onze heures du soir, — je descends avec un flambeau de pin, — et visite tous les champs — à la recherche de mon père : — mais ils lui avaient donné la mort.

(*Survient une autre jeune fille, qui cherche un parent assassiné ; en apercevant le cadavre, elle croit que c'est celui de son parent, et s'arrête pour commencer son lamento ; mais la première lui dit*) :

Allez vous en plus haut, — et vous trouverez Mathieu ; — car celui-ci est mon père, — et c'est moi qui dois le pleurer......

Via, pigliatemi u scuzzale,
La cazzola e lu martellu.
Nun ci vulete andà, babu,
A travaglià a San Marcellu ?...
Tombu m'hanu lu miò vabu,
E feritu u miò fratellu.

Or circatemi e trisore,
E qui prestu ne venite :
Bogliu tondemi i capelli
Per tuppalli e so ferite ;
Chi di lu sangue di vabu
N'aghiu carcu le miò dite.

Di lu vostru sangue, o vabu,
Bogliu tinghiemi un mandile ;
Lu mi vogliu mette a collu
Quandu avraghiu oziu di ride....

Eo collu per le Calanche,
Falgu per la Santa Croce,
Sempre chiamanduvi, vabu.
Rispunditemi una voce !
Mi l'annu crucifissatu
Cumme Ghiesu Cristu in croce.

---

Prenez-moi donc son tablier, — sa truelle et son marteau. — Ne voulez-vous pas aller, mon père, — travailler à Saint-Marcel ? — Ils m'ont tué mon père, — et blessé mon frère.

Cherchez-moi des ciseaux, — et revenez vite ici : — je veux me couper les cheveux, — pour boucher ses blessures ; — car du sang de mon père, — j'en ai les doigts chargés.

Avec votre sang, mon père, — je veux me teindre un mouchoir ; — que je mettrai à mon cou, — quand j'aurai envie de rire.

Je monte par les Calanche, — je descends par Santa-Croce, — en vous appelant toujours, mon père. — Répondez-moi donc un mot ! — On me l'a crucifié, — comme Jésus Christ sur la croix.

## VOCERO DI NUNZIOLA PER LA MORTE DEL MARITO

(Dialetto del dilà da' monti).

O lu me' Petru Francescu,
Capu di li me' ruini !
Erati voi lu me'fiori,
La me'rosa senza spini ;
Erati lu me' gagliardu
Da li monti a li marini.

E' v'avvingu 'ncu li pedi,
E v'allisciu 'ncu li mani.
Erati lu me' maritu,
Erati lu me' spirani.
O lu me' Petru Francescu,
Principiu di li me' mali !

---

*Vocero de Nunziola sur la mort de son mari.*

(*Dialecte du delà des monts*).

. O mon Pietro Francesco, — source de ma ruine ! — Vous étiez ma fleur, — ma rose sans épines ; — vous étiez mon vaillant cœur, — connu de la montagne à la plaine.

Je vous enlace de mes pieds, — je vous caresse de mes mains ; — vous étiez mon mari, — vous étiez mon espoir. — Oh, mon Pietro Francesco, — devenu la cause de mes douleurs !

La me' navi in altu mari,
Quilla chi sta per sbarcani ;
Ma ni veni la burasca,
E nun pò portu pigliani ;
Cu li so belli tisori
Si ne va a naufragani.

O Grisciò, la me' figliola,
Beni qui duv'è babani :
Dilli tu ch'in Paradisu
Par te Diu bogliu pricani
Chi tu abbi migliò sorti
Chi quilla d'a to mammani.

Erati la me' culonna,
Erati lu me' puntellu ;
Erati la me' grandezza ;
Erati lu me' fratellu !
La me' perla orientali,
Lu me' tisoru più bellu !

Lu me' aranciu culuritu,
Oh lu me' raru decoru ;
Lu me' bicchieri d'arghientu

---

Mon navire en pleine mer, — qui est près d'atteindre le port ; — mais survient la bourrasque, — et il ne peut aborder ; — et avec ses beaux trésors, — il s'en va sombrer.

Viens, ô Grisciò ma fille, — viens ici où est ton papa ! — Dis-lui qu'au paradis — il veuille prier Dieu pour toi, — afin que tu aies une destinée meilleure — que celle de ta maman.

Vous étiez ma colonne ; — vous étiez mon soutien ; — vous étiez ma grandeur ; — vous étiez mon frère, — ma perle orientale, — mon trésor le plus beau.

Mon orange brillante, — ma noble parure, — ma coupe d'argent, —

Ripiumatu tuttu in oru ;
Lu me' piattu signurili,
Ma colmu di lu me' dolu !

. . . . . . . . .
. . . . . . . . .

Prima chi lu vostru nomi
Mi voglia dimenticani,
Bogliu chi li me' du' occhj
Torninu dui funtani :
Eo lu me' Petru Francescu
Sempre lu vogliu chiamani.

. . . . . . . . .

La me' armi vïulenti,
La me' spada sopraffina !
Oh li me'tristi talenti,
La me' ultima ruina !
Vo' pariati a li me' occhj
Una vela a la marina.

M'era attaccata a li voti
Par francabi da la morti ;

---

toute parsemée d'or, — mon vase précieux, — mais rempli de mes douleurs.

Avant que votre nom — sorte de ma mémoire, — je veux que mes deux yeux — deviennent deux sources de larmes ; — et mon Pietro Francesco, je veux toujours l'appeler.

O mon arme redoutable, — ma lame finement trempée ! — Ah, mon triste sort, — et ma dernière ruine ! — Vous apparaissiez à mes yeux — comme une voile sur la mer.

J'avais fait des vœux à Dieu — pour vous préserver de la mort ; — mais,

## CHAPITRE VII.

Ma, lu me' Petru Francescu,
Eo nun ci aghiu avutu sorti.
Lu me' grandi di curaggiu,
Rispettu di li me' torti.

. . . . . . . . .

O lu me' jallu pumposu,
Lu me' fascianu più bellu,
O lu me' presu a li voti,
O lu me' distintu uccellu,
Nun m'ascunderaghiu più
Sottu lu vostru bavellu !

O lu me' Petru Francescu,
Prigà bogliu lu Signori,
Che bo' siati ricevutu
In paradisu, u me' fiori.
Quista è l'unica speranza
Chi cunsola lu me' cori !

---

ô mon Pietro Francesco, — je n'ai pu y parvenir. — O vous, mon vaillant cœur, — ma défense contre les méchants !

O mon coq majestueux, — mon faisan le plus beau, — mon élu entre tous, — de tous le plus distingué. — Ah ! je ne pourrai plus m'abriter — sous votre menton !

O mon Pietro Francesco, — je veux prier le Seigneur — de vous recevoir — dans son paradis, ô ma fleur. — C'est là l'unique espérance — qui console mon cœur.

## VOCERO D'UNA GIOVINE PER DUE SUOI FRATELLI
### UCCISI NELLO STESSO GIORNO

(Dialetto misto del di qua et del dilà da' monti)

---

Oh le truncate di Pieru!
Oh le sbaccate di Oraziu!
N'hanu fattu un gran flagellu
Ind'a piazza a San Brancaziu.
Di lu sangue di li nostri
Or Michele sarà saziu.

Morte, o morte, tu scià tinta,
Chi ci hai fattu tantu mali!
Una casa cusì piena,
L'hai ridotta a nidicali.
Or este tuccatu a me
A fa lu reghj-casali.

---

*Vocero d'une jeune fille sur la mort de ses deux frères assassinés le même jour.*

(*Dialecte mixte du deçà et du delà des monts*).

Oh, les bravades de Pierre! — Oh, les forfanteries d'Horace! — Ils en ont fait un grand carnage — sur la place de Saint-Pancrace. — Ah, maintenant du sang des nôtres, — Michel sera repu!

Mort, ô mort, sois maudite, — toi qui nous as causé tant de mal! — Une famille si nombreuse, — tu l'as réduite à un seul membre. — C'est donc à moi qu'est revenue — la charge de toute la maison?

Eju di li femminelli
Era sola a lu fuconi ;
Eu li me' cinque fratelli
Li pudia tutti disponi.
Avà sì chi l'aghiu persu
Lu dirittu di ragioni.

Bogliu tinghiemi di neru,
Bogliu poni li falletti :
Nissun segnu d'alegria
Maï più mi vogliu metti
Pe li me' cinque fratelli,
Babbu e mamma, chi sò setti.

E po' vogliu mandà in Ascu
A cumprà lu negru fumi :
Bogliu tinghiemi di neru,
Cume d'un corbu li piumi.
La me' vita scendi e corri
Cume l'acqua di lu fiumi.

Un bideti li me' occhi ?
Sò turnati dui funtani

---

J'étais la seule femme — au foyer paternel ; — mais mes cinq frères — étaient tous à ma disposition ! — Ah ! c'est maintenant que j'ai perdu — tous les droits de la raison !

Je veux me teindre en noir, — je veux me couvrir de la *faldetta* ; — aucun signe d'allégresse — ne paraîtra plus sur moi, — car j'ai perdu cinq frères, — mon père et ma mère, — en tout sept personnes.

Je veux envoyer à Asco — acheter du noir de fumée ; — je veux me teindre en noir — comme le plumage du corbeau ; — et que ma vie coule et se précipite — comme l'eau du torrent.

Ne voyez-vous pas mes yeux ? — Ils sont devenus deux sources, — qui

Pe' li me' duï fratelli
Appachiati in una mani.
Or hanu lu so da fà
A murtoriu li campani.

Lu me' bottulu dill'oru,
La me' jemma dill'anellu !
O Pieru, lu me' cuntentu !
Od Orà, lu me' fratellu !
Nu la chiesa di Tallanu
Un ci entrianu cum'ed ellu.

E lu più ch'eo mi lamentu
È di voi, signor Curatu,
Perchè contru a me' famiglia
Vi mustraste cusì ingratu :
In tre anni furnu setti,
Chi boi n'aïte levatu.

Or li vogliu accumpagnà
Finu a u pedi di li chiassi ;
Mi ne vogliu riturnà,
Lagrimandu a occhi bassi.
Pe li me' cinque fratelli
Questi sò l'ultimi passi.

---

pleurent mes deux frères, — tués dans une seule matinée. — Ah ! les cloches auront à faire — pour sonner le glas funèbre !

O mon bijou d'or, — le joyau de ma bague ! — Pierre, ma joie ! — Horace, mon frère ! — Dans l'église de Tallano — on n'en voyait point entrer comme lui.

Et je me plains surtout — de vous, Monsieur le curé, — qui envers ma famille — vous êtes montré si ingrat : — en trois ans, ce sont bien sept membres — que vous lui avez ravis.

Je vais maintenant les accompagner — jusqu'aux abords des sentiers ; — puis, je m'en retournerai — en pleurant, la tête basse. — Pour mes cinq frères, — ce seront là mes derniers pas.

## CHAPITRE VII.

**VOCERO DI MARIA FELICE DI CALACUCCIA, IN MORTE DEL FRATELLO**

*(Dialetto di Niolo)*

Eu filava la miò rocca,
Quandu intesu un gran rumore ;
Era un colpu di fucile,
Che m'intrunò nu lu core ;
Parse ch'unu mi dicissi :
Corri, u to fratellu more.

Corsu in camera suprana,
E spalancaju la porta.
Ho livatu indu lu core,
Disse, ed eju cascaju morta...
S'allora nun morsu anch'eju,
Una cosa mi cunforta.

---

*Vocero de Maria Felice de Calacuccia, sur la mort de son frère.*

*(Dialecte de Niolo).*

Je filais ma quenouille — quand j'entendis un grand bruit : — c'était un coup de fusil, — qui me résonna jusqu'au fond du cœur ; — il me sembla qu'une voix me disait : — cours, ton frère se meurt.

Je courus à la chambre supérieure, — et j'ouvris la porte toute grande. — Je suis blessé au cœur, me dit-il ; — et moi, je tombai sans vie... — Si alors je ne mourus pas aussi, — une seule chose me console.

Bogliu veste li calzoni,
Bogliu cumprà la terzetta ;
Per mustrà la to camiscia
Tantu nimmu nun aspetta,
A tagliassi la so varba
Dopu fatta la vindetta.

A fane la to bindetta
Quale voli chi ci sia ?...
Mammata vicinu a more ?
O a to surella Maria ?
Si Lariu nun era mortu,
Senza strage nun finia !

D'una razza cusì grande
Lasci sola una surella,
Senza cugini carnali,
Povera, orfana e zitella.
Ma per fà la to bindetta,
Sta siguru, basta anch'ella.

---

Je veux revêtir le pantalon, — je veux acheter un pistolet. — Aussi bien, je n'ai personne — à qui montrer ta chemise sanglante, — personne qui attende pour se couper la barbe — que mon frère soit vengé.

Et qui serait là — pour te venger ?... — Ta mère près de mourir ? — ou bien ta sœur Marie ? — Ah, si Lario n'était pas mort, — il y aurait certainement du carnage !

D'une si grande famille — il ne reste que ta sœur, — jeune, pauvre, orpheline, — sans cousins germains. — Mais pour te venger, sois tranquille, — elle seule suffit.

## CHAPITRE VII.

**VOCERO D'UNA TALAVESE PER LA MORTE DEL MARITO, VACCAJO**

Fu la piagghia la so morti
Duvi stanu li curnacchi.
Oh crudeli, oh iniqua sorti
Par Francescu di li vacchi !
La corcia cumu faraghiu
A stà sola in quisti macchj ?

Isfurcà bogliu lu palu,
Quillu d'i sette furconi,
Ch'un ci s'appenda più zanu,
Nè cappucciu nè piloni ;
E taglià bogliu la coda
A Cimoscu ed a Falconi.

Di di dih ! par me sò lutti :
Fate un gridu universali,

---

*Vocero d'une habitante de Talavo pour la mort de son mari, vacher.*

La plage fut sa mort, — la plage où se tiennent les corneilles. — Oh, sort injuste et cruel — pour François, le vacher ! — Malheureuse, comment ferai-je — à vivre seule dans ces makis ?
Je veux briser les sept fourches — de la grande perche — afin qu'on n'y suspende plus ni sac, — ni *pelone*, ni capuchon ; — et je veux couper la queue de *Cimosco* et de *Falcone*.
*Di di dih*! jours de deuil pour moi ! — Poussez, poussez des cris,

Fratelli e surelli tutti :
Un n'è statu pocu mali !
Mortu è u capu d'a famiglia ;
Oh, la me' sorti fatali !

(*Seppellito il defunto, la donna ritorna alla sua capanna, e descrive alla famiglia ed a' vicini l'interro :*)

Quandu lu posinu in bara,
E u culloni a li Prunelli,
Piansinu per doglia amara
Li pecuri cu l'agnelli ;
E l'egghj'ndu lu sarconu
Bé bé béh facianu anch'elli.

Ripostu a Santa Maria
Inn'a jescia parocchiali,
Lu piuvanu, anima mia !
Cumu capu principali,
Cantaja cun l'altri preti
Li cosi di lu missali.

---

— ô vous tous, frères et sœurs ! — car le mal a été bien grand : — le chef de la famille est mort. — Oh, ma triste destinée !

(*Après l'enterrement, la femme retourne à sa cabane, et le décrit en ces termes à sa famille et aux voisins*) :

Quand ils le mirent dans la bière, — et qu'on le transporta là-haut, à Prunelli, — on entendit pleurer de douleur — les brebis et les agneaux ; — et les chevreaux dans le bercail — criaient aussi bé bé béh !

On le déposa à Sainte-Marie, — dans l'église paroissiale ; — et le curé, ô mon âme ! — comme chef principal, — chantait, avec les autres prêtres, — les choses du missel.

Finiti li funzioni,
Tutti pronti ad ubbidini
Una folla di parsoni
Incumincionu a scuprini,
Alzandu sopra una tegghia
Par bulellu seppellini.

La corcia, da me pinsaju :
Chi ni faranu avà d'ellu ?
Dentru l'arca mi pinsaju
Ci fussi qualchi purtellu :
Ma vidi chi lu lamponu
Ind'u tufunacciu niellu.

---

La cérémonie terminée, — une foule de personnes — toutes dociles à ses ordres, — découvrirent la sépulture, — en ôtant une grande dalle, — et se disposaient à l'ensevelir.

Malheureuse ! me disais-je : — Que va-t-on faire de lui ? — Je pensai que dans le caveau — il y avait quelque fenêtre. — Mais je vis qu'on le jeta — dans un horrible trou noir.

## IN MORTE DI CANINO, BANDITO

*Vocero della sorella*

(Dialetto della Pieve di Ghisoni).

Eu vuria che la me' voci
Fussi tamant' e lu tonu,
Chi pudessi trapassà
La foce di Vizzavonu,
Per fani a tutti palesi
Le gran prove di Gallonu.

Tutti a lu Lucu di Nazza,
Tutti s'eranu aduniti,
Cun quella barbara razza
Li sullati e li banditi,
E la mani di bon' ora
Sonu subitu partiti.

---

*Sur la mort du bandit Canino.* — *Vocero de la sœur.*
(*Dialecte de la Pieve de Ghisoni*).

Je voudrais que ma voix — eût l'éclat du tonnerre, — qu'elle pût traverser — le col de Vizzavona, — pour faire connaître à tous — les exploits de Gallone.

A Luco-de-Nazza — ils s'étaient tous réunis, — avec cette sauvage engeance — les soldats et les bandits, — et le matin de bonne heure, — ils sont aussitôt partis.

## CHAPITRE VII.

In fondu di lu rionu
Si sentia rugghià lu ventu,
Chi purtava da Ghisoni
Lu malori e lu spaventu :
Si vidia chi per aria
C'era accidiu e tradimentu.

Sonu subitu partiti
A lu son di cialambetri ;
Si sò tutti raduniti
Li lupi sopra l'agnetri :
Quandu junsenu a la serra,
Ti taglionu i garganetri.

Quandu n'intesi la nova,
M'affacciai a lu purtetru,
E dissi : — Chi nova c'è ?
— E mortu lu to fratedru :
L'hanu tombu indu la serra ;
N'hanu fattu lu macetru.

Nun ti valse l'archibusciu,
Nun ti valse la schiuppetta,
Nun ti valse lu pugnali,

---

Au fond de la gorge — on entendait rugir le vent, — qui portait de Ghisoni — le malheur et l'épouvante. — On sentait dans l'air — comme du sang et des trahisons.

Ils sont aussitôt partis — au son des cornemuses ; — ils se sont tous réunis — les loups contre les agneaux ; — arrivés à la montagne, — ils t'ont coupé la gorge.

Quand j'en entendis le bruit, — je me mis à la fenêtre, — et demandai : « Quelle nouvelle ? — C'est ton frère qui est mort ; — ils l'ont tué dans la montagne, — ils en ont fait un massacre. »

Elle fut inutile ton arquebuse, — inutile ta carabine, — inutile ton poi-

Nun ti valse la terzetta ;
Nun ti valse inghiermatura,
Nè razioni benedetta.

A guardà li to feriti
Mi s'accresci lu dulori.
Perchè più nun mi rispondi ?
Forse ti manca lu cori ?
Canì, cor di la suretra,
Tu cambiatu hai di culori.

Lu me' largu di spallera !
Lu me' minutu di vita !
Cumm'e teni nun ci n'era :
Parii una mazza fiurita.
Canì, cor di la suretra,
T'hanu privatu di vita.

A lu paese di Nazza
Eo ci vogliu piantà un prunu,
Parchi di la nostra razza
Nun ci passi più nisunu :
Parchi un funu tre nè quattru,
Ma sett'omini contr'unu.

---

gnard, — inutile ton pistolet ; — inutile l'incantation, — inutile l'amulette.

En regardant tes blessures, — ma douleur s'accroît. — Pourquoi ne me réponds-tu plus ? — Est-ce que le cœur te manque ? — Canì, amour de ta sœur, — tu as changé de couleur !

Large d'épaules, — et svelte de taille, — il n'y en avait point comme toi ! — Tu semblais un rameau fleuri. — Canì, amour de ta sœur, — ils t'ont privé de la vie.

Au pays de Nazza — je veux planter une ronce, — pour que de notre famille — il n'y passe plus personne : — ils ne furent pas quatre, — mais sept hommes contre un.

A lu pe' di stu pullonu
Ci'ogliu piantà lu me' lettu;
Parchì qui, u me fratedronu,
Ti tironu a mezzu pettu.
Bogliu lecà lu bunetru,
Bogliu armà schioppu e stilettu.

Bogliu cinghia la carchera,
Bogliu cinghia la tarzetta,
Canì, cor di la suretra,
Bogliu fà la to vindetta.

. . . . . . . . . .
. . . . . . . . . .

---

Au pied de ce jeune châtaignier — je veux établir mon lit; — parce que c'est ici, ô mon vaillant frère, — qu'on t'a tiré en pleine poitrine. — Je veux quitter la jupe, — je veux m'armer de fusil et de stylet.
Je veux ceindre la cartouchière, — je veux ceindre le pistolet. — Canì, amour de ta sœur, — je veux te venger.

. . . . . . . . . . . . . . .
. . . . . . . . . . . . . . .

## IN MORTE DI ROMANA,

FIGLIA DI DARIOLA DANESI DI ZUANI

*Vocero della madre.*

Or eccu la miò figliola,
Zitella di sedeci anni ;
Eccula sopra la tola
Dopu cusì longhi affanni ;
Or eccula qui bestita
Di li so più belli panni.

Cu li so panni più belli
Si ne vole perte avà ;
Perchè lu Signore qui
Nun la vole più lascià.
Chi nascì pe u paradisu
A stu mondu un pò imbecchià.

---

*Sur la mort de Romana, fille de Dariola Danesi de Zuani,*
*Vocero de la mère.*

La voici donc ma fille, — jeune enfant de seize ans ; — la voici sur la *tola,* — après de si longues souffrances ; — la voici revêtue — de ses plus beaux atours.

Avec ses atours les plus beaux — elle va maintenant partir ; — car le Seigneur parmi nous — ne veut plus la laisser. — Qui naquit pour le paradis — ne peut vieillir ici bas.

## CHAPITRE VII.

O figliola, lu to visu
Cusì biancu e rusulatu,
Fattu pe lu paradisu,
Morte cumme l'ha cambiatu !
Quand'eo lu vecu cusì,
Mi pare un sole oscuratu.

Eri tu fra le migliori
E le più belle zitelle,
Cumme rosa tra li fiori,
Cumme luna tra le stelle :
Tant' eri più bella tu
Ancu in mezzu a le più belle.

I giovani d'u paese
Quandu t'eranu in presenza,
Parianu fiaccule accese,
Ma pieni di riverenza.
Tu cun tutti era curtese,
Ma cun nimmu in cunfidenza.

Nu la jesa tutti quanti
Dall'ultimu finu a u primmu,
Guardavanu solu a te,

---

O ma fille, ton visage — si blanc et si rose, — fait pour le paradis, — combien la mort l'a changé ! — quand je le vois ainsi, — il me semble un soleil voilé.

Tu étais parmi les meilleures — et les plus belles jeunes filles, — comme la rose parmi les fleurs, — comme la lune parmi les étoiles : — tellement tu étais belle, — même au milieu des plus belles.

Les jeunes gens du village, — quand ils étaient en ta présence, — semblaient des flambeaux allumés, — mais se montraient pleins de respect ; — et toi, tu étais courtoise envers tous, — mais familière avec personne.

Dans l'église, tous, — du premier jusqu'au dernier, — ne regardaient

Ma tu nun guerdava a nimmu ;
E appena dettu la messa,
Mi dicii : « Mammà, pertimmu ! »

Eri tu cusì stimmata,
E cusì piena d'onore,
E poi cusì adduttrinata
Nelle cose d'u Signore,
Altru che divuzïone
Nun ti si truvava in core.

Chi mi cunsulerà mai,
O speranza di a to mamma,
Avà chi tu ti ne vai
Duve u Signore ti chiamma ?
Oh ! perchè u Signore anch'ellu
Ebbe di te tanta vramma ?

Ma tu ti riposi in Celu,
Tutta festa e tutta risu,
Perchè unn'era degnu u mondu
D'avè cusi bellu visu.
Oh quantu sarà più bellu
Avale lu paradisu !

---

que toi seule. — Mais toi, tu ne regardais personne; — et à peine la messe finie, — tu me disais : « Maman, partons ! »

Tu étais si estimée, — et si pleine d'honneur, — et puis si instruite — dans les choses du Seigneur ! — On ne trouvait que dévotion — au fond de ton cœur.

Qui donc me consolera, — ô espoir de ta mère, — maintenant que tu t'en vas — où le Seigneur t'appelle ? — Oh ! pourquoi le Seigneur lui-même — eut-il de toi un si grand désir ?

Mais tu te reposes au ciel — au milieu des ris et des fêtes, — car le monde n'était point digne — de posséder un si beau visage. — Oh, combien maintenant — le Paradis sera plus beau !

Ma quantu pienu d'affanni
Sarà lu mondu per me !
Un ghiornu solu mill'anni
Mi sarà pensandu a te,
Dimandandu sempre a tutti :
La miò figliola duv'è ?

. . . . . . . . .

Tra parenti senz'affettu,
Tra bicini senz'amore,
S'eo cascu malata in lettu,
Chi m'asciuverà u sudore ?
Chi mi derà un gottu d'acqua ?
Chi nun mi lascerà more ?

. . . . . . . . .

S'eo pudissi almenu more,
Cumme tu si morta tu,
O speranza d'u miò core,
E po' anch'eo piglià all'insù,
E truvatti, e stà cun tecu,
Senza perdeti ma' più !

―――――――――――――――――

Mais combien maintenant le monde — sera plein d'angoisses pour moi ! — Un seul jour me semblera mille ans, — quand je penserai à toi, — demandant toujours à tous : — Ma fille où est-elle ?

. . . . . . . . .

Au milieu de parents sans affection, — de voisins sans amour, — si je tombe malade au lit — qui m'essuiera la sueur ? — Qui me donnera un verre d'eau ? — Qui ne me laissera point mourir ?

Si je pouvais du moins mourir, — comme tu es morte toi-même, — espérance de mon cœur, — et moi aussi m'en aller là-haut, — et te trouver, et rester avec toi, — sans te perdre jamais plus !

Prega dunque lu Signore
Chi mi cacci via di qui,
O speranza d'u miò core,
Ch'eo nun possu sta cusì :
Altrimenti u miò dulore
Nun pudrà mai più finì.

---

Prie donc le Seigneur — qu'il m'ôte vite de ce monde, — espérance de mon cœur, — car je ne puis rester ainsi : — autrement ma douleur — ne pourra jamais plus finir.

## PER LARIONE ABBATE, MORTO IN BALAGNA

*Vocero d'una donna di Niolo.*

È falatu lu fiadone,
Ed è ghiunta la curtina ;
Perched ellu m'avia dettu
Ch'eo saria la so madrina....
Or chi mai l'avria creduta
Ochie tamanta ruina ?

(*La donna, vedendo nella finestra della casa di rimpetto il nemico del defunto che ride del vocero, gl'indirizza questa strofa*) :

Ridi puru a lu purtellu,
E po' nun purtà più fretu ;
Passa puru per la Costa,
E per Muru e Felicetu :
Ma lu sangue di Larione
T'ha da esse tantu acetu.

---

*Sur l'abbé Larione, mort en Balagne,*
*Vocero d'une femme de Niolo.*

On est descendu avec le *fiadone*, (1) — on a apporté la couverture ; — car il m'avait dit — que je serais sa marraine —... Mais hélas ! qui se serait attendu — aujourd'hui à une si grande ruine ?

(*La femme, voyant à la fenêtre de la maison en face l'ennemi du défunt, qui rit de son vocero, lui adresse la strophe suivante*) :

Ah ! tu peux rire à la fenêtre, — et libre de toute crainte, — passer maintenant par Costa, — et par Muro et par Feliceto ; — mais le sang de Larione — doit devenir du vinaigre pour toi.

---

(1) Dans le Niolo le prêtre qui officiait pour la première fois recevait, après la messe, des cadeaux de sa marraine : une riche couverture (*coltrina*) et un gâteau fait avec du *broccio*, de la farine et des œufs (*fiadone*).

Eju un gottu d'u so sangue
Mi lu vogliu mette in senu :
Ind'u paese di Muru
Ci'ogliu sparghie lu velenu.
Un sangue cusì ghientile ;
Si l'ha betu lu terenu.

Oh lu miò grande di spirdu,
Lu miò vellu di persone !
Oh lu miò attu alle poste !
Oh lu miò forte leone !
L'ete tombu a tradimentu,
Lu miò caru Larione.

---

Je veux en prendre un verre, — et le garder dans mon sein, — et dans le pays de Muro, — je veux répandre du poison. — Hélas ! un sang si noble, — c'est la terre qui l'a bu.

Grand par le courage, — beau de sa personne, — propre aux embuscades, — fier comme un lion, — ah ! vous l'avez tué en traîtres — mon cher Larione !

# CHAPITRE VII.

**VOCERO IN MORTE DI CESARIO E DI CAPPATO (1)**

Ghiesù, Ghiuseppe, Maria,
Santissimu Sacramentu,
Ora tutti in cumpagnia
Ajutate stu lamentu,
Chi da per tuttu risoni
La morte d'i dui campioni.

Or girate lu cantone,
E girate u circundariu,
Chi sia simile a Cesariu
Nun truvate una persone,
Unu ch'abbia a so presenza,
La so lingua, e la so scienza.

---

*Vocero sur la mort de Cesario et de Cappato* (1).

Jésus, Joseph, Marie, — Très-Saint Sacrement, — venez tous ensemble — en aide à cette complainte, — afin que partout retentisse le bruit — de la mort des deux champions.

Visitez le canton, — visitez l'arrondissement, — un homme pareil à Cesario, — vous ne le trouverez pas, — quelqu'un qui en ait la prestance, — la langue et le savoir.

---

(1) Ce vocero anonyme est attribué à un moine (!!), qui l'aurait composé sous le nom d'une femme.

Lu latrone di Martini,
Lu figliolu di Passione
S'impustò n'u pruniccione,
Cunsigliatu dai Mastini ;
Quandu poi li venne a pare,
Li tirò e lu fè cascare.

Tirò a fermu lu so colpu
Lu famosu latrunchinu,
Chi lu chiamanu Chiucchinu,
Di pistola, o fussi schioppu ;
Li passò lu core in pettu,
Cumme fussi di stilettu.

Cappatu, cumme un leone,
Bench'avessi una ferita,
Si lampò sopra Tangone,
Chi li dimandò la vita,
E mustrava pentimentu
Per tumballu a tradimentu.

---

Le brigand de Martini, — le fils de *Passione* (1) — se posta dans les broussailles, — conseillé par les *Mastini* (1). — Quand il l'eut à sa portée, — il tira et l'abattit.

Et il tira sur lui à coup sûr, — ce fameux voleur — qu'on appelle Chiucchino, — avec un pistolet ou un fusil, — et lui traversa le cœur dans la poitrine, — comme avec un stylet.

Cappato, pareil à un lion, — bien qu'atteint d'une blessure, — se jeta sur Tangone, — qui lui demanda la vie, — et montra du repentir, — mais pour le tuer en traitre.

---

(1) Sobriquets des ennemis.

Avà lu cuppiolu è mortu :
Ma lasciò Paulu in vita,
Chi sarà Primu Eremita
E si chiama Paulu-tortu ;
S'ellu prende la campagna,
Qualchi pochi si ne lagna.

Or lasciate ch'a campagna
Sia scuperta e senza neve :
Sarà male per la pieve
Dalla piaghia alla muntagna ;
Chè lu male è cumme u focu,
Chi si sperghie in ogni locu.

Se ne more una duzena
D'i più ricchi e principali,
Di Cesariu li stifali
Sonu vindicati appena,
E lu poveru Cappatu
Mancu resta vindicatu.

---

Maintenant le couple est mort ; — mais ils ont laissé Paul en vie, — qui deviendra le Premier Ermite (1) ; — il s'appelle *Paul-tors* ; — si celui-là se fait baudit, — il y en aura beaucoup qui s'en plaindront (2).

Attendez donc que la campagne — ait quitté son manteau de neige ; — ce sera un mal pour la piève, — de la plage à la montagne, — car le mal est comme le feu, — qui s'étend de proche en proche.

S'il en meurt une douzaine — parmi les plus riches et les plus notables, — la chaussure de Cesario — sera à peine vengée ; — et le pauvre Cappato — attendra encore sa vengeance.

---

(1) Jeu de mots intraduisible, je crois. C'est une allusion à la vie d'ermite que mène le bandit.
(2) Ces tristes prévisions se réalisèrent peu de temps après.

Qui finiscu u miò lamentu,
E nun dicu più nïente.
Guai, guai a quella jente
Chi ci fussinu a cunsentu !
State in guardia, se pudete ;
Altrimenti canta u prete.

---

Ici je termine mon chant, — et ne dis plus rien. — Malheur, malheur aux gens — qui en furent les complices. — Tenez-vous en garde, si vous pouvez ; — sinon, le prêtre chantera.

## VOCERO D'UNA GIOVINETTA PER UNA SUA AMICA COETANEA

### MORTA NELL'ETA' DI QUATTORDICI ANNI

(Dialetto di Vico)

Questa mane a me' cumpagna
È fora tutta impumpata :
Forse lu vapu e la mamma
N'hannu fattu una spusata ;
Bole andà da lu maritu,
Ed è pronta e preparata ?

Un si sentenu che gridi ;
È adunitu lu cantone ;
Sona mesta la campana ;
Ghiunghie croce e cunfalone...
Ahimè ! quantu è diversa
Da quell'altra sta funzione !

---

*Vocero d'une jeune fille sur la mort de sa compagne,*
*morte à l'âge de 14 ans.*

(*Dialecte de Vico*).

Ce matin, ma compagne — est dehors toute parée. — Peut-être son père et sa mère — en ont-ils fait une épouse ; — et pour aller chez son époux, — elle est déjà préparée.

On n'entend que des cris ; — le canton s'est assemblé ; — la cloche sonne tristement ; — la croix et la bannière arrivent... — Hélas ! combien diffère — de l'autre cette cérémonie !

La me' cumpagnola parte,
Per andassine luntanu
A truvà li nostri antichi,
U me' vapu e lu piuvanu,
Duve ognunu ha da sta sempre,
E si va di manu in manu.

Ghiacchè bo' vulete parte,
E mutà paese e clima,
Benchè avà sia troppu prestu,
Chè nun erate alla cima,
Ascoltate un tantinellu
La vostra amica di prima.

Bogliu fà una littarella
Prestu, e la vi vogliu dà ;
Nè ci mettu micca lacca,
Chè mi ne possu fidà :
La darete a lu me' vapu
Appena junta culà.

E po' a bocca li darete
Le nove di la famiglia,

---

Ma jeune compagne part, — pour s'en aller loin — trouver nos ancêtres, — mon père et le curé, — là où chacun doit rester toujours — et où l'on va l'un après l'autre.

Puisque vous voulez partir, — et changer de pays et de climat, — bien que ce soit encore trop tôt, — car vous n'étiez pas arrivée au faîte, — écoutez un tantinet — votre amie d'autrefois.

Je veux faire une petite lettre — bien vite, et vous la donnerai, — sans la cacheter avec de la cire, — car je puis me fier à vous : — vous la remettrez à mon père, — à peine arrivée là-bas.

Puis, vous lui donnerez de vive voix — les nouvelles de la famille, —

## CHAPITRE VII.

Ch'ellu lasciò picculella
Pianghiendu intornu alla ziglia :
Li direte che sta bene,
Ch'è ingrandata e si ripiglia ;

Che la so prima figliola
Ha ghià presu lu maritu,
E n'ha avutu jà un zitellu,
Chi pare un gigliu fiuritu ;
Chi cunosce lu so vapu,
E lu mostra cu lu ditu ;

Ch'ellu porta lu so nome,
Nome per me cusì bellu,
E c'ha tutte le so forme,
Benchè sia cusì zitellu :
Quelli ch'anu vistu a bapu
Ricunoscenu anc' ad ellu.

Diciarete a ziu piuvanu
Che u so populu sta bene,
Dopu l'acqua ch'ellu junse
Cun tante fatiche e pene,
E che ognunu lu suspira
E sempre si ne suviene.

---

qu'il a laissée toute petite, — pleurant autour du foyer ; — vous lui direz qu'elle va bien, — qu'elle grandit et se relève.

Que sa première fille — a déjà pris mari, — et qu'elle en a eu un garçon, — pareil à un lys en fleur ; — que l'enfant distingue son père, — et le montre du doigt ;

Qu'il porte son nom, — nom pour moi si beau ; — qu'il a toutes ses formes, — bien qu'il soit si petit : — ceux qui ont vu mon père — reconnaissent aussi l'enfant.

Vous direz à mon oncle le curé — que ses ouailles prospèrent — depuis qu'il leur a amené de l'eau — avec tant de fatigues et de peines, — et que chacun le regrette ici — et s'en souvient toujours.

Quandu no' junghimmu in chiesa,
Ci vultemmu a quellu cantu
Duve nòi avemmu messu
L'ommu c'ha ghiuvatu tantu :
Ci crepa lu core in pettu,
Abbonda all'occhi lu piantu.

Eccu junghie lu curatu ;
Bi dà l'acqua binadetta ;
È lu mondu tuttu in cesta....
Altri vi piglianu in fretta...
Cara, andatevine in celu :
U Signore vi ci aspetta.

———

Quand nous arrivons à l'église, — nous nous tournons vers le coin —. où nous avons placé — l'homme qui nous fit tant de bien ; — et notre cœur se brise dans la poitrine, — et les larmes affluent à nos yeux.

Voici venir le curé, — qui vous asperge d'eau bénite ; — tout le monde se découvre.... — On vous prend en toute hâte... — Ma chère, allez-vous en au ciel : — le Seigneur vous y attend.

## CHAPITRE VII.

**VOCERO IN MORTE DI GIOVANNI DEL VESCOVATO**

(*Dice una donna*) :

Eo sò un acellu di voscu ;
Portu una gattiva nova,
Prestu falate di sottu ;
Apparicchiate la tola.

(*Santia, moglie del defunto, risponde*) :

Apparicchiata è la tola
Cun cinque centu purtate :
Ghiuvanni vi prega tutti
Disottu se voi falate.

---

*Vocero sur la mort de Jean de Vescovato.*

(*Une femme dit*) :

Je suis un oiseau des bois ; — je porte une mauvaise nouvelle. — Vite, descendez et préparez la table. (1)

(*Santia, femme du mort, répond*) :

La table est préparée — avec cinq cents couverts ; — Jean vous prie tous — de descendre à l'étage inférieur.

---

(1) Le premier étage était réservé aux étrangers ; la famille n'y entrait que les jours de fête ou de funérailles.

Tavula di tantu gustu
E di tanta cuntentezza,...
O Juvà, perchè la faci
Di dammi tant'amarezza?
M'hai tiratu a mezzu core,
E passatu c'una frezza.

Cullemmucine di sopra;
Questa è sala di fresteri;
O Juvà, tu lu sai puru
Chi nun ci stavamu gueri...
Stamane a la to famiglia
Quantu l'accresci penseri!

Qual è chi t'ha cunsigliatu,
Ghiuvà, chi nulla nun dici?...
Mi vogliu strappà lu core
Eo cun tutte le radici.
Perchè m'hai da fà passà
I jorni cusì infelici?

Eccuti lu diamante,
Quellu chi m'hai postu in ditu:
Nun lu sai ch'eo sò a to moglie,

---

Table où règne le bon goût — et la joie la plus grande. — Hélas, Jean, pourquoi me donner tant d'amertume? — Tu m'as blessée au milieu du cœur, — tu m'as percée d'une flèche.

Montons plus haut! — cette salle est pour les étrangers; — Jean, tu le sais bien, — nous ne restions guère ici.... — Ah! combien tu accrois aujourd'hui — les chagrins de ta famille!

Qui donc t'a conseillé, — Jean, de ne me rien dire?... — Je veux m'arracher le cœur — avec toutes ses racines. — Ah! pourquoi dois-tu me faire passer — des jours si malheureux?

Voici le diamant — que tu m'as mis au doigt; — ne sais-tu pas que je

E tu sì lu miò maritu ?
Ah, sì statu cum'a nebbia,
Chi per aria sì smarritu !

Si tu un boli stà a paesi,
Ti manderaghiu in Bastia ;
E culà ti ne starai
Cu la to Nunzia Maria :
Forse nun ti piace più,
Ghiuvà, la miò cumpagnia ?

Duve sì, la miò Lillina,
E lu miò Carlu Filice ?...
Mi vogliu strappà lu core
Eo cun tutte le radice....
Ch'ella sia la verità
Quellu chi la jente dice ?

(*Una donna di Venzolasca interloquisce*) :

Cuntentatevi, Signora,
Di lasciacci u sciò Ghiuvanni.

---

suis ta femme, — et que tu es mon mari ? — Ah ! comme le brouillard, — tu as disparu dans l'air !

Si tu ne veux pas rester au village, — je t'enverrai à Bastia ; — et là tu vivras — avec ta *Nunzia Maria* : — Peut-être ne te plais-tu plus, — ô Jean, dans ma compagnie ?

Où êtes-vous, ma Lillina, — et mon Carlo Felice ?... (1). — je veux m'arracher le cœur — avec toutes ses racines.... — Serait-ce vrai — ce que les gens racontent ?

(*Une femme de Venzolasca prend la parole*) :

Contentez-vous, Madame, — de nous laisser Monsieur Jean. — Ceux de

---

(1) Enfants du mort.

Quelli di lu Viscuvatu
L'hanu gosu per tant'anni :
Stamane alla Venzulasca
Lu vulemmu traspurtà.


*Santia risponde :*


Eo credu ch'a cumune
Un gli lu permetterà...

Or nun bedi e cumpagnie
Ghiunte qui da tre paesi ?
O Juvà, sai chi per te
Or ci sò li lacci tesi...

Signori Venzulaschesi,
Voi l'avete superata
Di pigliabi u miò Juvanni
E lasciammi abandunata.

---

Vescovato en ont joui si longtemps ! — Ce matin c'est à la Venzolasca — que nous voulons le transporter.

(*Santia répond*) :

Je crois que la commune — ne le permettra pas...
Ne vois-tu pas les confréries — arrivées de trois villages ? — Jean, tu sais que pour toi — les lacets sont maintenant tendus ;
Messieurs de la Venzolasca, — vous avez triomphé : —Vous m'avez ravi mon époux, — et me laissez dans l'abandon.

U mesaru u m'ogliu caccià,
Bogliu mette le faldette ;
E pò mi ne vogliu andà
Cume tutte e puarette.

. . . . . . . . . . .
. . . . . . . . . .

---

Je veux quitter le *mesaro* (1), — je veux mettre les *faldette,* — et je veux m'habiller — comme toutes les pauvres femmes.....

---

(1) Santia tint sa promesse : elle ne quitta plus les *faldette*, vêtement des femmes du commun.

## IN MORTE DI MATTEO

*Vocero della sorella*

(Dialetto del di qua da' monti).

Ch'ella struca la so razza,
E quantu li ne dipende :
Ammazzaste u me' fratellu,
Chi fecia le so faccende ;
Dunde voglia ellu venissi,
Bo' l'aviate messu e tende ;
Tuttu ciò ch'è guaitatu
O tostu o tardi si prende.

Eo nun parlu qual è statu,
Nè qui dicu qual ell'è ;
Lasciu ognunu in casa soja,
Lasciu ognunu in so tenè ;
O altissimu Gesù,
Lu rimettu tuttu a te.

---

*Sur la mort de Matteo.* — *Vocero de sa sœur.*
(*Dialecte du deçà des monts*).

Que sa race soit consumée, — avec tout ce qui en dépend. — Vous avez tué mon frère, — qui vaquait à ses affaires. — De quelque côté qu'il vînt, — vous lui aviez tendu vos lacets. — Et ce que l'on guette, — on le prend tôt ou tard.

Je ne nomme personne, — et ne dirai point ici qui a fait le coup ; — je laisse chacun en paix chez lui, — je laisse chacun tel qu'il est. — Jésus tout puissant, — je le remets dans tes mains.

Or avà m'ogliu vultane
Inversu a lu Fiuminale,
Veisu duve u me' culombu
Si lasciò le piume e l'ale,
Camminandu pe la strada
Senz'avè mai fattu male.
La morte, è beru, è cumune ;
Ma quest'è particulare.

. . . . . . . .
. . . . . . . .

Nun ne possu piu discore ;
Chì mi cresce troppu u dolu ;
Perchè di cinque fratelli
Ma che dui nun mi ne trovu.
L'avete truvatu dolce
U sangue di Petracchiolu.

Semo accinti di gendarmi,
Di sullati e di sergenti :
Sgottanu li me' fratelli,
E ci sgrignanu li denti.
S'ella vene l'occasione,
Si vedrà se siam cuntenti.

---

Et maintenant, je vais me tourner, — vers le Fiuminale, — vers le lieu où mon beau ramier — a laissé les plumes et les ailes, — en s'en allant par le chemin, — sans avoir jamais fait de mal à personne. — Il est vrai que la mort est commune à tous ; — mais celle-ci est extraordinaire.

. . . . . . . . . . . . . . . . . . . .

Je ne puis plus en parler, — car ma douleur devient trop grande : — j'avais cinq frères, — et il ne m'en reste plus que deux. — Vous l'avez donc trouvé bien doux — le sang de *Petracchiolo ?*

Nous sommes entourés de gendarmes, — de soldats et de sbires ; — mes frères dégouttent de sang, — et vers nous grincent les dents. — Que l'occasion se présente, — et l'on verra si nous sommes satisfaits.

Qual è statu che ha tiratu,
Oh trista! a la me' candella!
Oh, se pudessi arivalli,
E passallu di cultella!....

O Matteu di la surella,
Sarai trivella di senu.
Ti l'avia ridetta tantu,
Venti volte eranu almenu
Che 'ndu core di sti ladri
Nun ci stava che belenu.

Oh, ch'imbidia maladetta!
Una peste li divora:
Stanu sempre alla veletta,
Nè ci lascianu esce fora;
Tempu è da fanne vindetta,
E mandalli alla malora.

O Mattè, che strappa-core
Mi punghic l'occhi la notte!
A siccammi lu me' fiore
Ci vulianu tante votte?
Ajutatemi, o surelle:
Mi sentu le vene rotte.

---

Quel est donc celui qui a éteint ainsi, — malheureuse! mon dernier espoir? — Ah! si je pouvais l'approcher, — et le traverser de mon couteau!

Ah Matteo, amour de ta sœur, — tu seras le ver rongeur de mon sein. — Je te l'avais dit si souvent, — et répété au moins vingt fois, — que dans le cœur de ces brigands, — il n'y avait que venin.

Ah! la maudite envie! — C'est une peste qui les dévore! — Ils sont toujours en vedette, — et ne nous laissent point faire un pas: — il est temps d'en tirer vengeance, — et de les vouer tous au malheur.

Oh Matteo, mon cœur se déchire! — Les larmes brûlent, la nuit, mes yeux! — Pour flétrir ma fleur, — il a donc fallu tant de coups? — O mes sœurs, secourez-moi: — je sens mes veines se briser.

## IN MORTE DI MATTEO......, MEDICO

(*Antico vocero (1745) d'una compaesana e cugina del defunto; la quale andando alla testa della scirata ad assistere al duolo, arrivata vicino a un ponte, incontrò quelli che portavano il defunto nel suo villaggio nativo e cominciò a ballatare*) :

> La to jente t'aspettava
> Tutt'allegra a lu valcone,
> Quandu vide lu cavallu
> Senza te sopra l'arcione,
> Cu la sella sanguinosa
> E la briglia strascinone.

---

*Sur la mort de Mathieu.... médecin*

(*Vieux* vocero *(1745) d'une compatriote et cousine du défunt.* **En se rendant aux funérailles à la tête de la** scirata, (1) *elle rencontre, près d'un pont, ceux qui transportent le mort à son village natal, et commence alors son* lamento *ainsi*) :

Ta famille t'attendait — toute joyeuse au balcon, — lorsqu'elle vit le cheval — revenir sans toi — avec la selle ensanglantée — et la bride traînante.

---

(1) *Scirata* vient probablement de *schierata*, *schiera*, troupe et désigne le chœur des pleureuses.

Poi binendu pe lu ponte
Apparì una fumacciòla :
E innanzi un c'era croce,
Mancu prete cu la stola :
Sulamente avia ligata
Di mandile la so gola.

(*Ricusando di salutare il convoglio funebre, nè volendo porger la mano a nessuno in segno d'amicizia, soggiunge*) :

Ispuniteci a Matteju,
Che li tocchimu la manu ;
Di quest'altri un ne vulemmu,
Chi nun sò a lu so paru.
O Mattè, lu me' culombu,
T'hanu tombu a franca manu.

Irrittu, u nostru Matteju !
Dicci almenu lu to male :
Un n'è stata micca frebe,
Nè puntura catarrale.
Sonu stati li Negretti,
E l'infamu di Natale.

---

Puis, en arrivant sur le pont, — j'aperçus comme une blanche fumée ; — il n'y avait là ni croix, — ni prêtre avec l'étole. — Mais on lui avait attaché — sous le menton un mouchoir.

(*Elle refuse de saluer le convoi funèbre et de tendre la main en signe d'amitié, et continue*) :

Déposez ici Mathieu, — afin que nous lui serrions la main ; — nous ne voulons pas des autres, — car ils ne le valent pas. — O Mathieu mon ramier, — ils t'ont tué ouvertement.

Lève-toi, ô notre Mathieu ! — Dis-nous au moins quel est ton mal : — ce ne fut pas une fièvre, — ni un point de côté. — Tu tombas victime des Negretti, — et de l'infâme Natale.

Avà si ch'era lu tempu
D'armà penna e timparinu,
E se un basta italianu,
Scrive francese e latinu.
Tu pudii cullacci a Sorru,
A fa u medicu a Cainu !

(*Un' altra cugina del defunto venendo all'incontro interloquisce*) :

Quandu pensu a u me' cuginu,
Sentu cripà lu tarrenu ;
Quandu e' pensu alla so morte,
Mi sentu junghie lu tremu.
Animu, i me' paesani,
Chi bo' nun benghite menu.

Era questu lu culombu
In mezzu a quattru fratelli ;
Era cercu da' fresteri,
Caru di li puvarelli.
Quandu falava in paese,
Carcavanu li purtelli.

---

Ah, c'était bien ici le moment — de s'armer de plume et de canif ; — et si l'italien ne suffisait pas, — d'écrire en français et en latin… — Ah ! tu pouvais aller là-haut à Soro — servir de docteur à Caïn.

(*Une autre cousine du défunt vient à sa rencontre, et prend la parole ainsi*) :

Quand je songe à mon cousin, — je sens la terre s'ouvrir sous mes pieds ; — quand je songe à sa mort, — je me sens prise d'un tremblement. — Allons, mes compatriotes, — ne vous laissez point abattre !

C'était lui mon doux ramier — au milieu de ses quatre frères, — recherché des étrangers, — chéri des pauvres gens. — Quand il descendait au village, — les fenêtres se chargeaient de monde.

Oh l'infamu di Natale !
Più d'un cane ell'era tristu,
Chì tradì lu so duttore,
Cumme Ghiuda tradì a Cristu :
Sopra u so sangue, lu latru,
Si cridìa di facci acquistu.

Ma lu sangue di Matteju
Inbindécu un pò passà
L'avete tombu innucente ;
Lu duviate lascià stà.
Se un bidissi la vindetta,
Mi vurria sbatizzà.

(*Ripiglia la prima donna*) :

Ma lu sangue di Matteju
Sarà prestu vindicatu :
Qui ci sò li so fratelli,
I cugini e lu cugnatu ;
E se questi un basteranu,
Ci serà l'imparentatu.

---

Oh, l'infâme Natale ! — Plus misérable qu'un chien, — il a trahi son médecin, — comme Judas a trahi Jésus. — Ah, le brigand s'imaginait — tirer parti de son sang.

Mais le sang de Mathieu — ne peut pas rester sans vengeance. — Vous l'avez tué innocent ; — vous deviez le respecter. — Si je ne le voyais venger, — je voudrais me débaptiser.

(*La première femme reprend*) :

Le sang de Mathieu — sera vite vengé. — Nous avons ici ses frères, — son cousin et son beau-frère ; — et si ceux-là ne suffisent pas, — il y aura tous les parents.

*(Mentre il convoglio funebre attraversa un villaggio di quei di Soro in su, un abitante del luogo offre a tutti una piccola refezione ; ma la donna ripiglia)* :

> Or da voi da Sorru in su
> Un bulemmu lu cunfortu :
> Noi v'avemmu rigalatu,
> Boi ci avete fattu tortu ;
> U v'avemmu datu vivu,
> E lu ci rendite mortu.
>
> Or magnate u vostru pane,
> E biite u vostru vinu ;
> Noi di questu un ne vulemmu,
> Ma di lu vostru sanguinu,
> In bindetta di lu nostru,
> Chi l'avemmu a lu strascinu.
>
> Unn' è que' lu paisacciu,
> Chi tenia lu me' cuginu ?
> Ch'ellu ci scappi lu focu
> E nun ci abiti più nimu !

---

*(Pendant que le convoi funèbre traverse l'un des villages au-dessus de Soro, un habitant du lieu offre à tous une petite réfection ; mais la femme continue)* :

Ce n'est pas de vous qui habitez au-dessus de Soro — que nous voulons recevoir le *conforto* ; — nous vous avons fait un présent, — vous nous avez fait injure ; — nous vous l'avons donné vivant, — vous nous le rendez mort.

Mangez donc votre pain, — et buvez votre vin ! — Ce n'est pas ce que nous voulons : — nous demandons de votre sang, — pour venger le nôtre — qui baigne tous les sentiers.

N'est-ce pas le maudit pays — qui retenait mon cousin ? — Que le feu le consume, — qu'il n'y reste plus un habitant !

(*Una vecchia*) :

Acchitatevi, o surelle,
E finite stu rumore :
Matteju un bole bindetta :
Chì sta in celu c'u Signore.

Or guardatela sta bara ;
Mirate, surelle care,
Ci sta sopra Jesu Cristu,
Chi c'insegna a perdunane :
Un spignite li vostri ommi ;
Abastanza è torbu u mare ;
Perch' avale emmu d'avè,
E po' avriamu da dane.

---

(*Une vieille répond*) :

Paix, mes sœurs ! — Cessez ce bruit : — Mathieu ne veut point de vengeance ; — car il est au ciel avec le Seigneur.
Regardez-donc cette bière ! — Voyez, chères sœurs, — là-dessus est l'image de Jésus-Christ — qui nous apprend à pardonner. — Ne poussez pas vos hommes, — la mer est déjà assez troublée ; — aujourd'hui, nous avons à prendre ; — demain, nous aurions à donner.

## IN MORTE DI CHILINA DI CARCHETO D'OREZZA

*Vocero della madre.*

Este dettu lu rusariu,
E mi sonu ripusata ;
Sonu junte le signore
Qui per bede a miò spusata.
O Chilì, cara di mamma,
La miò vella e spimpillata !

Oh più bianca di la neve !
O più scelta di lu risu !
U so corpu è nantu a tola,
E u so fiatu in paradisu.
O Chilì, cara di mamma,
M'hai lecatu all'improvisu !

---

*Sur la mort de Chilina de Carcheto d'Orezza.*
*Vocero de la mère.*

On a dit le rosaire, — et je me suis reposée ; — les dames sont venues — voir ici mon épousée. — O Chilì, amour de ta mère, — ô ma belle et radieuse enfant.

Plus blanche que la neige, — plus précieuse que le riz ! — Son corps est sur la *tola*, — et son âme au paradis. — O Chilì, amour de ta mère, — tu m'as laissée à l'improviste !

Oh lu miò jallu di notte !
Oh culomba di matina !
Nun si desta più stamane
A miò vona e paladina ;
Sò finite tutte ochie
Le vunezze di Chilina.

Ella un mi mandava a legne,
A mulinu, nè a funtana ;
Perchè a me la miò figliola
Mi tenia da piuvana.
L'ha levata da stu mondu
Or la morte subitana.

Indeh ! la miò mani-vella !
Oh diti-dignucculata,
Quand' ella facia l'ancrocca,
E l'incrocca e la curata !
Ahi, la ladra Pedanella
Cusì in furia a s'ha pigliata !

Ch'eju avessi a restà sola
Cusì prestu un la cridia !
Oh, quantu chi ferà festa,

---

Mon coq vigilant ! — Ma colombe matinale ! — Elle ne se réveille plus ce matin, — ma bonne et vaillante fille ! — Elles ont toutes disparu aujourd'hui — les vertus de ma Chilina.

Elle ne m'envoyait ni au bois, — ni au moulin, ni à la fontaine, — parce que ma fille — me traitait comme une dame. — Elle a été ravie de ce monde — par une mort soudaine.

Que l'on admirait ses mains blanches, — et ses doigts sveltes, — quand elle nouait le fil au fuseau, — ou allongeait l'étoupe de la quenouille !.. — Ah, la mort rapace et prompte, — elle me l'a si tôt enlevée !

Je ne croyais pas devoir — si vite rester seule ! — Oh ! combien se

Quantu chi ferà allegria
Annadea, pegnu di mamma,
Chi li mandu cumpagnia.

Duv'ell'ha d'andà Chilina
Or este un pessimu locu :
Culà un ci nasce mai sole,
Un ci s'accende mai focu.
O Chilì, cara di Mamma,
Un ti videraghiu in locu.

Tu nun anderai più a messa,
A rusariu, nè a duttrina,
O Chilì, cara di mamma,
A miò vella e paladina.
Oh quantu chi mi dispiece
Chi mi lechi dummatina !

(*Una donna entrando nella sala ov'è la defunta*) :

O via rizzati, o Chilì,
Ch'a jumenta este insellata ;
Cullemmucine a Carchetu

---

réjouira, — combien montrera d'allégresse — *Annadea*, mon enfant chérie, — à qui j'envoie une compagne !

Le lieu où ira Chilina — est un lieu plein de tristesse : — le soleil n'y luit jamais ; — jamais on n'y allume du feu. — O Chili, amour de ta mère, — je ne te reverrai plus nulle part.

Tu n'iras plus à la messe, — au rosaire, au catéchisme. — O Chili, amour de ta mère, — ma belle et vaillante fille. — Oh ! combien je regrette — que tu me quittes demain matin !

(*Une femme entrant dans la salle où est la morte*) :

Lève-toi donc, Chilina ! — la jument est sellée. — Montons à Carcheto —

Duve tu sarai spusata :
Chi le publiche sò fatte,
E pronta è la cavalcata.

Un ti movi, un dici nunda,
Ed a nimmu più nun bedi ?
T'hanu liatu le mani,
T'hanu liatu li pedi ;
Disciuglimmuli, o surelle,
Ch'ella merchia vulinteri.

(*Un'altra donna*) :

Zitta, zitta, o Maddalè,
Ch'eo li vogliu fa una chiamma :
Ella rispunderà a me,
Forse più ch'a la so mamma,
Chi pienghiendu a lu so capu
Cusì dulente si lagna, ecc. ecc.

---

où tu dois te marier ; — les publications sont faites, — et la cavalcade est préparée.

Tu ne bouges pas, tu ne dis rien, — et ne vois plus personne ? — On t'a attaché les mains, — on t'a attaché les pieds. — Délions-les, mes sœurs, car elle aime bien à marcher.

(*Une autre femme*) :

Chut, Chut, ô Magdeleine ! — c'est moi qui vais l'appeler ; — et elle me répondra — plus volontiers peut-être qu'à sa mère, — qui pleure là à son chevet, — et si tristement se lamente. etc., etc.

Je trouve une grande analogie entre le dialecte corse et celui du Transtevere de Rome. Mais un caractère commun à tous les dialectes italiens, c'est la suppression de la désinence *re* de l'infinitif des verbes et aussi le fréquent changement de l'*l* en *r*. On dit même quelquefois en Corse *suretra* au lieu de *sorella*. Le Corse remplace, en général, la voyelle sonore *o* par la sourde *u*. Certains philologues pensent que ce dialecte est l'un des plus purs de l'Italie. C'est en particulier l'opinion exprimée par Tommaseo dans son recueil de chants populaires toscans, corses et grecs, où figurent aussi les *voceri*, avec des notes explicatives, mais passablement tronqués. Il y appelle le Corse un idiome puissant et l'un des plus italiens de l'Italie. Ce dialecte me semble de l'or pur, comparé aux patois piémontais, lombard et bolonais. Par les complaintes que je viens de citer, on aura vu que la langue vulgaire des Corses ne manque pas non plus de grâce ni de douceur.

# LIVRE II

## CHAPITRE PREMIER

### A CORTE PAR LA BALAGNE

Je renonçai à faire un voyage le long des côtes de l'arrondissement de Calvi, où les golfes de Galeria et de Girolata et ceux plus grands de Porto et de Sagone pénètrent profondément dans les terres. Ces contrées sont en grande partie incultes, et les chemins y sont affreux.

Je pris la poste de Calvi à Corte, et me disposai à parcourir la Balagne, riche province appelée, comme je l'ai dit, le jardin de la Corse. C'est une vallée splendide, entourée de pics gigantesques, dont plusieurs, comme le Tolo et le puissant Monte-Grosso, sont couverts de neiges éternelles ; et au flanc de ces montagnes, aux formes superbes, qui feraient les délices d'un paysagiste, s'élèvent une foule de villages que l'on peut embrasser du regard, Santa-Reparata, Muro, Belgodere, Costa, Speloncato, Feliceto, Nessa, Occhiatana, antiques sièges de la noblesse et des *caporali*, tout pleins encore des souvenirs du passé. C'est là que dominaient jadis les marquis de Malaspina, Seigneurs de Massa et de la Lunigiane, dont parle Dante lorsque, rencontrant Conrad Malaspina au Purgatoire, il lui dit :

.... Per li vostri paesi
Giammai non fui : ma dove si dimora
Per tutta Europa, ch'ei non sien palesi ?
La fama, che la vostra casa onora,
Grida i signori e grida la contrada ;
Sì che ne sa chi non vi fu ancora. (1)

A partir de 1019, cinq comtes de cette puissante famille vinrent successivement gouverner la Corse : ce furent Guglielmo, Ugo, Rinaldo, Isnardo et Alberto Rufo. Leurs nombreux descendants, divisés en plusieurs branches, se répandirent sur tout le territoire italien. En Balagne, ils fondèrent Speloncato.

La constitution de la Terre de Commune ayant dans la suite privé les barons de tout pouvoir, il se tint en Balagne, notamment à Campiolo, de fréquentes assemblées populaires. L'Historien corse cite le fait suivant qui se passa dans une de ces réunions et qui mit en pleine lumière la mâle énergie de Rinuccio della Rocca : Son fils, âgé de 14 ans à peine, chevauchait par les champs, lorsque son cheval se cabra soudain et l'abattit sur la lance que l'écuyer portait derrière lui. On le ramena mourant à son père qui haranguait le peuple. Rinuccio, sans s'émouvoir à ce spectacle, continua d'exciter les Corses contre les Génois. Cette impassibilité de Spartiate, l'héroïsme de Gaffori sous les murs de Corte, celui de Leoni à la tour de Nonza rappellent ce trait de la vie de Xénophon : Il était un jour occupé à sacrifier aux

---

(1) Votre terre par moi ne fut pas visitée ;
Mais est-il un seul coin de l'Europe habitée,
Où n'ait pas votre nom étendu son essor ?
La gloire où s'éleva votre race honorée
Signale les Seigneurs autant que la contrée,
Et les connaît celui qui ne les vit encor.

DANTE. *Purgatoire*, ch. VIII. (Trad. de L. Ratisbonne).

dieux, quand il reçut la nouvelle que son fils Gryllus venait de tomber sur le champ de bataille ; le père consterné déposa aussitôt la couronne qui ornait ses tempes ; mais comme on ajouta que son fils était mort en brave, il la remit sur sa tête et continua tranquillement le sacrifice.

J'ai trouvé en Balagne plusieurs champs de céréales, où l'on avait déjà fait la moisson, spectacle consolant en Corse. Cette province offre d'ailleurs partout de riches plantations de châtaigniers, de noyers, d'amandiers et d'oliviers, particulièrement aux environs des villages où l'on voit aussi beaucoup de jardins de citronniers et d'orangers.

Une bonne route carrossable mène jusqu'au pied des montagnes ; et de toutes parts on jouit d'une vue splendide sur ces hauteurs rangées en amphithéâtre ou sur la mer. Muro et Belgodere sont les deux plus remarquables villages de la Balagne. Ce dernier surtout est, comme son nom l'indique, heureusement situé, et c'est autour de lui que s'étend la véritable région de l'arbre de Pallas.

On prétend qu'il n'y a point de contrée en Italie où l'olivier devienne aussi grand qu'en Balagne. Il a en effet ici des dimensions, une abondance de feuillage et une fécondité extraordinaires. Aussi fort que le hêtre, il peut, aux heures les plus chaudes du jour, abriter le voyageur sous ses paisibles ombrages. Que l'on doit aimer l'olivier ! Il est moins imposant que le platane ou le chêne ; son tronc, ses feuilles étroites, allongées et d'un vert grisâtre rappellent notre saule ; mais outre sa richesse, il possède un poétique reflet de la civilisation humaine. Assis à l'ombre d'un gris olivier au bord de la mer, on se prend à rêver du pieux Orient ensoleillé, où notre imagination est comme chez elle depuis que notre mère, mettant sous nos yeux une Bible ornée de gravures, nous parla de Jérusalem et de son jardin d'oliviers. Que de fois nous est apparue l'image de ce mélancolique jardin ! L'olivier nous envoie aussi un doux écho de la poésie des Hellènes et des sages paroles de Minerve : il nous transporte au pays d'Homère, de Pindare et d'Eschyle, parmi les Muses et les Divinités de l'Olympe. C'est un arbre helléno-chrétien et pour cela doublement cher à nos cœurs. Plus précieux que le laurier, il est l'aimable symbole de la paix et du bonheur ; et c'est un de ses rameaux verdoyants que nous devrions, avant toute chose, demander aux dieux immortels. Le ciel nous prodigue tout ici-bas, le laurier, le myrte, la ronce et le cyprès : acceptons-les humblement de sa main.

Il y a, en Balagne, plusieurs sortes d'oliviers, les *sabinacci* (sabins), les *sarraceni* (sarrasins) et les *genovesi* (génois), ainsi appelés d'après leur origine, comme de nobles familles de seigneurs. Les *genovesi* sont les plus communs. On attribue leur introduction à Agostino Doria, qui força, dit-on, les insulaires à en faire de grandes plantations. C'est donc là un pacifique monument de la domination génoise. A quelle époque l'olivier a-t-il été introduit en Corse ? C'est ce que je ne saurais préciser. Dans l'épigramme que j'ai rapportée, Sénèque regrette de ne pas y voir *le don de Pallas*. Il me semble à peine croyable qu'avant l'arrivée de Sénèque, l'île ne possédât point d'oliviers. De nos jours, les oliviers corses ont la réputation de braver les intempéries mieux que ceux des autres contrées ; c'est A. de Humboldt qui leur a décerné cet éloge. Ils n'exigent pas de grands soins : on leur coupe les branches les plus vieilles, et l'on pioche au pied de l'arbre en y déposant un peu de fumier. On ramasse les olives à mesure qu'elles tombent. Vingt livres d'olives donnent cinq livres d'huile claire. On la met dans des jarres où elle reste jusqu'au mois de mai. L'olivier produit une récolte abondante tous les trois ans.

Les oiseaux se chargent de transporter et de répandre les noyaux aux quatre vents, et l'île se couvre ainsi, dans les vallées et sur les montagnes, de bois d'oliviers sauvages, qui n'attendent que la greffe pour fructifier. En 1820, on a, je ne sais comment, compté le nombre de ces arbres : il s'élevait, paraît-il, à douze millions. De nos jours, les contrées de l'île les plus riches en oliviers sont la Balagne, le Nebbio et les environs de Bonifacio.

Je quittai la Balagne au village de Novella. De là on s'enfonce vers les montagnes et, pendant deux heures, la voiture roule au milieu de gorges étroites ou sur des collines pierreuses et stériles, sans qu'on aperçoive un seul lieu habité, jusqu'à Ponte-alla-Leccia, dans la vallée du Golo, point de jonction des grandes routes de Calvi, d'Ajaccio et de Bastia. Le voyage se poursuit alors au sein d'une vallée charmante. A droite s'élève la région pastorale du Niolo, qui forme actuellement le canton de Calacuccia ; elle ressemble à un coquillage colossal. Entourée des plus hautes montagnes de la Corse, où se trouvent les lacs de Nino et de Creno, cette remarquable province est une forteresse naturelle, qui ne s'ouvre que sur quatre points : Vico, Venaco, Calvi et Corte. On descend de là à cette dernière ville par une rampe fort raide, la *Scala di Santa Regina*. C'est dans le Niolo qu'on voit les Corses les plus vigoureux, des bergers aux mœurs patriarcales et conservant les antiques traditions.

Sur la route de Corte on rencontre plusieurs localités importantes, entre autres Soveria, patrie de Cervoni. Ce fut Thomas Cervoni qui délivra, au couvent de Bozio, Paoli assiégé par Matra. On doit se rappeler qu'il était l'ennemi de Pasquale, et que sa propre mère lui mit, en cette occasion, les armes à la main, le menaçant de le maudire s'il ne courait sauver le général.

Le fils de Th. Cervoni fut ce brave officier qui, au siège de Toulon, recueillit ses premiers honneurs militaires à côté de Bonaparte, et se distingua ensuite à Lodi. Commandant à Rome en 1799, il en était devenu la terreur. Ce fut lui qui annonça au pape Pie VI que sa domination temporelle était finie et qu'il fallait se préparer à quitter le Vatican. Valery raconte qu'aux Tuileries ce même Cervoni alla un jour saluer Pie VII à la tête de plusieurs généraux : son bel organe et sa pure prononciation italienne frappèrent le pape qui lui adressa à ce propos des paroles très flatteuses. « *Santo Padre,* dit alors le général, *sono quasi Italiano.* — *Oh !* — *Sono Corso.* — *Oh ! Oh !* — *Sono Cervoni.* — *Oh, oh, oh !* » et à ce souvenir, le Saint-Père recula jusqu'à la cheminée. En 1809, près de Ratisbonne, le général Cervoni eut la tête emportée par un boulet de canon.

Non loin de Soveria est Alando, illustré par Sambucuccio, ce nouveau Lycurgue qui posa les fondements de la démocratie corse. On montre encore les restes, à peine visibles, du château qu'il habitait. Quatre cents ans après lui, l'un de ses descendants devint vicaire de l'île (1466). Ce fut dans ces villages et notamment à Omessa, tout près de là, que résidèrent beaucoup de *Caporali.* Appelés par la démocratie de Sambucuccio à défendre les droits des communes, ces tribuns finirent par succomber à la soif des honneurs et du pouvoir, cause ordinaire de la ruine des meilleures institutions : à l'exemple des seigneurs, ils se firent les tyrans du peuple qu'ils auraient dû protéger. Déjà Filippini se plaignait que, de son temps, les *Caporali* fussent devenus les plus sanglants fléaux du pays.

Autour d'Alando s'élèvent de magnifiques bois de châtaigniers ; et aux flancs de ses montagnes incultes paissent de noirs troupeaux de brebis et de chèvres, dont la laine sert à faire le *pelone* ; mais le pays est pauvre.

Après avoir franchi le col d'Alluraia, très haute montagne située entre le Golo et le Tavignano, on descend à Corte par une route excellente.

## CHAPITRE II

**LA VILLE DE CORTE**

L'arrondissement de Corte, situé au centre de l'île, comprend 15 cantons et 113 communes, en tout 55,000 habitants. Le chef-lieu lui-même ne compte que 5,000 âmes.

La position de Corte est superbe : placée avec sa haute citadelle inexpugnable au milieu d'un vaste amphithéâtre, la ville a un grand air de noble gravité. Les hauteurs qui l'environnent affectent les formes les plus diverses. Plus basses au nord, et généralement arrondies, elles sont couvertes de bois et de champs de blé. L'été leur a donné une teinte brune. Ce sont les dernières ramifications des montagnes qui font le partage des eaux entre le Golo et le Tavignano, et séparent les vallées du Niolo et du Tavignano. C'est au point de jonction du Tavignano et de la Restonica que se trouve Corte. Trois âpres sommets commandent l'entrée de cette vallée montueuse, où les deux rivières, se frayant un passage par des gorges profondes, roulent avec fracas sur des débris de roches éparses leurs flots confondus. On les traverse sur deux ponts en pierres.

La basse ville n'a qu'une rue importante (*le Corso*) ouverte depuis peu. Là aussi je fus surpris du caractère idyllique du paysage ; et c'est en général le cachet particulier des villages corses : on s'y croirait dans la contrée la plus lointaine, et comme séparé du reste des hommes.

La ville se recommande par les souvenirs du passé. Elle

servit jadis de résidence aux rois maures, et grâce à sa position centrale, elle eut de tout temps une grande importance dans l'île : par sa forte citadelle elle y décida souvent du succès de la guerre.

Cette acropole de la Corse s'élève sur un roc abrupt et hérissé qui domine le Tavignano. Les murailles, les tours, les vieilles maisons qui les environnent, tout est noirci, rongé par le temps, ébréché par un combat continuel. Plus souvent que Belgrade, ce château a été assailli et défendu avec acharnement. C'est Vincentello d'Istria qui, dans les premières années du quinzième siècle, commença à lui donner la forme qu'il présente de nos jours. On y montre encore le créneau où les Génois attachèrent le jeune Gaffori, pour obliger son père à suspendre le feu contre la citadelle.

Le nom de Gaffori est le plus bel ornement de Corte, et sa petite maison le plus noble édifice de la ville. En l'absence du héros, les Génois essayèrent un jour de s'emparer de son épouse. C'était un de leurs artifices ordinaires : ils retenaient en otages les familles des Corses qu'ils redoutaient le plus, afin de combattre le patriotisme par les sentiments naturels. La femme de Gaffori se retrancha dans sa demeure et, le mousquet à la main, elle s'y défendit plusieurs jours avec quelques amis accourus à son aide. Mais le danger devenait toujours plus pressant, et déjà de toutes parts on lui conseillait de se rendre. Elle fit alors porter un baril de poudre dans une chambre souterraine et, saisissant une mèche allumée, elle jura de faire sauter la maison, si on cessait le feu contre les assaillants. Ses amis continuèrent la résistance, et Gaffori arrivant à la tête d'une troupe de Corses délivra son épouse. Après l'assassinat du général, cette femme héroïque appela son jeune fils, celui-là même que les Génois avaient attaché aux remparts, et elle lui fit promettre qu'il vengerait son père, et vouerait une haine éternelle aux Génois. Cela rappelle le serment d'Annibal.

En 1768, la maison de Gaffori servit de demeure à Charles et à Letizia Bonaparte : c'est donc dans ses murs que fut conçu Napoléon ; elle était bien digne de cet honneur.

Une foule de souvenirs historiques se rattachent à une autre construction, le *Palazzo di Corte*, qui fut la résidence de Paoli et le siège de son gouvernement. On y voit son ancien cabinet de travail, pauvre et simple, comme il convenait au législateur des Corses. Le grand homme en avait, dit-on, barricadé la fenêtre pour se garantir contre les balles des assassins ; les volets y sont en effet encore doublés de liège. L'assemblée nationale corse lui avait décrété une escorte de 24 hommes ; c'est ainsi que les démocraties de la Grèce donnaient autrefois des gardes à leurs défenseurs. Il avait en outre toujours des chiens auprès de lui pour le garder. Frédéric le Grand aimait aussi à s'entourer de ces animaux ; mais c'étaient des chiens d'agrément, des bichons, des levrettes et d'autres jolis lévriers.

La chambre où se réunissait l'ancien Conseil des *Neuf* possède une curiosité remarquable : ce sont les colonnes destinées, dit-on, à soutenir le dais d'un trône. Un trône et Paoli, est-ce croyable ?... Le grand champion du peuple aurait-il aspiré aux honneurs royaux ? Voici pourtant ce qu'on raconte : On vit un jour placer un trône dans le palais du gouvernement. Il était en damas rouge cramoisi avec des franges d'or et portait, au-dessus des armes de la Corse, une couronne d'or arrangée de manière à surmonter la tête de Paoli assis. Des deux côtés se trouvaient pour les *Neuf* des sièges plus bas. Le Conseil d'Etat était un jour en séance, lorsqu'une porte s'ouvrant tout à coup, Paoli entra dans la salle, la tête couverte, l'épée à la ceinture, et se dirigea vers le trône. Il s'éleva au sein du conseil un murmure général.... Jamais Paoli n'alla s'asseoir sur le trône.

Je trouve le récit confirmé par tant de témoignages, que je n'ose presque pas le révoquer en doute. S'il en était réellement ainsi, cela prouverait, hélas ! une fois de plus que nul n'est exempt de faiblesse, qu'aucun mortel ne peut répondre de se maintenir toujours à l'abri des atteintes de la vanité.

Des ennemis ont reproché au chef des Corses d'aspirer à la dignité royale ; en cela ils lui font injure, et ils sont démentis par l'histoire. Il voulait peut-être par ces apparences de royauté rehausser l'éclat de son pays aux yeux des nations étrangères, et il ne faut pas oublier d'ailleurs que la Corse a toujours eu le titre de royaume. Jamais Paoli ne fit étalage d'un faste princier. Comme les membres de son gouvernement, il portait le vêtement national en drap corse, et vivait de la vie simple des paysans. Les chefs ne se distinguaient du peuple que par leurs lumières. Ce n'est que pour montrer en quelque sorte à la France les signes extérieurs d'un gouvernement régulier, que Paoli assigna aux conseillers d'Etat un costume officiel aux couleurs nationales, l'habit vert à galons d'or ; et il le revêtit lui-même avec eux le jour où des officiers français parurent à Corte pour la première fois. On voulut leur présenter sous des dehors imposants les autorités du pays. C'était un sacrifice fait à l'étiquette française, chose toujours regrettable : Paoli ne se croyait donc plus au-dessus des vaines apparences et sacrifiait l'égalité démocratique à quelques galons. Ce détail pourra sembler peu important en soi ; mais il donne à réfléchir : le temps finit par rendre essentielles des distinctions qui, à l'origine, ne l'étaient point, et il s'en dégage une influence pernicieuse qui, à la longue, dégrade toute noblesse et ternit toute pureté. La société humaine est ainsi faite que ses plus sublimes phénomènes n'apparaissent que là où elle lutte pour un haut idéal. Ce qui en Corse m'a souvent rempli de tristesse, c'est la pensée que les efforts héroïques de son peuple pour conquérir la liberté soient restés complètement stériles ; que la terre de Sampiero, de Gaffori et de Paoli soit aux mains de la nation la plus vaine du monde.

Mais il serait bien plus pénible d'avoir à constater que le gouvernement de Paoli, miné par un mal intérieur, finit par succomber aussi à l'égoïsme vulgaire ; pour moi, du moins, je suis convaincu qu'il lui eût été impossible de se soustraire à cette destinée commune : la vraie liberté ne vit que d'utopies, et ce n'est qu'à certains moments solennels de leur existence que les peuples paraissent capables de la posséder.

Un jour Paoli reçut dans ce palais une pompeuse ambassade. Voici à quelle occasion : un navire tunisien s'était échoué sur les côtes de Balagne, et le général avait non seulement rendu tout leur avoir aux naufragés en leur faisant l'accueil le plus amical, mais il avait même chargé deux de ses officiers de les reconduire auprès de leur souverain. Le bey, par la bouche de son ambassadeur, en exprima au chef des insulaires toute sa gratitude, et lui donna l'assurance qu'il resterait toujours l'ami de sa personne et de son peuple, et que jamais Corse ne souffrirait d'injure dans ses États. L'ambassadeur s'agenouilla devant Paoli, et lui dit en portant la main au front : « *Il bey ti saluta e ti vuol bene.* » Il lui amena en même temps un cheval superbement harnaché, deux autruches, un tigre, un sabre orné de diamants ; et, après avoir passé quelques jours à Corte, il s'en retourna dans son pays.

Tout près de Corte se trouvent les ruines du vieux couvent de Franciscains qui joua un rôle si important dans l'histoire de l'île : c'est en effet dans son église qu'au temps de Paoli se réunissait le parlement national, et du haut de sa chaire que tant de patriotes prononcèrent leurs ardents discours. On fit dans ce temple plus d'un sacrifice à la liberté, dont le nom n'était certes pas dans la bouche de ces orateurs un mot vide de sens. Ceux qui l'invoquaient alors savaient mourir pour elle. En 1793, les Corses s'assemblèrent devant ce cloître. Les temps étaient orageux : Paoli, accusé de haute trahison, venait d'être appelé à la barre de la

Convention française. Pozzo-di-Borgo, l'ennemi implacable de Napoléon, et né comme lui à Ajaccio, grimpa sur un arbre, et prononça un discours enflammé pour défendre le général ; et le peuple déclara infâmes les furieux clubistes Arena et les Bonaparte, accusateurs de Paoli.

En se promenant de nos jours au milieu de cette paisible petite ville où quelques habitants de pauvre apparence se tiennent à l'ombre des ormeaux, et semblent vouloir passer leur vie dans un vain rêve, on ne se douterait pas que dans ce coin obscur s'établit, il y a cent ans, la politique la plus sage et la plus éclairée.

C'est là aussi que Paoli fonda une université et créa la première imprimerie et le premier journal corses. Cette école devait répandre la civilisation et la science, comme un torrent de lumière, sur les montagnes et dans les vallées, et en chasser la barbarie du moyen-âge. Elle forma un grand nombre d'hommes de mérite, surtout des avocats, qui sont en général les écrivains de ce pays. Charles Bonaparte, père de Napoléon, y fit ses premières études de droit. La nouvelle institution disparut avec la liberté. Paoli, à son lit de mort, assigna une rente annuelle pour l'entretien de son université ; elle ne fut rétablie qu'en 1836. Elle possède un directeur et sept professeurs ; mais elle est loin de prospérer. De bonnes écoles professionnelles répondraient peut-être mieux qu'un pareil établissement académique aux besoins réels du pays.

J'ai rencontré parmi les Corses des personnes très éclairées, et à Corte même j'ai fait la connaissance d'un homme dont la profonde connaissance des littératures méridionales me remplit d'étonnement. C'était le fils d'un de ces braves capitaines qui, après la bataille de Pontenovo, continuèrent la lutte jusqu'au dernier moment et que j'ai déjà nommés. Sa mémoire était prodigieuse : il savait par cœur les plus beaux passages des principaux auteurs italiens, français et latins, et vous récitait des pages entières du Tasse ou de l'Arioste, de Boileau ou d'Horace, de Voltaire, de Machiavel, de Tite-Live ou de Rousseau. Comme nous parlions de littérature, je lui dis un jour : « N'avez-vous jamais rien lu de Gœthe ? — Non, répliqua l'érudit ; parmi les Anglais je ne connais que Pope. »

Mes aimables commensaux, dont faisait partie l'unique peintre corse que j'aie connu, me conduisirent aux carrières de marbre de Corte. C'est une pierre presque bleue avec des veines d'un blanc rougeâtre, qui peut être d'un bon usage en architecture. Dans la carrière, on était en train de faire rouler de la montagne un bloc devant servir à une colonne. On l'avait placé sur des rouleaux et, au moyen de la vis d'Archimède, on le poussa jusqu'au bord du chemin en pente qui de la carrière mène à l'endroit où les pierres sont taillées. Puis, la grande masse descendit en labourant le sol, enveloppée d'un noir nuage de poussière ; et lorsqu'elle roulait ainsi, elle tintait comme une cloche argentine. Au pied de cette montagne, la Restonica fait marcher une scierie de marbre. On emploie sept jours pour scier un bloc en trente planches. Corte a donc donné un démenti à Sénèque disant : *Non pretiosus lapis hic cæditur,* (on n'y taille point de pierres rares). Au demeurant les paroles de Sénèque conservent toute leur valeur : les pierres rares sont restées en Corse un capital improductif.

## CHAPITRE III

#### PARMI LES CHÉVRIERS DU MONTE-ROTONDO

> ... tomò un puño de bellotas en la mano, y mirandolas atentamente soltò la voz a semejantes razones : Dichosa edad y siglos dichosos aquellos a quien los antiguos pusieron nombre de dorados.....
>
> CERVANTES (*Don Quichotte*).

Je m'étais proposé de faire l'ascension du Monte-Rotondo. C'est la montagne la plus haute de la Corse (1) : située à une journée de voyage au sud-ouest de Corte, elle est pour ainsi dire le point central de l'île. Quoiqu'on m'eût représenté l'excursion comme très pénible, je me décidai à l'entreprendre, comptant bien trouver, par un temps clair, un ample dédommagement à mes fatigues. Je tenais surtout à jeter un coup d'œil dans les mœurs primitives des bergers.

Je louai donc un guide et un mulet et, muni de pain et de quelques gourdes de vin, le 28 à l'aube j'enfourchai ma monture, et m'enfonçai dans les montagnes. Le chemin, qui n'est autre qu'un sentier de bergers, traverse la vallée de la sauvage Restonica, depuis l'endroit où la rivière débouche dans le Tavignano, tout près de Corte, jusqu'à sa source, au sommet

---

(1) D'après les dernières mesures, ce serait le Monte-Cinto.

du Rotondo, d'où elle s'élance en impétueuse cascade. Une gorge horrible et profonde sert de lit à ce beau torrent : aux environs de Corte, le ravin est assez large et bordé de châtaigniers et de noyers ; mais plus loin, vers la montagne, il se resserre et les eaux coulent entre deux noires rives abruptes qui se dressent à pic, comme de hautes murailles, au milieu d'une antique forêt de pins et de sombres mélèzes.

Le mulet gravit d'un pied sûr les plus étroits sentiers au bord des précipices, et souvent l'on frémit en regardant le gouffre au fond duquel la Restonica roule ses ondes écumantes. Quand le soleil commença à monter à l'horizon, un bois magnifique m'accueillit sous ses épais ombrages. J'admirai ces géants de la végétation, le pin au large toit de feuilles vertes, le mélèze qui, pareil à un cèdre noueux et puissant, s'élève vers le ciel en étendant au loin ses riches rameaux. Autour des troncs croissent les plantes sauvages qui ornent les jardins de ces forêts, des bouquets de buis, de sveltes éricas et du myrte en fleur. Les simples abondent sur toutes les montagnes de la Corse ; ils nous pénétraient ici de leurs suaves parfums.

Mon guide me précédait. J'éprouvais parfois une certaine appréhension, car j'étais seul avec lui au milieu de ce désert de bois et de rochers, et de temps en temps il se tournait vers moi en me jetant un fauve regard. C'était un homme à l'aspect sinistre ; ses yeux ne disaient rien de bon. Je ne sus que plus tard que sa main était souillée de sang.

On voyage pendant des heures au milieu de ces pittoresques solitudes sans entendre d'autre bruit que le murmure des eaux courantes, les cris des faucons, et de loin en loin le sifflet aigu d'un berger qui appelle ses chèvres.

Les pâtres habitent çà et là dans des grottes ou des cabanes sur les flancs du Rotondo, et leurs troupeaux grimpent souvent jusqu'à la crête de la montagne. Les dernières bergeries se trouvent dans une grotte à plus de 5,000 pieds au-dessus du niveau de la mer. Ces singuliers établissements ont tous des noms particuliers.

Après un voyage de trois heures, nous arrivons à la Rota del Dragone (la roue du Dragon). Des bords du ravin je m'avance à cheval vers le torrent, et vois devant moi une sombre caverne enfumée, profondément creusée dans le roc et dont la voûte se compose d'énormes blocs de granit. A quelques pas de là, la Restonica passe furieuse et mugissante entre des monceaux de décombres, et tout autour s'élèvent des roches bizarres et une forêt touffue. Devant la grotte sont rangées en demi-cercle des tas de pierres pour servir de bancs de repos, et à l'intérieur brûle un grand feu autour duquel est accroupie toute la famille des pasteurs. Une femme à l'air misérable, assise auprès de l'âtre, raccommode un vêtement, et, à ses côtés, un enfant malade de la fièvre est enveloppé dans une noire couverture en poil de chèvre qui ne laisse voir du pauvre petit que la pâle figure aux yeux ardents et curieux.

Le berger sortit de la grotte ; il m'invita amicalement à descendre de cheval et à prendre du lait et du fromage frais. J'acceptai avec reconnaissance, et visitai l'intérieur de ce singulier ermitage. La grotte s'enfonçait bien avant dans la montagne, et pouvait contenir un troupeau de 200 chèvres et brebis, que le berger y menait tous les soirs pour les traire. Elle ressemblait tellement à l'antre de Polyphème, qu'Homère semble vraiment l'avoir prise pour modèle de sa description. Tout s'y retrouvait, même les rangées de vases de lait et plus de cent fromages plats et ronds, posés sur des feuilles vertes. Il ne manquait que Polyphème : quelque terrible et sauvage que parût, en effet, mon hôte avec ses vêtements tout hérissés de poils, c'était l'hospitalité personnifiée.

— Est-ce que les bandits de la montagne viennent parfois vous visiter, demandai-je à mon Troglodyte ?

— Oui, certes, quand ils ont faim. Voyez-vous cette pierre où je suis assis ? Il y a deux ans, deux sbires vinrent par ici chercher Serafino ; mais le bandit, marchant à pas de loup, les surprit, la nuit, à cette même place, et avec deux coups de stylet il les rendit muets pour toujours ; puis il se perdit de nouveau dans les montagnes.

Mon guide m'engagea à me remettre en route. Je remerciai donc le berger, et sautant sur ma monture, je partis non sans frémir.

Nous traversâmes la Restonica, et alors le chemin devint toujours plus raide et plus pénible. Enfin, après deux heures de marche, tout trempé par la brume, j'arrivai, pendant un superbe orage, à la dernière station des bergers du Rotondo, où je devais passer la nuit. Elle est située au-dessous de la crête et s'appelle *Codi-mozzo*.

J'avais beaucoup entendu parler de ces cabanes, et parmi les sauvages montagnes où je voyageais, je m'attendais bien à trouver des habitations un peu étranges, comme les petites huttes agrestes perdues dans les bois de pins ou sur les penchants nébuleux des Alpes.

Au milieu d'une pluie fine, accompagnée d'éclairs et de tonnerre, je grimpai donc avec ma mule par ces pénibles sentiers ; il n'y avait autour de moi que des débris de pierres gigantesques, des blocs de granit entassés pêle-mêle au flanc d'une grande et sombre masse rocheuse, de forme conique, où régnait la solitude et la désolation, et de cet amas confus s'élevait une légère colonne de fumée. La teinte grise des nuages chargés de pluie, la lumière mate des éclairs, les éclats répétés de la foudre, les mugissements de la Restonica et la profonde mélancolie des montagnes, tout disposait mon âme à la tristesse.

Quelques mélèzes, tourmentés par l'orage, dominaient le bord abrupt d'un ravin nu, à travers lequel la Restonica s'avançait en cascades écumantes. Il ne s'offrait à mes regards que des rocs sauvages avec une échappée sur le vallon brumeux que je venais de quitter. Mon guide me montra les cabanes, et je les cherchai longtemps des yeux. Je les découvris enfin parmi les pierres : c'était le plus étrange établissement de pasteurs que l'on pût imaginer.

Qu'on se figure quatre maisons d'une architecture tout-à-fait primitive, faites avec moins d'art peut-être que les habitations des termites ou des castors. Chacune d'elles se compose de quatre murs en pierres sèches d'environ trois pieds de haut, lesquels soutiennent une toiture de poutres et de planches enfumées, assujetties par de grosses pierres. Une ouverture pratiquée à la façade sert d'entrée, et c'est par là et par les fentes du toit et les crevasses des murs que la fumée cherche à se frayer un passage. Entre la façade et les tas de pierres rangées autour d'elle en guise de bancs, s'étend une petite place où sont les récipients du lait et, dans un coin, le *palo*, grande perche à plusieurs fourches servant à suspendre la marmite, de longues tranches de viande de chèvre et des vêtements.

Quand j'approchai de la cabane, deux chiens au poil hérissé bondirent vers moi, et toute la famille des pasteurs, hommes et enfants en guenilles, sortit en rampant de sa tanière pour jeter un regard inquisiteur sur l'étranger. Au milieu de ces roches désolées, ils produisaient un effet étrange avec leur brun manteau velu sur les épaules, leur bonnet rouge sur la tête et leur visage de bronze encadré par une barbe noire.

Je leur criai : « Amis, accordez-moi l'hospitalité ! Vous avez devant vous un étranger, qui a passé les mers pour visiter les bergers de Codi-mozzo.

— *Evviva ! benvenuto !* me répondirent-ils avec amitié.

— Entrez dans la cabane, me dit ensuite quelqu'un de la troupe ; et séchez-vous au feu ! il fait chaud là-dedans.

Je pénétrai, non sans peine, par la porte étroite, désireux de connaître l'intérieur de cette curieuse habitation. C'était une chambre très obscure, qui pouvait avoir 14 pieds de long et 10 de large. On n'y voyait ni ustensiles, ni sièges ni table, rien que le sol noir et nu, les murs noirs et nus, et partout une fumée épaisse, intolérable, que dégageait un feu de bois de pin. A terre, contre l'un des murs, brûlait un tronc d'arbre énorme au-dessus duquel une marmite était suspendue.

Angelo, mon hôte, étendit la couverture que j'avais apportée, et me donna la place d'honneur, aussi près que possible du feu. Bientôt nous fûmes tous là accroupis en cercle, le berger, sa femme, trois petites filles, un garçon, mon guide et moi : la cabane était pleine. Cependant Angelo jeta dans la marmite quelques tranches de viande de chèvre sèche, et Santa, son épouse, alla chercher du fromage et du lait. La table était bien rustique : une planche sans rebords, de trois pieds de long, posée à terre. Santa y mit une grande jatte en bois, pleine de lait, un fromage plat et du pain.

— Mangez, me dit-elle ; mais n'oubliez pas que vous êtes parmi de pauvres pasteurs ; ce soir, nous vous donnerons des truites, car mon fils est allé en pêcher.

— Prends le *broccio*, dit Angelo ; c'est ce que nous avons de mieux, et vous le trouverez bon.

J'étais curieux de connaître le *broccio*, que j'avais déjà entendu vanter à la ville, comme la plus grande friandise du pays, et la fine fleur de l'industrie des bergers. Santa apporta une petite corbeille en jonc, de forme ronde, qu'elle découvrit en me la présentant. Elle contenait un *broccio* aussi blanc que la neige. C'est une espèce de gâteau fait avec du lait de chèvre caillé : pris avec du rhum et du sucre, il est vraiment délicieux. A Corte un *broccio* se vend de 1 à 2 francs.

Nous trempions bravement dans le *broccio* nos cuillères en bois ;... mais la femme et les enfants s'abstenaient, selon l'usage, de prendre part au repas. Accroupi à terre auprès du feu dans cette étroite cabane toute remplie de fumée, ma cuillère en bois à la main, au milieu des figures sauvages et curieuses qui m'entouraient, j'eus l'idée bizarre de faire devant mes hôtes l'éloge de la vie des pâtres de la montagne, qui se contentent du produit de leurs troupeaux, et ne connaissent ni les misères du *tien* et du *mien* ni les soucis dorés des villes.

— *Vita povera ! vita miserabile !* me dit le brave berger en hochant la tête. Et il avait bien raison. Ces gens mènent, en effet, une vie misérable. Pendant quatre mois de l'année, mai, juin, juillet et août, ils demeurent dans ces huttes, privés de tout ce qui rend la vie vraiment humaine. Dans leur monde, il n'existe d'autre variété que celle que présentent les éléments : la tempête, les nuages, les ondées, la grêle, le froid, la chaleur ; le soir ils n'ont d'autre distraction qu'une triste romance, un *lamento* chanté sur le chalumeau, quelque lugubre histoire de bandits racontée au coin du feu, la vue d'un mouflon ou d'un renard abattu à la chasse, le spectacle des antiques montagnes qui les dominent et les entourent de leurs sublimes pyramides, la magnificence étoilée du firmament ; et peut-être, malgré leur *vita povera*, sentent-ils dans leur cœur une satisfaction intime, la sérénité de l'honnête homme soumis à la volonté de Dieu.

Après avoir passé la nuit sur la dure tout habillés, ces pauvres gens se lèvent à l'aube, et mènent paître leur troupeau, auprès duquel ils font leurs maigres repas composés de fromage et de lait. Les vieillards restent dans la cabane au coin du feu, ou s'occupent des travaux domestiques les plus urgents. Le soir on fait rentrer le troupeau pour le traire ; puis la nuit arrive, et l'on va se reposer. Chassés de la montagne par la neige et les pluies torrentielles du mois de septembre, les bergers descendent vers la plage avec les troupeaux. Ils y trouvent d'ordinaire des cabanes plus confortables que leurs épouses occupent, souvent même en été, avec leurs enfants. Santa, mon hôtesse, était la seule femme des bergeries de Codi-mozzo, où étaient pourtant réunies six familles.

— Pourquoi donc, lui demandai-je, êtes-vous venue habiter cette pauvre cabane ?

— Voyez-vous, interrompit Angelo, elle est venue jouir de la fraîcheur des montagnes.

J'avais presque envie de rire à ces paroles, car pendant qu'il les prononçait, il y avait dans la hutte une chaleur infernale et une fumée épaisse qui m'arrachait des larmes. Cette misérable taupinière était donc comme une résidence d'été où la famille était en villégiature !

— Oui, me dit Angelo, en voyant mon air rêveur, là-bas on étouffe ; ici la montagne nous envoie son air pur et ses eaux limpides et fraîches. Nous vivons ainsi à la grâce de Dieu.

Il me semblait bien, en entendant parler cet homme et en regardant les bruns visages des enfants rieurs qui m'entouraient, que je venais d'arriver à la merveilleuse montagne des brahmanes, et qu'Angelo n'était autre que Jarchas, le plus sage des brahmanes. Ses discours étaient brefs et graves, et très souvent suivis d'un philosophique silence.

Angelo possédait soixante chèvres et cinquante moutons. Mais le lait ne rapporte pas grand' chose, en été, à peine de quoi nourrir la famille. On vend le *broccio* à la ville et dans les villages, et avec son produit on achète du pain et des vêtements. En hiver, les ressources diminuent, car la plus grande partie du lait alimente les agneaux et les chevreaux. Certains bergers possèdent plusieurs centaines de têtes de bétail. Lorsque les enfants en viennent au partage, il leur faut l'heureuse chance des patriarches pour accroître leurs troupeaux. Une fille de pauvres bergers reçoit, en moyenne, une dot de 12 chèvres ; si les parents sont riches, la dot est naturellement proportionnée à leur fortune.

Le brouillard s'était dissipé. Je sortis à l'air libre pour jouir de la fraîcheur. Les bergers étaient assis sur les tas de pierres disposées autour de la porte et fumaient leur pipe en bois. C'est là qu'ils choisissent pour chef et arbitre le plus âgé ou le plus considérable d'entre eux. Le hasard me fournit une observation intéressante : cette démocratie pastorale m'offrait en quelque sorte une vue sur les conditions premières de la communauté humaine, sur les origines de la constitution des Etats. Ainsi donc six hommes ne sauraient vivre ensemble sans donner à leur société une règle, qui est comme le germe des futures lois. Je saluai respectueusement le solide petit *podestà* de ces braves montagnards, et pendant que je le considérais en silence, il me semblait encore plus vénérable que Déjocès, le premier et le plus sage des rois mèdes.

Non loin des cabanes se trouvaient des huttes en pierre, plus petites, avec une toiture ronde ou allongée. C'étaient les magasins à provisions. Angelo ouvrit une petite porte qui donnait accès dans le sien ; il y entra à quatre pattes en me faisant signe de le suivre. Je me contentai de regarder à l'intérieur. Il y avait là des fromages plats sur des feuilles vertes et des pains de beurre blanchâtre, fait de lait de chèvre, dans de petits paniers.

Je m'assis sur une pierre pour dessiner les huttes. Toute la communauté m'entoura en manifestant le plaisir le plus vif. Chacun désirait avoir son portrait pour figurer, disait-il, dans un livre imprimé à Paris. Ils voulaient à toute force faire de moi un Parisien, et je ne pus leur persuader qu'en dehors de Paris il existât une terre du nom d'Allemagne. « Ainsi donc, me dit mon hôte, l'Allemagne est votre pays, et cette contrée possède des rois et dépend de Paris. » Et il n'en démordit point.

Dans l'après-midi le soleil était chaud ; mais voulant faire un tour dans les montagnes, je m'y fis accompagner par les enfants du berger, Antonio, âgé de treize ans, qui ressemblait à un ours velu, et ses jeunes sœurs Paola Maria et Fiordalisa, c'est-à-dire Fleur-de-Lys. Qu'on se figure cette Fleur-de-Lys de douze ans, élevée sur le Monte-Rotondo, sa robe déchirée, sa noire chevelure retombant en désordre sur son visage brun, pieds-nus, grimpant sur les rocs avec l'agilité du chamois. Elle avait des yeux aussi vifs que ceux du faucon et des dents aussi blanches que l'ivoire. Comme nous herborisions le long de la Restonica, j'aperçus de beaux œillets rouges au bord d'un rocher que j'aurais pu difficilement atteindre, et les montrai aux enfants. *Aspettate*! me cria Fleur-de-Lys ; et elle courut aussi prompte que l'éclair, puis redescendit aussitôt vers moi avec une poignée de fleurs. Et les gamins de grimper alors à qui mieux mieux et de danser comme des farfadets sur d'affreux précipices, sans la moindre crainte, car c'étaient les enfants de la montagne. Quand nous dûmes repasser la Restonica pour rentrer à la maison, Fleur-de-Lys sauta dans la rivière et prit un malin plaisir à me baptiser comme il faut. Notre digitale rouge foisonne dans ces montagnes. Mes diablotins m'apportèrent des brassées de cette belle plante vénéneuse toute fleurie ; et, au retour, nous en couronnâmes notre cabane fumante, qui jamais, peut-être, ne s'était trouvée à pareille fête : pour les hommes de bien, c'est un heureux jour que celui où un hôte entre dans leur maison.

Fleur-de-Lys raffolait de guirlandes. « Demain, me dit-elle, quand vous serez là-haut sur la montagne, vous trouverez une fleur bleue, la plus belle qui soit en Corse.

— Feur-de-Lys, puisque tu l'affirmes, ce doit être vrai ; demain je cueillerai la fleur merveilleuse. »

Le soir vint augmenter le silence de ce vaste désert. Fatigué de la journée, je m'assis devant la cabane, et contemplai le spectacle changeant de la formation des nuages : les brouillards s'élevaient des gorges profondes ; attirés et repoussés tour à tour par les hauteurs, ils roulaient en larges pelotes au fond des ravins, ou allaient se perdre dans les nuages qui se posaient gravement sur la cîme des monts. Les troupeaux rentraient au bercail ; et il y avait plaisir à les voir descendre en longues files, les chèvres élégantes et les moutons noirs. Ils sont l'unique ressource de ces pauvres pâtres. Chaque conducteur les poussait ou les attirait par un cri perçant dans un enclos près de sa hutte, et là il se mettait en devoir de les traire. L'opération se fait lestement : le berger s'assied au milieu du troupeau, et trait ses bêtes en les prenant l'une après l'autre par les pattes de derrière. Il les appelle, chacune par son nom, les connaît toutes parfaitement, et, par un signe particulier qui d'habitude se trouve à l'oreille, il sait à qui elles appartiennent. Quarante chèvres de mon berger donnèrent un seau de lait de moyenne grandeur.

Les troupeaux restent la nuit dans l'enceinte, protégés par des chiens au poil hérissé, non contre les loups, car il n'y en a point dans l'île, mais contre les renards des montagnes, qui sont très forts, très hardis, et attaquent les agneaux. *Rosso* et *Mustaccio*, les chiens d'Angelo, étaient deux bêtes magnifiques.

Sur ces entrefaites, arriva l'aîné des enfants avec les truites, et mon hôte prépara le souper. C'était l'homme et non la femme qui faisait la cuisine, et cela me surprit, car la femme corse occupe dans la famille un état voisin de la domesticité. Peut-être voulait-il faire honneur à l'étranger ? En y songeant bien, je me rappelai qu'Homère nous montre les hommes même livrés à ces occupations, mettant la viande à la broche, la faisant tourner pour la rôtir, la servant sur la table : je voyais donc revivre devant moi l'homme simple des temps épiques.

On apporta une soupe, du lait et du fromage, puis un rôti de chèvre pour honorer l'étranger. Car le noble et divin chevrier, ayant décroché la viande du *palo,* la traversa d'un pieu affilé en guise de broche, et, d'après l'usage de nos premiers pères, il la faisait tourner au-dessus de la braise en se tenant à genoux devant le feu, et la pressait de temps en temps entre deux tranches de pain pour recueillir le suc précieux qui en dégouttait. Il apprêta les truites avec une sauce de viande de chèvre, et lorsque les poissons furent cuits à point, il me les présenta en puisant pour moi dans la marmite avec la grande cuillère, et m'invita à manger au gré de mes désirs. Je voyais bien aux yeux des enfants que c'était là un repas extraordinaire, et je l'aurais encore mieux goûté si les petits avaient pu prendre part à la fête.

La nuit vint dans la cabane. J'étais curieux de savoir comment nous nous arrangerions dans un espace si étroit. Je fus vite renseigné. On étendit pour moi la couverture ; je m'y couchai en m'adossant au mur intérieur, et *le fils de l'homme n'avait pas une pierre pour y poser sa tête.* Je regardai Angelo.

« Sage, divin Angelo, lui dis-je. Voudrais-tu entendre ce mien discours, et le bien peser dans ton cœur. Jamais, je le jure, mon existence ne se passa dans une luxueuse mollesse, mais j'eus toujours un oreiller. Si tu veux donc me donner quelque chose qui lui ressemble, ce sera la plus noble action de ta vie. »

Angelo, le chevrier, se mit alors à réfléchir profondément, et, après avoir bien médité et tout mûri dans sa tête, il me tendit un sac en peau de chèvre, son *zaino,* avec ces paroles ailées : « Dormez maintenant, et *felicissima notte !* »

Peu à peu tous, femme et enfants, s'étendirent sur la terre nue, la tête appuyée contre le mur ; Angelo se coucha près du seuil, ayant à son côté sa plus jeune fille Marie, et nous venions ensuite, rangés dans l'ordre suivant : Santa sa femme, Fleur-de-Lys, Paola Maria et moi. Nous reposions ainsi paisiblement côte à côte, les pieds tournés vers le feu.

Ils ne tardèrent pas à s'endormir, et moi je veillais en considérant avec bonheur cette famille de gymnosophistes, dont rien ne venait troubler l'heureux repos ; et je songeai au profond Sancho Pansa exaltant l'inventeur du sommeil, « manteau qui couvre les humaines misères, aliment qui apaise la faim, boisson qui chasse la soif, feu qui réchauffe, froid qui rafraîchit, richesse commune, en un mot, qui rachète tout, balance où se font équilibre le berger et le roi. » Le reflet de la flamme enveloppait d'une rouge lueur le groupe fantastique des bergers ; et je regrettai bien en ce moment de ne pas être peintre. Mais la chaleur insupportable et la fumée épaisse, qui se dégageaient de ce feu formé de bois résineux, ne me laissèrent point fermer l'œil. Je me levais de temps en temps et, sautant par dessus les dormeurs, je courais à l'air libre. Je puis dire vraiment que de la cabane j'entrai dans la nue, car la montagne et les huttes étaient enveloppées de nuages ; c'est ainsi que je passai tour à tour de l'enfer au ciel et du ciel à l'enfer.

La nuit était froide et brumeuse, mais l'immense voûte éthérée se découvrit bientôt, projetant ses myriades de rayons sur les brouillards, sur les dentelures des roches et sur les sombres coupoles des mélèzes. Je restai longtemps assis au bord de la Restonica, dont le fracas venait seul interrompre le sublime silence de cette nuit limpide. Jamais je n'avais vu le lugubre génie de la solitude plus rapproché de moi qu'à cette heure, au milieu de ces noires montagnes, près des eaux mugissantes d'un furieux torrent, si haut dans les nuages, aux lieux témoins des premières convulsions de la nature, parmi de sauvages bergers, dans une île étrangère perdue au sein des flots. A ces moments solennels, on sent comme l'horreur de l'isolement, et l'âme se trouble à la pensée que l'être humain n'est qu'un atome,.... que cet atome intellectuel pourrait bien un jour, oubliant sa relation avec les objets qui l'entourent, disparaître dans le vide.....

Mais, tout-à-coup, sur ce roc solitaire, l'âme ouvre ses ailes, et, traversant le monde de l'imagination, elle vole vers les douces images qui lui sont familières ; et alors l'homme n'est plus seul.... Je prête l'oreille vers la montagne ; il me semble parfois entendre un sauvage éclat de rire : c'est la Restonica qui fait rage. Ces rocs, produits des premiers embrassements enflammés d'Uranus et de Géa, furent les témoins muets des angoisses de l'antique création.

L'air froid me repoussa au coin du feu. Enfin la fatigue m'endormit. Mais je fus soudain réveillé par la voix stridente de Santa criant à plusieurs reprises: « *Spettacoli divini! spettacoli divini!* » et elle remit en ordre ses enfants qui s'étaient débandés dans les attitudes les plus comiques : Fleur-de-Lys, enroulée comme une couleuvre, couvrait à demi sa mère, la petite Paola m'enlaçait le cou dans l'un de ses bras ; l'enfant endormie avait peut-être cru entendre quelque sinistre hibou, ou bien avait-elle vu en rêve un de ces vampires qui viennent sucer le sang du cœur ?

Je passai le reste de la nuit assis, à regarder la flamme, et songeai au nombre infini de sorciers que la Sainte Eglise Romaine a fait autrefois brûler pour la plus grande gloire de Dieu.

## CHAPITRE IV

### AU SOMMET DE LA MONTAGNE

Le jour commençait à poindre. Je sortis pour me restaurer aux ondes claires et fraîches de la Restonica qui, inquiète et bouillante de jeunesse, bondissait de roc en roc vers la vallée. Ce torrent a une belle existence. Après douze heures d'une course délicieuse par des forêts toujours vertes, il va mourir dans le Tavignano. J'aime la Restonica. Je connais toutes les phases de sa vie, depuis sa naissance jusqu'à sa fin, et elle m'a versé plus d'une boisson salutaire ; ses eaux ont la transparence, la fraîcheur et la légèreté de l'éther, et leur réputation s'étend au loin dans toute l'île. Je n'en connais pas de supérieures : elles m'ont toujours réconforté mieux que les vins les plus exquis. Cette source incomparable possède un tel mordant qu'elle polit bien vite le fer, et le préserve de la rouille. Boswell savait déjà que les Corses du temps de Paoli trempaient dans la Restonica les canons de leurs fusils pour les dérouiller. Le gravier et les roches qu'elle inonde prennent l'éclat de la neige, et jusqu'au lieu où elle débouche dans le Tavignano, son lit et ses rives sont ornées de pierres aussi blanches que le lait.

Quand j'invitai mon guide à monter avec moi au sommet du Rotondo, il m'avoua qu'il n'en connaissait pas le chemin. Angelo m'y accompagna. Notre ascension commença à trois heures du matin. Elle fut plus périlleuse et infiniment plus pénible que je ne l'imaginais.

Nous dûmes gravir une série de hauteurs avant d'atteindre le Trigione, premier contrefort du Rotondo. Ce sont comme de puissants échelons superposés par la nature et formant un énorme escalier de superbe granit rougeâtre pour des géants qui monteraient à l'escalade du ciel en s'accrochant avec leurs larges mains aux saillies des rochers. C'est un entassement de blocs grisâtres, immenses, informes, comme les premiers âges, se dressant dans l'infini, que le pied de l'homme hésite à fouler. Les pluies torrentielles de l'automne ont tellement lavé le granit, que cette belle pierre présente parfois de grandes surfaces polies ressemblant à des eaux gelées dans leur cours. Des sources jaillissent de toutes parts avec une inépuisable abondance. Mais on ne voit plus aucun arbre, et le cours capricieux de la Restonica est seul indiqué par quelques touffes d'aunes verdoyants.

Après deux heures de marche, nous arrivâmes au Trigione ; nous avions alors devant nous la cime neigeuse de la montagne. Les roches profondément labourées qui la composent forment un demi-entonnoir, une espèce de cratère, et c'est à cela qu'elle doit son nom. Au point où s'ouvre cet immense amphithéâtre est un petit lac mystérieux, le Rotondo, entouré d'une gracieuse couronne de vertes prairies : c'est comme un breuvage glacial dans une énorme coupe de granit. Des champs de neige s'étendent de là jusqu'à la crête, singulier spectacle pendant la canicule au 42$^e$ degré de latitude, sous le ciel du Midi. Ils étaient recouverts d'une croûte de glace, et il s'en dégageait un air vif. Mais bien que je fusse dans la région des neiges éternelles, la température conserva toujours une salutaire et agréable fraîcheur, sans jamais devenir rigoureuse.

La cime paraissait assez proche, et cependant, avant de l'atteindre, il nous fallut encore grimper deux bonnes heures au milieu de débris de toute sorte, en nous aidant des pieds et des mains. La marche fut surtout pénible au début, car nous eûmes à traverser une bande de neige où le pied ne pouvait se fixer. Nous y creusâmes des marches au moyen d'une pierre pointue, et c'est là qu'avec beaucoup de précautions nous posions le pied pour avancer. Enfin, tout épuisés de fatigue, nous arrivâmes au point culminant : c'est un sombre obélisque ravagé, qui se termine par une mince aiguille : en l'entourant de ses bras, on peut en quelque sorte planer au-dessus de l'abîme infini.

De ce plus haut sommet de la Corse, (1) à 2764 mètres au-dessus du niveau de la mer, j'embrassai du regard la plus grande partie de l'île et les flots bleus qui en baignent les deux côtes, spectacle dont on est heureux d'avoir pu jouir une fois dans sa vie. L'horizon du Rotondo est beaucoup plus grandiose que celui du Mont-Blanc. On aperçoit au loin les flots lumineux, les îles toscanes de la mer tyrrhénienne, le continent italien, et, par un temps clair, les blancs sommets des Alpes-Maritimes et les côtes sinueuses qui s'étendent de Nice à Rome. De l'autre côté s'élèvent les montagnes de Toulon. C'est ainsi que ce merveilleux panorama nous montre dans un immense demi-cercle des mers, des îles, les Alpes, les Apennins, la Sardaigne. Je ne fus pas trop favorisé par le temps : les vapeurs qui montaient sans cesse des ravins me dérobèrent une partie du spectacle. Je pus voir cependant : au Nord, la presqu'île du Cap-Corse affilée comme un poignard ; à l'Est, les plaines de la côte descendant en douces ondulations vers le rivage, les îles de la mer tyrrhénienne, la Toscane ; à l'Ouest, les golfes de Porto, de Sagone, d'Ajaccio et de Valinco. On distinguait bien Ajaccio sur son étroite langue de terre au fond d'une baie superbe,

---

(1) D'après la carte dressée par l'Etat-major français (tirage de 1883), le Monte-Cinto aurait 2710 mètres de hauteur et le Monte-Rotondo n'en aurait que 2625.

une rangée de maisons blanches pareilles à des cygnes nageant sur la mer, ou plutôt sur un océan de feu.

Du côté du Sud, la puissante masse du *Monte d'oro* empêche la vue de s'étendre vers l'intérieur. Une foule de pics, un peu moins élevés que le Rotondo, mais également couronnés de neige, se dressaient autour de nous, entre autres au Nord le *Cinto* et le *Capo-Bianco*, points culminants du Niolo.

L'île elle-même ressemble à un monstrueux squelette de pierre. Le Rotondo ne se trouve pas, à proprement parler, sur la chaîne qui la traverse du Nord au Sud, mais sur l'une de ses ramifications tournée un peu vers l'Orient. Toutefois, sa situation permet au regard de plonger dans le système de ces montagnes, qui offrent l'aspect d'un gigantesque tissu cellulaire. On voit à fort peu de distance la chaîne principale, espèce d'arête d'où partent des nervures qui s'étendent parallèlement des deux côtés et vont former des séries de vallées profondes, centres de culture et de population, toutes parcourues par un rapide torrent. C'est du massif de la chaîne principale que descendent les trois grandes rivières de l'île, le Golo et le Tavignano vers la côte orientale, le Liamone vers l'Occident.

Si du plus haut sommet le spectateur regarde les roches qui l'entourent immédiatement, il est saisi d'épouvante à l'aspect de cette grande désolation ; les blocs se présentent dans un immense et monstrueux pêle-mêle, comme des ruines entassées par l'antique lutte des forces élémentaires : des rocs sourcilleux élèvent à pic leurs redoutables murailles et forment une trame de vallées désertes ; au fond de ces gorges s'étend presque toujours un lac immobile, de couleur azurée, grise ou complètement noire, suivant que ses eaux reçoivent la lumière du soleil ou les ombres des rochers. J'ai compté autour de moi plusieurs de ces lacs, le *Rinoso*, le *Melo*, le *Nielluccio*, le *Pozzolo* qui fournit des eaux à la

Restonica, et l'*Oriente* où cette rivière prend sa source. Plus loin, vers le Nord-Ouest, j'avais devant moi le fameux pays de pasteurs, le Niolo, le bassin le plus élevé de la Corse, et son lac ténébreux, le *Nino*, qui donne naissance au Tavignano.

Tous ces lacs sont très petits et très profonds et la plupart d'entre eux fourmillent de truites.

Du haut de la montagne on entend le bruit continuel des eaux courantes qui se frayent souvent un chemin sous les rochers : ainsi, de ces rocs arides et sauvages jaillissent une foule de sources vives qui vont porter l'abondance dans les vallées, et y rendent possibles la culture et la société humaines. Beaucoup plus bas, au flanc des montagnes, paraissent çà et là quelques villages, de verts jardins, des champs cultivés pareils à des stries jaunâtres.

Les nuages envahirent peu à peu les sommets : il fallut songer à la descente. Elle s'opéra, non sans péril, du côté du lac de Pozzolo. C'est là que se dresse le *Frate*, masse imposante, colosse de granit du Rotondo, la plus grande pyramide de la montagne. De sombres flèches, aux dentelures bizarres, surgissent autour de lui, et d'innombrables ruines grisâtres, un chaos de roches primitives brisées et roulées par le temps, couvrent ses pieds lourds qui plongent dans la pierreuse et mélancolique vallée de Pozzolo. Ainsi que l'avait dit Fiordalisa, nous trouvâmes la merveilleuse fleur bleue aux crevasses des rochers. Angelo la cueillit en me criant : « *eccu, ecc' u fiore !* » Je la pris de sa main : c'était un myosotis. Les camomilles, les amaranthes et les renoncules couvraient de leurs fleurs les plus hauts sommets, et le bord des glaciers lui-même avait une parure de violettes.

Il nous fallut beaucoup de peine pour franchir les rocs du *Frate* ; quand nous y fûmes enfin parvenus, une bande de neige menaça de nous barrer le chemin. Le chevrier voulut la contourner ; mais moi, homme du nord, j'aurais été trop fâché de manquer une si bonne occasion : m'asseyant sur le *pelone* d'Angelo, je me laissai aller avec confiance. Ainsi donc, en été, en pleine Italie, sous le 42e degré de latitude, j'ai pu glisser sur la neige !

Nous fîmes notre déjeuner au pied d'une espèce de cratère, et, après nous être réconfortés avec un peu de pain et d'eau fraîche, nous continuâmes à descendre. C'est en vain que je regardai de toutes parts pour apercevoir les fauves du Monte-Rotondo, les mouflons et les bandits. Angelo m'assurait qu'il y en avait dans les cavernes à côté desquelles nous passions ; mais je ne pus en découvrir aucun. Le seul être hors la loi que j'aie aperçu alors, c'est un joli merle gris des montagnes, aux ailes rouges, noires et blanches.

Le mouton sauvage corse, le mouflon, (*mufro* ou *mufrone*) est une particularité très intéressante de l'île. C'est une belle bête, aux cornes en spirales, au pelage d'un brun foncé, aux membres vigoureux. Il vit dans la région des neiges éternelles, et s'élève toujours plus haut à mesure que le soleil les fait fondre autour de lui. Le jour il rôde sur les vertes prairies au bord des lacs ; la nuit il recherche la neige, où il se couche pour dormir et où la femelle a l'habitude de mettre bas. Comme les chamois, les mouflons s'entourent de gardes. Pendant les rigueurs de l'hiver, ces moutons sauvages se mêlent souvent aux chèvres des bergers, et parfois même on les voit dans les vallées de Vivario, du Niolo et de Guagno paître fort tranquillement avec les troupeaux. On ne peut les apprivoiser que dans leur jeunesse. On les poursuit à outrance, et lorsque sur la montagne retentit le tumulte de la chasse et que les mousquets y font entendre leurs roulements de tonnerre, on sait bien en Corse que c'est une battue aux mouflons ou aux bandits. Unis par les liens d'une fraternité sauvage, ils habitent les uns et les autres sur la montagne, qu'ils gravissent jusqu'aux neiges éternelles.

Après une descente de trois heures, je revis les cabanes. Comme le but de mon voyage était atteint, ces misérables habitations me parurent si tristes, leur atmosphère si lourde, comparée à l'air pur que je venais de respirer, que je m'y reposai à peine une heure. Après quoi, faisant seller ma mule, je dis un amical adieu aux braves gens de Codi-mozzo, auxquels je souhaitai de voir leurs enfants prospérer et leurs troupeaux se multiplier comme ceux de Jacob ; et je poursuivis ma route pour Corte. Ils m'accompagnèrent tous jusqu'aux dernières cabanes, et lorsque je m'en éloignai, hommes et enfants m'envoyèrent encore leur loyal *evviva*.

En quelques heures j'arrivai de nouveau dans la région des châtaigniers et des citronniers. J'avais donc en un seul jour parcouru trois zônes différentes, depuis les neiges éternelles jusqu'aux jardins de Corte, passant en quelque sorte de l'hiver rigoureux de la Norvège à la douce température du Midi de l'Europe.

# CHAPITRE V

### SE VENGERA-T-IL ?

Mon départ de la paisible petite ville de Corte ne devait pas s'effectuer paisiblement, grâce à mon guide du Monte Rotondo. Je n'appris qu'au retour à quel homme irascible je m'étais confié. Quoiqu'il m'en eût imposé en prétendant connaître le chemin jusqu'à la crête de la montagne, et que j'eusse été contraint de m'y faire conduire par le chevrier, je lui avais remis toute la somme. Mais il eut l'impudence de me demander la moitié en sus. Je refusai, et notre discussion attira quelques messieurs du pays, qui prirent fait et cause pour moi.

« Voyez, dit au guide l'un d'entre eux, c'est un étranger, et l'étranger a toujours raison chez nous. » Je répliquai à l'aimable interlocuteur que je ne soutenais pas mon droit comme étranger, mais comme homme et que, si ce furieux continuait à m'importuner, j'allais aussitôt saisir de l'affaire les autorités compétentes. Le guide jeta alors l'argent sur la table en criant qu'il saurait bien se venger du Tudesque, et il partit comme une bombe. L'hôtesse accourut alors, et me dit de me tenir sur mes gardes, car j'avais à faire à un mauvais coucheur, très irascible, lequel, l'année précédente, avait poignardé un jeune homme sur le marché.

Tout ahuri, je demandai pourquoi. — Voici, répondit-elle : son petit-frère s'était suspendu à une voiture comme font les gamins ; le *Lucchese* qui la conduisait, le frappa. L'enfant courut en larmes se plaindre à son frère qui, s'armant d'un poignard, bondit sur le Lucquois et le tua d'un coup.

— A quelle peine a-t-il été condamné ?

— Il en a été quitte avec cinq mois de prison ; car on n'a pas pu tirer la chose au clair.

— Ah ! il faut avouer que la *giustizia corsa è un po' corta*. Mais, brave femme, vous connaissiez le caractère violent de cet homme, vous saviez que sa main était souillée de sang, et vous m'avez donné ce démon pour guide ! Vous avez laissé un étranger sans armes s'aventurer dans la solitude des montagnes en compagnie d'un assassin !

— Je croyais, Monsieur, que vous le verriez à son air ; deux fois même je vous ai cligné des yeux. Cet homme s'était offert ; et si j'avais été cause de votre refus, il ne me l'aurait jamais pardonné.

Alors je me souvins qu'en effet, au moment où je m'éloignais avec le guide, la femme me demanda : « Quand pensez-vous revenir ? » et comme je lui répondis : « Dans deux jours, » elle haussa les épaules en me regardant avec une certaine expression.

« Bon, lui dis-je ! brisons là ; il aura son compte, mais pas un *quattrino* de plus, et il devra bien s'en contenter. Le soir, le furieux vint d'un air plus modeste demander son dû à l'hôtesse. Mais bien qu'il semblât avoir reconnu son tort, je crus prudent de me tenir sur mes gardes, et la nuit je ne sortis pas de la ville.

Le lendemain, j'allai me promener à la campagne en compagnie d'un officier dont j'avais fait la connaissance. Au sortir de la ville, j'eus un échantillon du tempérament des indigènes. Un jeune gars, il pouvait avoir quinze ans, avait attaché son cheval à une haie, et il l'assaillait à coups de pierres, fou de fureur, hurlant comme une bête enragée. Le pauvre animal s'était sans doute montré récalcitrant aux ordres de son maître. Je fus d'abord interdit ; puis indigné d'une pareille conduite, je criai à l'adolescent de mettre un terme à sa cruauté. « Au nom du ciel, me cria l'officier, venez donc, restez tranquille ! » Je ne dis plus rien ; mais je songeai longtemps à cette scène et à l'inquiétude de mon compagnon quand il me glissa à l'oreille son charitable avertissement. C'était là encore un coup d'œil jeté sur l'état de l'île.

Quelque temps après, le jeune homme passa à cheval, pareil au génie de la vengeance : ses cheveux étaient des broussailles, son visage une flamme, ses yeux deux éclairs ;... il passa comme un rapide cri de fureur. Et moi, au milieu de ces mœurs barbares, j'eus une soudaine nostalgie de Florence et de sa douce population.

Tout devait dans cette promenade contribuer à me donner de l'ennui. A peine avais-je fait un quart d'heure de chemin dans les montagnes, que j'aperçus l'homme qui m'avait servi de guide au Rotondo ; il était armé d'un fusil. Il quitta brusquement la route pour se diriger vers une hauteur voisine, où il s'assit sur un rocher, en posant son arme sur ses genoux. Je ne sais s'il nourrissait contre moi des intentions hostiles. C'est bien possible. Je le montrai à mon compagnon ; et pour ne pas sembler avoir peur, je continuai à m'avancer tranquillement ; mais j'avoue que j'avais un peu chaud. « Il ne tirera pas sur vous, me dit l'officier, si vous ne l'avez pas offensé par des paroles. Dans le cas où vous l'auriez insulté, on ne pourrait répondre de rien, car ces gens-là ne sont pas endurants. » Il ne tira pas ; et ce fut bien aimable de la part de ce vampire, ou plutôt de ce pauvre diable, car on peut dire qu'il était plus à plaindre qu'à blâmer. La nature est, en effet, ici plus coupable que l'homme. Les meurtres commis dans les montagnes corses ont rarement pour cause l'amour du gain, la basse cupidité ; ils sont presque toujours imposés par un faux point d'honneur.

## CHAPITRE VI

#### DE CORTE A AJACCIO

La route qui mène à Ajaccio s'élève au sud jusqu'au *Monte d'Oro*, et cette montée dure plusieurs heures. On traverse un pays accidenté, mais en pleine culture, et des bois de châtaigniers magnifiques. Il n'y a rien de plus riant que les paysages du canton de Serraggio, ancienne pièce de Venaco. Des ruisseaux, qui descendent du Rotondo, arrosent une campagne verdoyante, dont les collines sont couronnées de villages, tels que Santo-Pietro, Casanova, Riventosa, et Poggio.

Poggio-di-Venaco garde toujours le souvenir d'Arrigo Colonna qui, au dixième siècle, fut comte de Corse. On peut y saisir en passant le vague profil de plus d'une poétique légende ; et c'est là un des grands charmes des voyages. Arrigo était si bien fait de sa personne et de manières si avenantes, qu'on l'appelait le *Bel-Messere*, nom qui lui est resté parmi le peuple. Belle et noble était aussi son épouse, et les sept enfants qu'il en avait eus brillaient de toutes les grâces de la jeunesse. Mais ses ennemis furent jaloux de sa puissance, et un Sarde farouche se joignit à eux pour le perdre. Ils le poignardèrent dans une embuscade ; puis, s'emparant des sept jeunes enfants, ils les précipitèrent du haut du pont appelé, dit le Chroniqueur, *Ponte de' sette polli*, en souvenir de ceux qui furent noyés comme des poulets.

Après le crime, on entendit dans les airs une voix plaintive criant :

« È morto il Conte Arrigo Bel-Messere ;
» E Corsica ne andrà di male in peggio. »

(Le comte Arrigo Bel-Messere est mort ; et la Corse ira de mal en pis). — Le peuple tout entier le pleura. Mais la femme de Bel-Messere prit la lance et le bouclier et, à la tête de ses vassaux, elle courut au château de Talavedo où les assassins avaient fui ; elle y mit le feu, et fit périr ainsi tous les meurtriers. Aujourd'hui même on peut voir neuf fantômes errer, la nuit, sur les vertes collines de Venaco : ce sont les ombres de Bel-Messere, de son épouse et des sept pauvres enfants.

C'était un dimanche. Les habitants se promenaient dans les villages ; mais plus généralement, d'après l'usage de leurs pères, ils s'asseyaient autour de l'église…, image touchante : des hommes, pendant un jour de fête, respectant la trêve de Dieu. Pourtant, même un dimanche et devant la porte de la maison du Seigneur, un coup de fusil peut retentir soudain, et alors la scène change.

Près de Vivario la contrée devient plus inculte et les montagnes s'accusent davantage. On s'arrête parfois en silence sur le seuil de la petite église de ce village pour y contempler une pierre sépulcrale portant ce verset de la Bible : *Maledictus qui percusserit clam proximum suum et dicet omnis populus amen*. Maudit celui qui frappera traîtreusement son prochain et tout le peuple dira *amen*. (5, Moïse, ch. 27). Cette pierre nous raconte une *vendetta* du dix-septième siècle et en recouvre le sanguinaire héros. Bénissons la mémoire du vénérable ecclésiastique qui évoqua la malédiction de la Bible pour la graver ici. C'est, dit-on, le talisman de Vivario : il a marqué la dernière *vendetta* du village. Ah, pourquoi cette main bienfaisante n'a-t-elle pu s'étendre sur la Corse entière pour y écrire en lettres gigantesques : *Maledictus qui percusserit clam proximum suum et dicet omnis populus amen.*

Un blockhaus, avec une garnison de dix hommes, s'élève solitaire au milieu des montagnes. C'est là que se termine la grande vallée du Tavignano ; une série de hauteurs forme le partage des eaux entre cette rivière et la Gravona qui suit, au Sud-Ouest, une direction opposée et débouche dans le golfe d'Ajaccio. A la limite de ces deux vallées se dressent deux montagnes neigeuses, le *Renoso* et le *Monte d'oro*. Ce dernier a à peine quelques mètres de moins que le *Rotondo*, et il le surpasse en majesté. Pendant des heures, on l'a toujours devant soi.

Puis, on avance entre deux montagnes par la superbe forêt de Vizzavona, composée en très grande partie de mélèzes (*pinus larix*), qui ont parfois 120 pieds de haut et 21 de grosseur. Comme je ne connais pas les cèdres de l'Asie, je puis affirmer que le mélèze corse est le plus grand arbre que j'ai vu. Je me sentais toujours l'âme ravie en le contemplant au milieu de la tranquille et sombre majesté de ces puissantes montagnes. C'est un arbre vraiment royal, digne de poser le pied sur le granit. Il élève sa tête bien haut vers le ciel, au-dessus des rocs sourcilleux qu'il pénètre de ses vigoureuses racines, et souvent dans les lieux que l'aigle et le mouflon seuls fréquentent il apparaît imposant et sublime. Cette forêt a aussi des pins, des hêtres, des chênes-verts (*ilex*) et des sapins. On y trouve beaucoup de gibier, surtout des cerfs, qui sont petits en Corse ; les sangliers descendent vers les côtes où on les chasse avec passion.

La forêt de Vizzavona est la seconde de l'île, sous le rapport de l'étendue ; elle vient après celle d'Aïtona, dans le canton d'Evisa, arrondissement d'Ajaccio. Toutes ces forêts occupent des régions montagneuses. Quelques-unes appartiennent à l'Etat, la plupart aux communes. Il y a encore ici de grands trésors à faire valoir.

Je vis une couleuvre s'ensoleiller sur la route. La Corse ne possède que deux espèces de serpents, et n'a point de bêtes venimeuses, en dehors d'une araignée appelée *Malmignatto*, dont la piqûre cause un refroidissement subit des membres et quelquefois la mort. On cite aussi une fourmi venimeuse, l'*Innafantato*.

Je traversai la forêt en plein midi. Il faisait une chaleur étouffante ; mais il jaillit là de tous les rocs des eaux si fraîches et si légères que l'on est vite restauré. Elles vont toutes se jeter dans la Gravona. Il faut bien que Sénèque n'ait jamais parcouru les montagnes corses pour avoir dit dans son épigramme que l'île manque de sources.

Nous arrivâmes enfin au col, point culminant de la route d'Ajaccio, situé à 3,500 pieds au-dessus du niveau de la mer. C'est la *Foce-di-Vizzavona*, dont les chants populaires corses font souvent mention.

A ce point la route s'incline vers la Gravona, vallée fertile formée par deux chaînes de montagnes. La chaîne Nord part du *Monte d'Oro* et aboutit au-dessus d'Ajaccio, à la *Punta della Parata*. Elle sépare le bassin de la Gravona de celui du Liamone. La chaîne Sud descend du *Monte-Renoso* dans une direction parallèle à la première, et sépare la vallée de la Gravona de la vallée de Prunelli. Des deux côtés de la rivière, des villages couronnent les hauteurs. Ils me semblèrent plus riants que tous ceux que j'avais vus jusqu'alors en Corse.

Le premier, c'est Bocognano, situé non loin de la sauvage gorge de Vizzavona : il est entouré de sombres montagnes couvertes de forêts et couronnées de neige, et le paysage est partout empreint d'une sublime gravité. Sa population se compose de pauvres bergers, race forte et vaillante. Ceux d'entre eux qui ne se nourrissent pas de lait, vivent de châtaignes. Il y en a qui fabriquent le *pelone*. Tous sont armés. L'aspect de ces hommes robustes, avec leur fusil à deux coups, leur *carchera* et leur brun vêtement de laine, s'harmonise avec les âpres montagnes et les sombres forêts de pins qui les entourent. Ces montagnards corses paraissent être de fer, comme les mousquets qu'ils portent. On dirait que ce peuple s'est rouillé ici en plein moyen-âge.

La route descend toujours dans la direction d'Ajaccio. Enfin nous aperçumes le golfe. Il était cinq heures du soir quand nous arrivâmes près de la ville. De plus riches cultures, des côteaux couverts de vignobles, des champs d'oliviers, une plaine fertile (Campo-di-Loro), où la Gravona débouche sur le golfe, nous annoncèrent le chef-lieu de la Corse. La ville se montra enfin, comme une ligne de blanches maisons au bord de la mer, au pied d'une série de collines et entourée de villas. On y arrive en longeant le golfe par une allée d'ormeaux. C'est ainsi que, plein d'une émotion joyeuse, je visitai l'humble berceau de l'homme qui ébranla le monde.

# LIVRE III

## CHAPITRE PREMIER

### AJACCIO

A l'extrémité septentrionale d'un golfe superbe, l'un des plus beaux du monde, se trouve Ajaccio. Les deux rives du golfe sont d'inégale longueur : le côté Nord, le plus court, s'étend à l'Ouest jusqu'à la *Punta della Parata,* promontoire faisant face aux Iles Sanguinaires ; le côté Sud décrit des sinuosités nombreuses et va mourir au *Cap Muro,* que les navigateurs n'ont qu'à contourner pour atteindre la baie de Valinco.

La côte septentrionale est déserte ; au Sud on aperçoit quelques villages, des phares et des tours. A la pointe Nord s'élèvent de hautes montagnes, entre autres le Pozzo-di-Borgo ; ce sont les limites de la vallée de la Gravona, qui aboutit au fertile Campo-di-Loro.

On prétend qu'Ajaccio est l'une des villes les plus anciennes de la Corse. Dans leurs fables, les chroniqueurs attribuent son origine à Ajax, d'aucuns même à Ajazzo, fils du prince troyen qui, parcourant avec Enée la mer occidentale, après avoir enlevé Sica, nièce de Didon, aurait réuni son nom à celui de son épouse pour appeler l'île Corsica. Au dire de Ptolémée, sur ce golfe s'élevait jadis *Urcinum* qui ne serait autre que l'*Adjacium* des premiers temps du moyen-âge ;

cette ville est toujours mentionnée avec les plus anciennes de la Corse, Aleria, Mariana, Nebbio et Sagone, aujourd'hui disparues.

L'ancien Ajaccio n'était pas à la place qu'occupe la ville actuelle, mais sur le mont San-Giovanni, situé plus au Nord. On voit encore au sommet de la colline les débris d'un château appelé Castel-Vecchio ; il ne reste plus de traces des ruines de la cathédrale, sur lesquelles les évêques d'Ajaccio continuèrent longtemps à se faire consacrer, et rien ne révèle maintenant au voyageur qu'une ville a existé là. On a découvert, dit-on, dans les vignes voisines un grand nombre de médailles romaines, de grands vases en terre cuite, de forme ovale, et des urnes funéraires contenant toujours un squelette et une clef. On y montrait même autrefois, paraît-il, les tombeaux voûtés des rois maures : on n'en aperçoit plus le moindre vestige.

La ville moderne fut bâtie, ainsi que la citadelle, par la Banque de Saint-Georges en 1492. Elle était le siège d'un Lieutenant ; ce ne fut qu'en 1811 qu'à l'instigation de Madame Letizia et du cardinal Fesch, qui voulaient distinguer des autres le lieu où l'empereur et eux-mêmes étaient nés, on en fit la capitale de la Corse.

Pour bien voir Ajaccio, il faut monter sur la hauteur de San-Giovanni qui le domine. De là, la ville présente l'aspect le plus riant ; il n'y a point de site en Corse qui puisse lui être comparé. Son horizon est superbe : de hautes montagnes nuageuses s'avançant au loin vers les terres, un golfe majestueux enveloppé d'un brillant manteau d'azur, les splendeurs d'un ciel méridional, la végétation de l'Italie, on ne saurait imaginer un ensemble plus harmonieux ; et c'est là que sous de verts ormeaux, repose une paisible petite ville de 11,500 habitants, commandant à un pays qui semble destiné à porter une grande capitale.

Sur une langue de terre, dont la pointe soutient le château, sont rangées les maisons de la ville, qui s'étendent aussi au bord du golfe, des deux côtés. La principale rue, le Cours Napoléon, plantée d'ormeaux et de platanes, n'est à vrai dire que le prolongement de la route de Corte. On a dû la creuser en partie dans le roc, comme on peut le voir par les deux grandes masses pierreuses qui s'élèvent encore à son entrée. Dans le *Corso*, de beaux orangers succèdent aux ormeaux de la route et donnent à la promenade un air luxueux. Les constructions sont hautes, mais sans architecture. Ce qui les caractérise, ce sont leurs volets gris, fort à la mode en Corse (les maisons italiennes en ont généralement de verts, beaucoup plus gais). Cette teinte pâle ôte tout relief aux façades et les rend monotones. C'est le côté droit du *Corso* qui présente les édifices les plus remarquables, le petit théâtre Saint-Gabriel, l'élégante Préfecture et une caserne.

Je fus frappé du calme champêtre de ces rues ; leurs noms seuls appellent l'attention du voyageur et lui racontent l'histoire de Napoléon : ici la Rue Napoléon, plus loin la Rue Fesch, puis la Rue Cardinal, la Place Letizia, la Rue du Roi de Rome. Napoléon, c'est l'âme de la ville. On passe d'une rue à l'autre, et on les a vite toutes parcourues, sans cesse hanté par l'image de l'homme extraordinaire, par les souvenirs de son enfance.

Le *Corso* aboutit à la Place du Diamant, et la rue Fesch, qui lui est parallèle, mène à la Place du Marché et au port. Ce sont les deux rues et les deux places principales d'Ajaccio. Elles sont reliées par des ruelles qui sillonnent la petite presqu'île. Tout ici invite à la méditation, le silence qui vous environne et cette immobile nappe d'azur qui se déroule immense à vos yeux. La plupart des rues donnent sur le golfe, de sorte que les murs ne viennent presque jamais masquer la vue : les voies principales sont larges, les places spacieuses et plantées d'arbres verdoyants ; que l'on marche ou que l'on s'arrête, on a toujours une échappée sur la mer et sur les collines environnantes couvertes de bois d'oliviers. Ajaccio réunit les charmes d'une ville intérieure et d'une ville maritime ; on y vit au milieu de la nature.

Le soir, le *Corso* et la Place du Diamant s'animent : la musique joue, le peuple stationne en groupes ou se promène ; les dames couvertes d'un voile noir, les petites bourgeoises enveloppées dans la pittoresque *faldetta* ; on se croirait quelque part là-bas sur la côte d'Espagne.

La Place du Diamant offre, comme peu de places au monde, une admirable perspective : d'un côté, la mer roulant presque à vos pieds ses vagues mugissantes ; de l'autre, une rangée d'agréables constructions, où se distinguent un magnifique Hôpital militaire et un Séminaire élégant ; et tout près de là, une verte montagne. Vers le golfe, la place est munie d'un parapet en pierre ; mais en quelques pas on peut descendre au rivage, où se déroule une riante allée.

Mon plaisir le plus grand, c'était de m'y promener le soir, à l'heure où la brise de l'Ouest parcourait le golfe, ou bien de m'asseoir sur le parapet de la place pour contempler le beau panorama des montagnes et des eaux. Le ciel brille alors d'un éclat féérique ; l'air est si pur que la voie lactée et Vénus projettent de longs rayons sur la plaine liquide et la parent des reflets les plus doux. Lorsque la mer ondoie ou que des barques légères y tracent de rapides sillons, on dirait qu'elle palpite en faisant jaillir des milliers d'étincelles ; et le rivage d'alentour s'enveloppe de profondes ténèbres qu'éclairent çà et là les fanaux des promontoires et l'incendie des montagnes.

On a l'habitude ici de brûler les makis vers le mois d'août, pour avoir des terres labourables, que les cendres contribuent en outre à amender. Ces feux durent parfois des semaines. Le jour, ils élèvent sur les montagnes leurs blancs tourbillons de fumée ; la nuit, ils brillent au-dessus du golfe, comme des volcans ; et alors la ressemblance avec Naples devient frappante.

La Place du Marché est aussi plantée d'arbres et n'est pas moins belle que la Place du Diamant. Ayant vue sur tout le port, que termine un môle en granit construit sous Napoléon, elle est bordée de ce côté par un quai de la même pierre. A son entrée, s'élève la principale fontaine d'Ajaccio, grand cube en marbre dont les quatre faces versent de l'eau en abondance dans un bassin arrondi. Elle est constamment assiégée de monde ; et jamais je ne considérais ces groupes de femmes et d'enfants qui se pressaient autour d'elle, sans me rappeler des scènes analogues décrites dans l'Ancien Testament. Dans le brûlant Midi, une source d'eau devient une source de poésie et de sociabilité : le foyer et la fontaine, tels furent les vénérables rendez-vous des premiers hommes réunis en communauté.

Les femmes ne se servent pas ici, comme à Bastia, de grands vases en cuivre pour transporter de l'eau, mais de petits tonneaux ou de petites cruches en terre cuite dont l'orifice est surmonté d'une anse. Outre ces récipients, depuis longtemps en usage dans le pays, on trouve ici des vases en pierre avec de longs cols étroits, qui rappellent tout à fait les formes étrusques. Ces derniers viennent de Capraia, et leur fabrication constitue l'une des maigres ressources des habitants de cette île.

Sur la Place du Marché s'élève aussi, devant l'Hôtel de Ville, une statue de Napoléon : elle est posée sur un disgracieux piédestal en granit, d'une hauteur excessive, portant cette inscription : *A l'Empereur Napoléon sa ville natale, le 5 mai 1850, la deuxième année de la présidence de Louis-Napoléon.*

A une époque antérieure, les Ajacciens s'étaient donné beaucoup de mal pour avoir une image monumentale de Napoléon Ier, mais sans pouvoir y parvenir. Aussi furent-ils un jour en proie à l'émotion la plus vive en voyant débarquer une statue de Ganymède, que la famille Bonaparte envoyait à M. Ramolino : ils prirent l'aigle de Jupiter pour l'aigle impériale et Ganymède pour Napoléon ; et se rendant aussitôt en foule à la Place du Marché, ils exigèrent que le groupe surmontât la fontaine, pour que l'on pût enfin contempler dans le marbre le grand empereur. En faisant ainsi du jeune Troyen un de leurs compatriotes, ces braves Corses semblaient vouloir confirmer la fable du Chroniqueur qui attribue à un prince troyen la fondation d'Ajaccio.

C'est l'œuvre du florentin Bartolini que l'on destinait à Ajaccio ; mais on ne s'entendit pas sur le prix, et la ville fut ainsi privée de ce beau marbre (1). La statue de Napoléon que possède maintenant Ajaccio, est un médiocre travail de Laboureur. Napoléon est représenté en consul. Il regarde la mer : de sa petite île natale il semble prêt à s'élancer sur le vaste élément. Enveloppé dans la toge romaine, le front couronné de laurier, il tient la main sur un gouvernail attaché au globe terrestre. L'idée est bonne : en vue du golfe, le gouvernail est un emblème naturel, surtout dans la main d'un insulaire. Mais la vie embryonnaire du souverain intéresse ici plus que l'histoire de son empire. On aime à observer le petit monde ajaccien que ce géant de l'Europe parcourut enfant et jeune homme, ignorant sa valeur et sa destinée. Puis, l'imagination s'envole de nouveau vers la mer, et voit à l'ancre dans ce golfe un mystérieux navire arrivé d'Egypte pour le ramener en France ; et le général Bonaparte est là plein d'une fiévreuse anxiété, dévorant, la nuit, tous les journaux que la petite ville peut lui fournir, et mûrissant déjà la résolution d s'emparer de ce gouvernail, avec lequel il dirigera non seulement la France, mais la moitié de l'uni-

---

(1) Cette statue se trouve maintenant à Bastia, sur la Place St-Nicolas.

vers.... Le gouvernail se brisa un jour dans sa main, et l'insulaire corse alla échouer à Sainte-Hélène.

Le golfe d'Ajaccio n'est pas exposé au mistral comme celui de Saint-Florent : il est à l'abri de toutes les tempêtes, et pourrait recevoir les plus grandes flottes du monde. Mais le port est désert. Une fois par semaine un bateau à vapeur vient de Marseille apporter les dépêches du continent et quelques marchandises usuelles. J'ai souvent entendu les Corses se plaindre que la ville natale de Napoléon, malgré sa position et son climat incomparables, occupât en France le rang d'une petite ville de province. Pour voir quelle est ici la pauvreté du commerce et de l'industrie, on n'a qu'à faire un tour sur la Place du Marché : presque toutes les boutiques de la ville se trouvent là au rez-de-chaussée des maisons. Les professions les plus communes y figurent presque seules, celles des tailleurs et des cordonniers. Quant aux magasins d'objets de luxe, ils sont de piteuse apparence et ne contiennent, en général, que des vieilleries.

Je n'ai vu à Ajaccio qu'un seul libraire ; encore était-il en même temps mercier : il vendait, avec des livres, du savon, de la tresse, des rubans et des couteaux. Cependant l'Hôtel de ville possède une bibliothèque de 27,000 volumes. Lucien Bonaparte en a fourni les premiers éléments ; et par là ce prince a, dit-on, mieux mérité de son pays que par la publication de sa *Cyrnéide,* poème en 12 chants. La Préfecture a aussi une estimable collection de livres et de manuscrits, et ses archives contiennent de précieux documents sur l'histoire de la Corse.

C'est à l'Hôtel de Ville que l'on conserve les tableaux légués par le cardinal Fesch à ses concitoyens. Ils sont au nombre de 1000. Ajaccio n'ayant pas de musée, le public ne peut jouir de la vue des ces peintures, qui depuis longtemps ornent les greniers. La maison de Fesch fut affectée d'abord à un établissement de jésuites, puis au collège qui porte maintenant son nom. Cette école se compose d'un principal et de douze maîtres pour les différentes facultés.

Ajaccio est bien pauvre en institutions et en édifices publics. Sa richesse la plus grande, c'est la maison Bonaparte.

## CHAPITRE II

LA « CASA BONAPARTE ».

De la rue Saint-Charles on arrive à une petite place quadrangulaire, où s'élève, derrière un ormeau, une maison de trois étages, peinte en gris-jaune, à toiture plate, avec six fenêtres et des portes usées. A l'un des coins de ce bâtiment on lit : *Place Letizia*.

L'étranger venu d'Italie où toutes les demeures des grands hommes ont leur inscription ne voit ici aucun marbre qui lui dise : c'est la *Casa Bonaparte*. Il frappe à la porte : pas une voix ne répond ; les fenêtres ont leurs volets gris fermés, comme si les habitants étaient en *vendetta*. Personne sur la place. Tout semble être mort à l'entour, ou avoir fui au nom de Napoléon.

Enfin un vieillard se montre à une fenêtre du voisinage, et me prie de revenir dans deux heures, car il veut bien se charger de me procurer la clef de la maison.

La *Casa Bonaparte*, qui est encore, m'assure-t-on, à peu près telle qu'elle était autrefois, a dû certes appartenir à une famille considérable : comparée à l'humble chaumière où est né Paoli, c'est un véritable palais. Les chambres n'ont plus de meubles, les murs montrent seuls leurs vieilles tapisseries. Le parquet a déjà quelques brèches ; comme dans la plupart des maisons corses, il est formé de carreaux rouges hexagones.

Ces salles où brillaient jadis une grande vie de famille et une joyeuse hospitalité ressemblent maintenant à des sépulcres nus : c'est en vain que l'on y cherche un objet, quelques secours à l'imagination pour refaire l'histoire de leurs habitants d'autrefois.

Je ne sais à quand remonte la construction ; mais elle ne doit pas être bien ancienne. A l'époque, Gênes dominait dans l'île, et Louis XIV remplissait peut-être le monde du bruit de sa gloire et de celle de la France. Je songeai au temps où le maître éleva cette demeure, où après la bénédiction d'usage, suivant la sainte coutume de leurs ancêtres, les parents y accompagnèrent la famille qui l'avait fait bâtir : ils ne soupçonnaient point qu'un jour la capricieuse fortune y répandrait des couronnes d'empereur et de rois, et qu'elle en ferait le berceau d'une dynastie destinée à dévorer des royaumes.

L'imagination émue repeuple de leurs anciens hôtes ces chambres désertes : elle voit les enfants réunis autour de la mère ; les garçons, ainsi que tous les écoliers de leur âge, suant sur Plutarque ou sur J. César, pendant que le père et le grand oncle Lucien les surveillent gravement ; les trois filles insouciantes et un peu farouches comme les compagnes qu'elles peuvent avoir dans la petite ville insulaire et à moitié barbare où elles sont nées. Voici Joseph, l'aîné de tous ; puis le second fils, Napoléon ; ensuite Lucien, Louis, Jérôme ; voilà Caroline, Elise, et Pauline. Leur père est un modeste avocat qui à Ajaccio plaide continuellement, mais en vain, contre les jésuites, pour la possession d'une propriété dont sa nombreuse famille aurait grand besoin. Car l'avenir de ses enfants le préoccupe : que deviendront-ils dans le monde, et comment leur assurer une honnête aisance ?

Mais un beau jour ces enfants s'emparent des premières couronnes de l'univers : ils les arrachent de la tête des plus redoutables rois de l'Europe, les portent à la face du monde, se font embrasser comme frères et beaux-frères par les empereurs et les rois ; et de grands peuples tombent à leurs pieds, et livrent aux fils de l'avocat d'Ajaccio leur sang et leurs biens. Napoléon devient l'empereur de l'Europe, Joseph roi d'Espagne, Louis roi de Hollande, Jérôme roi de Westphalie, Pauline, Elise, princesses d'Italie, Caroline reine de Naples. Et tous ces dominateurs couronnés, ce fut une obscure bourgeoise d'une petite ville insulaire, ignorée, qui les enfanta et les éleva dans cette petite maison, ce fut Letizia Ramolino mariée, à l'âge de 14 ans, avec un homme aussi inconnu qu'elle ! Cette mère en travail, c'était l'humanité même enfantant son histoire dans la douleur.

Il n'y a point dans les *Mille et une nuits* de conte plus merveilleux que l'histoire de la famille Bonaparte. Et ce conte fut une réalité à notre époque de froide raison, et nous devons le regarder comme un grand événement, comme un grand bonheur. Le corps social, avec ses castes inflexibles, était racorni, momifié par la raison d'Etat ; un souffle puissant vint le traverser, le remettre en marche, remplir l'histoire d'un esprit nouveau, porter l'homme au-dessus de la condition où la politique avait voulu le confiner. Et les classes rompant leurs barrières, la force et la passion humaines prirent un libre essor ; chaque citoyen, même le plus humble, put s'élever à la gloire, et montrer ainsi que tous les hommes sont égaux. L'histoire de la famille Bonaparte ne nous paraît si merveilleuse que parce que nous continuons à vivre au milieu d'institutions politiques et de distinctions sociales léguées par le moyen-âge. Napoléon fut un Faust politique. C'est par ses mœurs révolutionnaires bien plus que par ses batailles qu'il marqua dans l'histoire. Il a abattu les anciennes idoles de l'Etat. Aussi l'histoire de cet homme est-elle simple, humaine, naturelle **au plus haut point** ; mais jusqu'ici il est impossible de l'écrire.

L'histoire, c'est encore la nature. Il y a toujours en elle un enchaînement de causes et d'effets, et ce que **nous** appelons génie ou grand homme n'est en définitive que le résultat inéluctable de certaines conditions.

La Corse soutint contre la tyrannie une lutte plus de dix fois séculaire avant de produire le grand triomphateur ; il fallut un si long intervalle à cet âpre rocher, à ce peuple trempé dans le sang des batailles, étouffant entre la montagne et la mer qui l'entourent, pour se créer un organe, pour enfanter un homme qui ne reconnût point de barrière à sa volonté. Telle est la marche ascendante de ses héros : après le bandit le soldat, Rinuccio della Rocca, Sampiero, Gaffori, Pascal Paoli, Napoléon.

J'entrai dans une petite chambre tapissée de papier bleu : elle a deux fenêtres dont l'une, à balcon, donne sur la cour et l'autre sur la rue. Cette pièce a un placard derrière une porte de tapisserie, et une cheminée encadrée de marbre jaune avec des bas-reliefs mythologiques. C'est là que, le 15 août 1769, vint au monde Napoléon. En présence du lieu où naquit un homme extraordinaire, l'âme éprouve une sensation étrange : c'est comme si à nos yeux s'abaissait pour un instant le voile derrière lequel la Nature prépare ses organes moteurs. Mais nous ne voyons que le phénomène, et la cause nous échappe toujours.

On montre d'autres pièces, la salle de bal de la famille, l'appartement de Madame Letizia, la petite chambre à coucher de Napoléon et son cabinet de travail avec deux petits placards où il mettait ses ouvrages classiques. Comme j'y aperçus quelques bouquins, je les pris avec curiosité, croyant qu'ils avaient servi à Napoléon : c'étaient de vieux livres de droit, des œuvres de théologie, un Tite-Live, un Guicciardini et d'autres volumes appartenant sans doute à la famille Pietrasanta, alliée aux Bonaparte et actuellement propriétaire de leur maison.

Dans cette demeure, on aime à se représenter la jeunesse de Napoléon ; mais l'histoire n'en a pas encore été suffisamment étudiée. Je raconterai ce que j'en ai appris par des récits oraux ou par mes lectures ; dans ces informations une bonne part revient aux *Mémoires sur l'enfance et la jeunesse de Napoléon jusqu'à l'âge de vingt-trois ans,* publication récente du corse Nasica. Ce livre dédié au *Neveu de l'Oncle* est assez platement écrit ; mais il contient des faits d'une authenticité incontestable et quelques documents précieux.

## CHAPITRE III.

#### LA FAMILLE BONAPARTE

Il est maintenant impossible d'établir avec certitude l'origine de la famille Bonaparte. La basse flatterie a réuni les choses les plus sottes pour prouver l'antique et haute noblesse des aïeux de Napoléon. On est allé jusqu'à lui fabriquer un arbre généalogique partant d'Emmanuel II, huitième empereur de la maison de Comnène : après la chûte de Constantinople, deux des fils de ce prince se seraient rendus, sous le nom de Bonaparte, d'abord à Corfou, puis à Naples, à Rome et à Florence, et auraient ainsi formé la souche des Bonaparte corses. C'est franchement ridicule.

Les Bonaparte étaient connus au moyen-âge parmi les seigneurs des villes italiennes ; cela est prouvé par l'histoire : leur nom figure au *Livre d'or* de Bologne, dans la liste des patriciens de Florence et sur le registre de la noblesse de Trévise.

Lorsque Napoléon eut épousé la fille de l'empereur d'Autriche, celui-ci fit ordonner des recherches sur la famille de son gendre. On exhuma donc de vieux parchemins établissant que les Bonaparte avaient été longtemps les seigneurs de Trévise ; et François-Joseph les envoya à Napoléon qui lui répondit, tout en le remerciant de ses peines : « Je me trouve assez honoré d'être le Rodolphe de Habsbourg de ma race. » Et toutes les fois qu'en d'autres circonstances on vint étaler devant lui les vieux titres nobiliaires de sa famille, il ferma la bouche aux flatteurs par ces mots : « Ma noblesse date de Millesimo et de Montenotte. »

J'ai exprimé ailleurs l'idée que le nom de Bonaparte pourrait bien n'être que le lombard *Bonipert* italianisé, nom assez commun en Tuscie au huitième siècle, comme on le voit par les documents de l'époque. On ne sait quand les Bonaparte vinrent en Corse. Muratori cite un acte instrumenté à Mariana en 947, (1) par lequel trois seigneurs corses, Otto, Domenico et Guidone de Conti, cèdent à l'abbé de Montecristo leur domaine corse de Venaco : parmi les témoins qui le signèrent se trouve aussi un Bonaparte. Il faudrait donc admettre que déjà antérieurement la famille Bonaparte ou plutôt l'une de ses branches s'était transportée de Florence en Corse. D'autres membres de la famille l'y rejoignirent peut-être plus tard, car les Bonaparte toscans qui étaient partie guelfes et partie gibelins, furent exilés tour à tour par l'une ou par l'autre de ces deux factions. Quelques-uns, on le sait, allèrent à Sarzana en Lunigiane où ils prirent du service auprès des Malaspina, puissants seigneurs de ce pays ; ensuite, et cela est certain pour moi, ils passèrent en Corse avec eux. Une autre branche resta en Toscane : elle s'établit d'abord à Florence, puis à San-Miniato-al-Tedesco. Elle a son tombeau à Santo-Spirito de Florence où j'ai vu, dans le cloître de l'église, une pierre tumulaire avec cette inscription :

S. di Benedeto
Di Piero di Giovanni
Buonaparte. E di sua Descendenti.

---

(1) « Actum in Marrana innanzi la chiesa di Sancta Maria in presentia di me Notario insoprascritto, e di Messer Sinibaldo legato. Testes Prete Grisogano, Prete Antonio e Messer Bonaparte e Messer Manfredo di Samma, e altri più che vi erano. »

Au-dessus et au-dessous de la fasce, l'armoirie porte une étoile. Et vraiment cette étoile s'est levée deux fois sur la famille.

Quelques Bonaparte restèrent à San-Miniato jusqu'au temps de Napoléon. Dans son expédition de Livourne, le jeune héros rencontra dans cette ville un vieux chanoine, Philippe Bonaparte (mort en 1799), qui fit de lui son héritier.

Quant aux Bonaparte d'Ajaccio, ils ne peuvent remonter sûrement qu'à Messer Francesco, mort en 1567 : il appartenait sans doute à la branche de Sarzana. Voici leur généalogie :

FRANCESCO BONAPARTE, 1576.
|
GABRIELE BONAPARTE *Messere*,
(à Ajaccio il avait élevé des tours contre les Barbaresques).
|
GERONIMO BONAPARTE, *Egregius, procurator nobilis*
(Chef des Anciens à Ajaccio).
|
FRANCESCO BONAPARTE
(*Capitano* de la ville).
┌──────────────────┴──────────────────┐
SEBASTIANO BONAPARTE                  FULVIO BONAPARTE
|                                      |
CARLO BONAPARTE, *nobilis*            LUDOVICO BONAPARTE, 1632
|                                      (Marié à Maria de Gondi).
GIUSEPPE BONAPARTE
(Ancien de la ville).
┌──────────────────┴──────────────────┐
SEBASTIANO BONAPARTE, *Magnificus*    LUCIANO BONAPARTE
(Ancien de la ville, 1769).           (Archidiaconus).
|
CARLO MARIA BONAPARTE
(né le 29 mars 1746, père de Napoléon,
marié à Letizia Ramolino).

Les Bonaparte n'ont pas eu d'importance dans l'histoire de la Corse. Ils jouissaient de beaucoup de considération auprès de leurs concitoyens, et furent souvent l'objet de distinctions flatteuses de la part de la République de Gênes, à laquelle Ajaccio se montra toujours fidèle ; mais ils se bornèrent à prendre part à l'administration de leur cité. Ce ne fut qu'avec Charles que le nom des Bonaparte prit de la notoriété dans l'île entière et acquit une importance historique.

Le père de Napoléon naquit à Ajaccio le 29 mars 1746, à une époque orageuse, au moment où les Corses réunissaient toutes leurs forces pour secouer le joug des Génois. Gaffori était alors à la tête des insulaires ; Pascal Paoli vivait à Naples dans l'exil. Il était d'usage chez les Bonaparte d'envoyer leurs enfants achever leur éducation en Toscane, surtout à l'université de Pise. Car ils se rappelaient leur noblesse florentine, et jamais ils ne cessèrent de la faire valoir. Charles s'intitulait lui-même *Nobile*, patricien de Florence. Après avoir suivi les cours de l'école supérieure que Paoli venait d'établir à Corte, Charles Bonaparte alla donc à Pise étudier le droit. Là il s'acquit, paraît-il, de l'estime par son instruction, et des amis par sa libéralité. Muni du diplôme de docteur, il rentra à Ajaccio où il devint l'avocat le plus en vogue.

Doué d'une belle prestance et de brillantes facultés, il attira bientôt l'attention de Paoli, dont le regard pénétrant savait discerner les hommes. Le général l'attacha à sa personne et l'employa dans les affaires de l'Etat. En 1764 le jeune avocat vit Letizia Ramolino, à peine âgée de 14 ans ; c'était la plus belle femme d'Ajaccio. Les deux jeunes gens s'enflammèrent d'amour l'un pour l'autre. Mais les Ramolino, partisans des Génois, ne voulaient pas accorder la main de leur fille à un Paoliste. Paoli intervint lui-même, et triompha de la résistance des parents. La mère de Letizia était mariée en secondes noces à M. Fesch, capitaine dans le régiment suisse au service de Gênes, dont elle eut un enfant qui sous l'empire devait être cardinal.

Charles, devenu secrétaire de Paoli, accompagna le général à Corte, siège du gouvernement. Letizia l'y suivit à contrecœur. Alors éclata sur les Corses la grande catastrophe : après le traité de Versailles, les Français occupèrent l'île, et les patriotes corses se réunirent en consulte ; dans cette assemblée Charles Bonaparte prononça un discours ardent, où il se déclara pour la guerre contre la France.

Survint la funeste bataille de Pontenovo. Dès que les Français approchèrent de Corte, quelques centaines de familles considérables de l'île se réfugièrent sur le Monte-Rotondo. Au nombre des fugitifs se trouvaient Charles Bonaparte et sa femme, déjà enceinte de Napoléon. Ils passèrent des jours de douloureuse incertitude parmi les chevriers de ces horribles déserts. Enfin parurent des parlementaires du comte de Vaux, qui venait d'arriver à Corte. Ils annoncèrent que l'île avait fait sa soumission, que Paoli était sur le point de s'embarquer et que les patriotes pouvaient descendre tous sans crainte et rentrer chez eux. Les fugitifs envoyèrent alors à Corte une ambassade à la tête de laquelle se trouvaient Charles Bonaparte et Laurent Giubega de Calvi. Ces députés ayant obtenu des saufs-conduits pour tout le monde, retournèrent au Monte-Rotondo auprès de leurs amis.

Ch. Bonaparte descendit dans le Niolo avec sa femme pour se rendre de là à Ajaccio. Ils durent passer le Liamone, et comme la rivière était très grosse, Letizia faillit s'y noyer. Elle ne dut son salut qu'à son courage et à la promptitude de ses compagnons à la secourir. Charles voulait suivre dans l'exil Paoli, son bienfaiteur et son ami : il regardait comme une honte de rester en Corse quand la patrie était au pouvoir des Français. Les prières de son oncle, l'archidiacre Lucien, et les larmes de sa jeune épouse, le firent renoncer à cette noble résolution. Son patriotisme ne devait pas être bien ardent, puisqu'une fois rentré à Ajaccio, il y devint, sous le gouvernement même de la France, assesseur à la Cour royale. Il fut l'objet des attentions de Marbeuf, qui lui fit obtenir plus tard une bourse au séminaire d'Autun pour Joseph, l'aîné de ses enfants, et une autre à l'Ecole militaire de Brienne pour son second fils Napoléon. Ce fut donc Marbeuf, le conquérant de la Corse, qui ouvrit la carrière de Napoléon. Il fréquentait beaucoup la maison Bonaparte, passant bien des heures agréables auprès de Madame Letizia ; ce qui, joint aux faveurs accordées à la famille, fit naître le bruit d'une relation galante.

Marbeuf était l'obligé du père de Napoléon : lorsque le général Narbonne-Fritzlar intriguait contre lui pour obtenir en Corse le commandement en chef, ce fut Charles qui décida le ministère français à lui préférer son rival. Le comte reconnut ce service en recommandant le jeune élève de l'Ecole militaire à l'influente famille de Brienne et en redoublant de bienveillance et d'amitié envers ses parents. De son côté, Charles manifesta de toutes les manières à Marbeuf l'affection la plus vive ; il composa même en son honneur un sonnet que j'ai sous les yeux, mais que je ne communiquerai pas, car il est insignifiant.

En 1777, Charles Bonaparte, élu député de la noblesse corse, se rendit à Paris en passant par Florence. Il voulut y retourner en 1785 pour mettre fin au procès qu'il soutenait depuis longtemps à Ajaccio contre les jésuites ; mais la maladie l'arrêta à Montpellier, où il mourut au mois de février, à l'âge de 39 ans : il succomba à la maladie d'estomac qui plus tard devait emporter son fils Napoléon. Dans le délire de l'agonie, il rêvait toujours de Napoléon, preuve qu'il avait placé en lui toutes ses espérances ; il s'écria en mourant : « Où est donc Napoléon ? Pourquoi ne vient-il pas avec sa grande épée défendre son père ? » Il expira dans les bras de son fils Joseph, et fut enterré à Montpellier. Lorsque Napoléon fut devenu empereur, les habitants de cette ville lui proposèrent d'élever un monument à son père. Il répondit qu'il ne fallait point troubler le repos des trépassés, que s'il érigeait une statue à son père, déjà mort depuis longtemps, son grand-père et son bisaïeul pouvaient bien prétendre au même honneur. — Plus tard, Louis Bonaparte, roi de Hollande, fit exhumer le corps de son père pour lui donner un tombeau à St-Leu.

Au moment de la mort de son père, Napoléon faisait ses études à Paris. Voici la lettre (1) de consolation que ce jeune homme de 16 ans écrivit alors à sa mère :

Paris, le 29 mars 1785.

Ma chère mère,

C'est aujourd'hui, que le temps a un peu calmé les premiers transports de ma douleur, que je m'empresse de vous témoigner la reconnaissance que m'inspirent les bontés que vous avez toujours eues pour nous. Consolez-vous, ma chère mère ; les circonstances l'exigent. Nous redoublerons nos soins et notre reconnaissance, heureux si nous pouvons, par notre obéissance, vous dédommager un peu de l'inestimable perte d'un époux chéri. Je termine, ma chère mère, ma douleur me l'ordonne, en vous priant de calmer la vôtre. Ma santé est parfaite, et je prie tous les jours que le ciel vous en gratifie d'une semblable. Présentez mes respects à *Zia Geltrude, Minnanna Saveria, Minnanna Fesch, etc.*

---

(1) Nous donnons le texte original.

P.-S. La reine de France est accouchée d'un prince, nommé le duc de Normandie, le 27 de mars, à 7 heures du soir.

Votre très-humble et affectionné fils

Napoleone de Buonaparte.

Si cette épître laconique de Napoléon n'est pas apocryphe, elle a un peu plus de valeur que la lettre de consolation de Sénèque à sa mère Helvia.

Charles était un homme de qualités fort brillantes, à l'intelligence ouverte, à la parole enflammée ; et, comme on l'a vu, son esprit pratique savait, au besoin, se plier aux circonstances. Il aimait le faste et l'éclat. A la mort de son mari, Madame Letizia n'était âgée que de 35 ans. Elle avait eu de lui 13 enfants ; il lui en restait 5, dont un, Jérôme, encore au berceau.

L'archidiacre Lucien devint alors le chef de la famille et l'administrateur de ses biens, composés de terres, de vignes et de troupeaux.

## CHAPITRE IV

**ENFANCE DE NAPOLÉON**

> Je suis aussi un homme mortel — comme les autres, né — de la race du premier homme créé..
>
> (*Sagesse de Salomon*).

On aime à se représenter le génie aux premières années de son existence, alors que, perdu dans la foule, il vit encore sans destinée. On voudrait reconnaître chez l'enfant les traits de l'homme ; mais l'enfance est un mystère insondable qui cache également l'ange et le démon, et nul ne saurait y découvrir la secrète puissance qui viendra plus tard arracher des profondeurs où elles sommeillent ces créations merveilleuses pour les jeter au sein du temps.

J'ai vu aux *Uffizii* de Florence le buste en marbre d'un enfant. Attiré par son innocent et gracieux sourire, je m'en approchai avec joie...; le socle portait le mot : *Néron*.

Les premières années de Napoléon ne sont pas bien connues. Le jour de l'Assomption, sa mère, se trouvant à l'église, ressentit les douleurs de l'enfantement. Elle rentra chez elle ; mais elle n'eut pas le temps d'arriver à sa chambre, et accoucha dans un petit cabinet, sur un tapis qui représentait, dit-on, des scènes de l'Iliade. Sa belle-sœur Gertrude lui servit de sage-femme. Lorsque Napoléon vint au monde, il était 11 heures du matin.

Il ne fut baptisé que le 21 juillet 1771, presque deux ans après sa naissance et en même temps que sa sœur Marianne, morte en bas âge. On raconte qu'il se défendit vivement contre le prêtre qui l'aspergeait. Peut-être voulait-il se baptiser lui-même, comme plus tard il se couronna lui-même en prenant le diadème des mains du pape qui se disposait à le lui poser sur le front.

Dès son enfance il montra un caractère violent : il se disputait sans cesse avec son frère Joseph. Dans ces luttes enfantines, celui-ci était toujours le battu, et quand il allait se plaindre, on lui donnait tort. Joseph finit par devenir l'humble serviteur de Napoléon, que la famille semblait déjà regarder comme le chef des autres enfants. A son lit de mort, l'archidiacre Lucien dit à Joseph en lui montrant Napoléon : « Tu es l'aîné de la famille, mais en voici le chef ; ne l'oublie jamais. »

Dès son jeune âge, Napoléon manifesta, paraît-il, une passion indomptable pour le métier des armes, et nous le croirons volontiers : son plaisir le plus vif, c'était de courir à côté des soldats. Il tourmenta beaucoup son père pour avoir un petit canon ; on le lui donna enfin. La maison Bonaparte conserva longtemps le petit canon en métal avec lequel ce Jupiter, qui amoncela tant de nuages de poudre, avait coutume de s'amuser encore enfant.

En 1778, son père le mena à l'Ecole militaire de Brienne, où Pichegru fut son répétiteur. On sait que Napoléon s'y montra généralement doux et laborieux. Ce n'est que par intervalles qu'éclatait sa nature fière et irascible. Un jour le maître de quartier, voulant le punir d'une faute, le condamna à porter l'habit de bure et à dîner à genoux à la porte du réfectoire. Le jeune Corse ne put plier son orgueil à cette honteuse pénitence : au moment de l'exécution il fut pris de vomissements et tomba en convulsions. Le Père Patrault, qui vint à passer, fit aussitôt lever la punition, et se plaignit qu'on traîtât si indignement son premier mathématicien.

En 1783, Napoléon alla terminer ses études à l'Ecole militaire de Paris : il avait une instruction solide, la tête pleine des héros de son cher Plutarque, le cœur pénétré des exploits de ses grands aïeux corses, tout le feu de la jeunesse et du talent, le caractère fortement accusé. Le monde était alors en fermentation, et un esprit de grandeur parcourait le siècle.

Nommé lieutenant d'artillerie, Napoléon alla rejoindre son régiment à Valence, en 1785 ; il était inquiet, impatient de se produire au dehors. L'Académie de Lyon proposa un prix sur ce thème fort en vogue à cette époque de théories humanitaires : « Quels sont les principes et les institutions à inculquer aux hommes pour les rendre heureux ? » Napoléon concourut et triompha en gardant l'anonyme. Lorsque, plus tard, ce manuscrit lui fut présenté par Talleyrand, qui l'avait exhumé des archives de Lyon pour flagorner son puissant maître, l'empereur le jeta au feu. En cherchant aussi à faire le bonheur des hommes, le jeune moraliste payait un tribut à son temps dont l'un des caractères fut la sentimentalité. Mais que dire si Napoléon se présentait à nous comme l'auteur d'un roman sentimental dans le genre de ceux de Sterne ou de Richardson ? Il fit un jour une excursion au Mont-Cenis en compagnie de son cher Demazzis ; au retour de ce voyage, le cœur rempli de la douce image de Madame du Colombier qui lui avait accordé de secrets rendez-vous et qui même avait mangé avec lui d'innocentes cerises, il se mit au travail, et commença à écrire un Voyage sentimental au Mont-Cenis. Il n'alla pas bien loin ; mais cette velléité de Napoléon est digne de remarque. En Egypte n'avait-il pas d'ailleurs un Werther sur lui ?

Appartenant toujours corps et âme à son île, le jeune officier composa, à Valence, une *Histoire des Corses*, sujet bien digne d'occuper la jeunesse d'un Napoléon. Cet ouvrage, inachevé, se trouve manuscrit à la Bibliothèque Nationale ; on va le publier bientôt. Napoléon l'adressa à son grand compatriote Paoli, alors exilé à Londres, pour lequel il professait la plus vive admiration. Voici un extrait de la lettre qui accompagnait cet envoi :

« Quand je vins au monde, la patrie expirait. Trente mille Français vomis sur nos côtes, le trône de la liberté noyé dans des flots de sang, tel fut l'odieux spectacle qui effraya mes premiers regards. Les cris des mourants, les soupirs des opprimés, les larmes du désespoir entourèrent mon berceau.

» Vous quittâtes notre île, et avec vous disparut tout espoir de bonheur ; l'esclavage fut le prix de notre soumission. Accablés sous la triple chaîne du militaire, du robin et du publicain, vos compatriotes vivaient dans le mépris... dans le mépris de ceux qui ont en main le pouvoir. Y a-t-il un plus grand supplice pour un cœur sensible ?

» Les traîtres à la patrie, les âmes lâches, corrompues par l'amour d'une récompense honteuse ont, pour se justifier, répandu des calomnies contre le gouvernement national et surtout contre votre personne. Les écrivains accueillent ces mensonges et les transmettent à la postérité.

» En les lisant, j'ai été indigné et j'ai résolu de détruire le mal produit par l'ignorance. Une étude précoce de la langue française, des observations et des faits importants puisés aux écrits des meilleurs patriotes, me donnent quelque espoir de réussir. Je veux comparer votre administration avec la présente.... Je veux peindre les traîtres sous les noires couleurs de l'infamie... Je veux appeler nos gouvernants devant le tribunal de l'opinion publique, représenter leurs vexations dans les moindres détails, découvrir leurs intrigues secrètes, inspirer, si c'est possible, à M. Necker, le vertueux ministre qui préside aux affaires de l'Etat, un peu de sympathie pour notre destinée lamentable, pour notre cruelle oppression ».

Tels sont les sentiments et telles sont les paroles du jeune Corse, du disciple révolutionnaire de Plutarque. Dans son *Histoire des Corses*, Napoléon s'écrie : « Quand la patrie n'existe plus, un noble citoyen doit mourir ». Et ce n'étaient point là des phrases à la Tacite ; c'était le langage d'une âme ardente, ouverte à tous les sentiments élevés.

Jusqu'au traité de Campoformio, on suit Napoléon dans sa rapide carrière avec le plaisir le plus vif. C'est un héros, un demi-dieu, passant près de nous sur les ailes de la gloire, pur encore des souillures de l'égoïsme ; mais cette noble figure humaine se dégrade peu à peu, et va se confondre dans la tourbe des despotes. Car la grandeur ne peut durer ici bas, et Machiavel dit avec raison : « Il n'y a que des hommes ordinaires ».

Parmi les œuvres juvéniles de Napoléon, que l'on va imprimer, on cite aussi deux nouvelles, le *Comte d'Essex* et le *Masque de Fer*, un dialogue sur l'amour, intitulé *Jules*, ainsi que d'autres essais littéraires.

Napoléon se rendait tous les ans à Ajaccio, et exerçait alors une influence décisive sur l'éducation de ses frères et sœurs. On conservait dans sa famille les mœurs simples et austères des vieux Corses. « On aurait dit, observe Nasica, qu'on était dans un collège ou dans un couvent. La prière, le sommeil, l'étude, les repas, les divertissements, la promenade, tout était réglé, mesuré. La plus grande harmonie, un amour tendre et sincère régnait entre tous les membres de la famille. Elle était alors le modèle de la ville, comme elle en a été par la suite l'ornement et la gloire. »

L'archidiacre Lucien administrait le patrimoine avec beaucoup d'économie, et le jeune Napoléon était obligé de se mettre en frais d'éloquence pour décider son grand-oncle à lui accorder parfois un supplément de pension. Cependant il l'obtenait toujours. La famille entière subissait l'influence de ce jeune homme, de cet empereur-né. Napoléon avait besoin de commander ; et ce qu'il y a de très caractéristique, c'est qu'il régente non seulement ses sœurs, plus jeunes que lui, mais encore son frère aîné, dont il dirige lui-même l'éducation.

Je trouve une de ces lettres écrites de Brienne à son oncle Fesch, devenu plus tard cardinal. Elle porte la date du 15 juillet 1784. Ce garçon de 15 ans s'y exprime avec le sentiment le plus clair des nécessités de la vie sur la carrière que doit suivre Joseph, son frère aîné. La pièce mérite d'être lue, car ce Joseph, dont on s'y entretient gravement, n'est autre que le futur roi d'Espagne. La voici : (1)

« Mon cher Oncle,

» Brienne, le 15 juillet 1784. — Je vous écris pour vous informer du passage de mon cher père par Brienne, pour aller à Paris conduire Marianne (2) à Saint-Cyr, et tâcher de rétablir sa santé. Il est arrivé ici le 21 avec Lucien et les deux demoiselles que vous avez vues : il a laissé ici ce dernier qui est âgé de neuf ans, et grand de trois pieds, onze pouces, six lignes : il est en sixième pour le latin, et va apprendre toutes les différentes parties de l'enseignement ; il marque beaucoup de dispositions et de bonne volonté : il faut espérer que ce sera un bon sujet. Il se porte bien ; il est gros, vif et étourdi, et pour le commencement on est

---

1) Reproduite d'après l'original cité par Tommaseo.
2) Elle prit ensuite le nom d'Elise.

content de lui. Il sait très bien le français et a oublié l'italien tout-à-fait. Au reste, il va vous écrire derrière ma lettre ; je ne lui dirai rien afin que vous voyiez son savoir faire. J'espère qu'actuellement il vous écrira plus souvent que lorsqu'il était à Autun. Je suis persuadé que mon frère Joseph ne vous a pas écrit. Comment voudriez-vous qu'il le fît? Il n'écrit à mon cher père que deux lignes, quand il le fait. En vérité, ce n'est plus le même. Cependant il m'écrit très souvent. Il est en rhétorique ; et ferait le mieux s'il travaillait, car Monsieur le Principal a dit à mon cher père qu'il n'avait dans le collège ni physicien, ni rhétoricien, ni philosophe qui eût autant de talent que lui, et qui fît si bien une version. Quant à l'état qu'il veut embrasser, l'ecclésiastique a été, comme vous savez, le premier qu'il a choisi ; il a persisté dans cette résolution jusqu'à cette heure, où il veut servir le roi ; en quoi il a bien tort pour plusieurs raisons : 1º comme le remarque mon cher père, il n'a pas assez de hardiesse pour affronter les périls d'une action ; sa santé faible ne lui permet pas de soutenir les fatigues d'une campagne ; et mon frère n'envisage l'état militaire que du côté des garnisons. Oui, mon cher frère sera un bon officier de garnison : fort bien fait, ayant l'esprit léger, conséquemment propre à de frivoles compliments ; et avec ses talents, il se tirera toujours bien d'une société ; mais d'un combat? C'est ce dont mon père doute.

« Qu'importe à des guerriers ce frivole avantage?
» Que sont tous ces trésors sans celui du courage?
» A ce prix fussiez-vous aussi beau qu'Adonis,
» Du Dieu même du Pinde eussiez-vous l'éloquence,
» Que sont tous ces dons sans celui de la vaillance? »

» 2º Il a reçu une éducation pour l'état ecclésiastique ;

il est bien tard pour se démentir. Monseigneur l'évêque d'Autun lui aurait donné un gros bénéfice, et il était sûr d'être évêque. Quels avantages pour la famille ! Monseigneur d'Autun a fait tout son possible pour l'engager à persister, lui promettant qu'il ne s'en repentirait point. Rien : il persiste. Je le loue si c'est du goût décidé qu'il a pour cet état, le plus beau cependant de tous les corps ; et si le grand moteur des choses humaines, en le formant, lui a donné, comme à moi, une inclination décidée pour le militaire.

» 3º Il veut qu'on le place dans le militaire ; c'est fort bien, mais dans quel corps ? Est-ce dans la marine ? 1º Il ne sait point de mathématiques ; il lui faudra deux ans pour les apprendre ; 2º sa santé est incompatible avec la mer. Est-ce dans le génie ? Il lui faudra quatre ou cinq ans pour apprendre ce qu'il lui faut ; et au bout de ce terme il ne sera encore qu'élève du génie. D'ailleurs, je pense que toute la journée être occupé à travailler n'est pas compatible avec la légèreté de son caractère. La même raison qui existe pour le génie existe pour l'artillerie, à l'exception qu'il faudra qu'il ne travaille que dix-huit mois pour être élève, et autant pour être officier. Oh ! cela n'est pas encore à son goût. Voyons donc : il veut être sans doute dans l'infanterie. Bon, je l'entends : il veut être toute la journée sans rien faire, il veut battre le pavé toute la journée : d'autant plus, qu'est-ce qu'un mince officier d'infanterie ? Un mauvais sujet les trois quarts du temps. Et c'est ce que mon cher père, ni vous, ni ma mère, ni mon oncle l'archidiacre ne veulent, car il a déjà montré de petits tours de légèreté et de prodigalité. En conséquence, on fera un dernier effort pour l'engager à l'état ecclésiastique ; faute de quoi, mon cher père l'emmènera avec lui en Corse, où il l'aura sous les yeux : on tâchera de le faire entrer au barreau. Je finis en vous priant de me continuer vos bonnes grâces : m'en rendre digne sera le devoir pour moi le plus essentiel et le plus recherché. Je suis avec le respect le plus profond, mon cher oncle,

» Votre très-humble et très-obéissant serviteur et neveu,

» NAPOLEONE DI BUONAPARTE.

» *P. S.* Déchirez cette lettre.

» Mais il faut espérer que Joseph, avec les talents qu'il a, et les sentiments que son éducation doit lui avoir inspirés, prendra le bon parti, et sera le soutien de notre famille. Représentez-lui un peu tous ces avantages. »

N'aurait-on pas le droit de douter qu'un garçon de 15 ans ait pu écrire une lettre si ferme et si nette ? Elle a été publiée, pour la première fois, dans les *Lettere di P. Paoli* par N. Tommaseo, qui dit la tenir de M. Luigi Biadelli, conseiller à la cour royale de Bastia. Ce document me semble d'une inappréciable valeur. Il nous permet de jeter un coup d'œil profond dans le conseil de famille des Bonaparte ; nous distinguons bien toute la parenté : au moment où il recevait à Ajaccio la lettre qui lui parlait de cet étourdi de Joseph, Monsieur Fesch était accoutré de sa veste en laine de brebis et tenait à la bouche une pipe en bois ; car c'est ainsi que nous le représentent encore des témoins oculaires. Plus tard, il porta un chapeau de cardinal, et cet étourdi de Joseph devint roi d'Espagne.

Déjà dans cette lettre, Napoléon se montre le futur tyran de sa famille. Il s'y occupe de ses frères, il songe à leur avenir ; il leur donnera ensuite des couronnes de rois, mais en exigeant d'eux une obéissance absolue. Il n'y en eut que deux qui lui résistèrent : le citoyen Lucien et Louis, roi de Hollande.

## CHAPITRE V.

#### NAPOLÉON FOUGUEUX DÉMAGOGUE

Toutes les fois que Napoléon allait à Ajaccio, il aimait à vivre à Milelli, maison de campagne que les Bonaparte possédaient aux environs de la ville ; on y voit encore le vieux chêne à l'ombre duquel il avait l'habitude de s'asseoir dans sa jeunesse pour s'abandonner à ses rêves et à ses méditations.

La Révolution française éclata ; la Bastille fut prise, l'ancien régime renversé. Le jeune Napoléon se jeta dans le mouvement avec toute la fougue de sa nature. Mais le sort lui réservait mieux que des luttes stériles de parti dans lesquelles sa force se serait vite usée. Quoique loin de Paris, il ressentit même dans la petite île où il se trouvait confiné l'ébranlement causé par les premiers orages révolutionnaires, et s'y prépara en quelque sorte à les affronter : la Corse fut son école.

Nous le retrouvons fougueux démagogue à Ajaccio : il y fait des discours dans les clubs, écrit des adresses, contribue à l'organisation de la garde nationale.

Ajaccio était alors le quartier-général des révolutionnaires corses ; la maison Bonaparte devint bientôt leur lieu de rendez-vous, et les deux frères Joseph et Napoléon furent les chefs de la démocratie insulaire. La ville était en pleine révolte ; ce mouvement causa tant d'appréhension au général Barrin, alors commandant de l'île, qu'il envoya le maréchal de camp

Francesco Gaffori, fils de l'illustre patriote, pour le réprimer. Gaffori échoua dans sa mission, et il fut même bien heureux de trouver un abri dans la maison de ce Baciocchi qui devint plus tard prince de Lucques et de Piombino.

Cependant Napoléon et Joseph, ayant réuni les démocrates de la ville dans l'église de San-Francesco, envoyèrent une lettre de félicitations à l'assemblée constituante. Cette pièce contenait en même temps les plaintes les plus vives contre l'administration de la Corse et demandait que l'île fût déclarée partie intégrante de la France.

Napoléon comprit son époque : renonçant au patriotisme corse, il devint résolûment Français et se jeta dans les bras de la Révolution.

En novembre 1789 il retourna à Valence pour revenir bientôt après à Ajaccio, où Joseph s'efforçait d'obtenir une place d'officier municipal. Marius Peraldi, le citoyen le plus riche d'Ajaccio et l'ennemi des Bonaparte, fut élu chef de la garde nationale ; mais Joseph eut sa place dans la municipalité.

Sur ces entrefaites, les patriotes corses furent rappelés de leur exil ; et à l'instigation des deux frères Bonaparte et de l'abbé Coti, la consulte insulaire chargea quatre de ses membres d'aller en France au-devant de Paoli et de l'accompagner à son retour en Corse. Peraldi faisait partie de la députation, à laquelle se joignirent Napoléon et Joseph.

Avant l'arrivée de Paoli à Paris, l'assemblée constituante, sur la proposition de Mirabeau et du corse Saliceti, député du Tiers-Etat, devenu célèbre plus tard comme ministre de Murat à Naples, avait prononcé l'incorporation de la Corse à la France par le décret du 1er décembre 1789, qui mit fin à l'indépendance politique de l'île.

Napoléon alla féliciter Paoli à Marseille, et fut témoin

des larmes que versa le noble patriote en foulant de nouveau, au Cap-Corse, le sol de la patrie. Une consulte se réunit à Orezza. Napoléon et le jeune Carlo Andrea Pozzo-di-Borgo, son ennemi, y conquirent leurs premières palmes comme orateurs populaires. Paoli accueillit le fils de Charles Bonaparte avec la plus grande bienveillance ; en l'entendant parler, le vieux patriote, étonné d'un jugement si précoce, s'écria, dit-on : « Ce jeune homme fera du chemin ; il ne lui manque que l'occasion pour devenir un homme de Plutarque. » On raconte aussi que Paoli entrant un jour dans une chambre où avait logé Napoléon et exprimant sa surprise d'y trouver tout en désordre, quelqu'un lui dit : « C'est le jeune Bonaparte qui l'a occupée ; il passait le jour et la nuit à noircir et à déchirer du papier, ou bien il courait de côté et d'autre sans rester un moment en place : enfin il est parti pour visiter le champ de bataille de Ponte-novo. »

Napoléon mit tout en œuvre pour faire nommer son frère Joseph président du district d'Ajaccio ; en habile homme de parti, il parcourut les villages, faisant partout des largesses et racolant des voix ; et il y réussit.

A Ajaccio, il montra une activité infatigable pour tenir en haleine le club républicain, pour abattre l'aristocratie et le clergé. Il se livra des combats sanglants entre les deux partis ; Napoléon courut des dangers sérieux, un officier de la garde nationale fut tué à son côté. Il exposa lui-même la situation dans un manifeste. Le sang coula pendant plusieurs jours et Napoléon fut maintes fois menacé dans sa vie.

Napoléon était regardé comme l'âme du club. Il lança un libelle contre un aristocrate, ressemblant en ceci aux jeunes politiciens d'une époque fort rapprochée de nous. La personne attaquée était le comte Mathieu Buttafuoco, celui-là même qui avait invité Rousseau à venir à Vescovato, et qui, au temps de la guerre des Corses contre les Français, était resté au service de ces derniers, en prêtant ainsi son bras à l'ennemi de l'indépendance de son pays. Député de la noblesse corse, il avait voté contre la réunion des Etats généraux, et s'était rendu odieux au peuple par ses opinions aristocratiques. C'est contre cet homme que le jeune Napoléon écrivit de Milelli un manifeste qu'il fit imprimer à Dôle et qu'il envoya ensuite au club d'Ajaccio. Ce libelle déclamatoire, mais bien fondé en fait, est une pièce importante pour la connaissance du caractère de Napoléon. Il a toute la fougue des écrits des jeunes révolutionnaires ; en le lisant dans la solitude d'Ajaccio, j'ai senti se réveiller en moi les plus joyeux souvenirs de 1848 et de 1849. Mais c'est plus que le simple pamphlet d'un jeune démagogue ; c'est un exercice préparatoire aux édits impériaux ; c'est l'empereur lui-même en embryon. On ne saurait négliger cette pièce, si on veut suivre Napoléon depuis sa jeunesse dans toutes les phases de son développement moral.

## LETTRE (1)

*de M. Buonaparte à M. Matteo Buttafuoco,*
*député de la Corse à l'Assemblée Nationale.*

Monsieur,

Depuis Bonifacio jusqu'au Cap-Corse, depuis Ajaccio jusqu'à Bastia, ce n'est qu'un chorus d'imprécations contre vous. Vos amis se cachent, vos parents vous désavouent, et le sage lui-même, qui ne se laisse jamais maîtriser par l'opi-

---

(1) Nous reproduisons l'original.

nion populaire, est entraîné cette fois par l'effervescence générale.

Qu'avez-vous donc fait ? Quels sont les délits qui peuvent justifier une indignation si universelle, un abandon si complet ? C'est, Monsieur, ce que je vais rechercher, en m'éclairant de vos lumières.

L'histoire de votre vie, depuis au moins que vous êtes lancé sur le théâtre des affaires, est connue. Les principaux traits en sont tracés en caractères de sang. Cependant, il est des détails plus ignorés ; je pourrais alors me tromper, mais je compte sur votre indulgence et sur vos renseignements.

Entré au service de France, vous revîntes voir vos parents : vous trouvâtes les tyrans battus, le gouvernement national établi, et les Corses, maîtrisés par les grands sentiments, concourir à l'envi, par des sacrifices journaliers, à la prospérité de la chose publique. Vous ne vous laissâtes pas séduire par la fermentation générale : bien loin de là, vous ne vîtes qu'avec pitié ce bavardage de patrie, de liberté, d'indépendance, de constitution, dont l'on avait boursoufflé jusqu'à nos derniers paysans. Une profonde méditation vous avait dès lors appris à apprécier ces sentiments factices, qui ne se soutiennent qu'au détriment commun. Dans le fait, le paysan doit travailler, et non pas faire le héros, si l'on veut qu'il ne meure pas de faim, qu'il élève sa famille, qu'il respecte l'autorité. Quant aux personnes appelées par leur rang et leur fortune au commandement, il n'est pas possible qu'elles soient longtemps dupes pour sacrifier à une chimère leurs commodités, leur considération ; et qu'elles s'abaissent à courtoiser un savetier, pour finale de faire les Brutus. Cependant, comme il entrait dans vos projets de vous captiver M. Paoli, vous dûtes dissimuler. M. Paoli était le centre de tous les mouvements du corps politique. Nous ne lui refuserons pas du talent, même un certain génie : il avait en peu de temps mis les affaires de l'Ile dans un bon système ; il avait fondé une université, où, la première fois peut-être depuis la création, l'on enseignait dans nos montagnes les sciences utiles au développement de notre raison. Il avait établi une fonderie, des moulins à poudre, des fortifications qui augmentaient les moyens de défense ; il avait ouvert des ports qui, encourageant le commerce, perfectionnaient l'agriculture ; il avait créé une marine qui protégeait nos communications, en nuisant extrêmement aux ennemis. Tous ces établissements, dans leur naissance, n'étaient que le présage de ce qu'il eût fait un jour. L'union, la paix, la liberté étaient les avant-coureurs de la prospérité nationale, si toutefois un gouvernement mal organisé, fondé sur de fausses bases, n'eût été préjugé encore plus certain des malheurs, de l'anéantissement total où tout serait tombé.

M. Paoli avait rêvé de faire le Solon ; mais il avait mal copié son original : il avait tout mis entre les mains du peuple ou de ses représentants, de sorte qu'on ne pouvait exister qu'en lui plaisant. Etrange erreur, qui soumet à un brutal, à un mercenaire, l'homme qui, par son éducation, l'illustration de sa naissance, sa fortune, est seul fait pour gouverner ! A la longue, un bouleversement de raison si palpable ne peut manquer d'entraîner la ruine et la dissolution du corps politique, après l'avoir tourmenté par tous les genres de maux.

Vous réussîtes à souhait. M. Paoli, sans cesse entouré d'enthousiastes ou de têtes exaltées, ne s'imagina pas que l'on pût avoir une autre passion que le fanatisme de la liberté et de l'indépendance. Vous trouvant de certaines connaissances de la France, il ne daigna pas observer de plus près que vos paroles, les principes de votre morale : il vous fit nommer pour traiter à Versailles de l'accommodement qui s'entamait sous la médiation de ce cabinet. M. de Choiseul vous vit et vous connut : les âmes d'une certaine trempe sont d'abord appréciées. Bientôt, au lieu du représentant d'un peuple libre, vous vous transformâtes en commis d'un satrape ; vous lui communiquâtes les instructions, les projets, les secrets du cabinet de Corse.

Cette conduite, qu'ici l'on trouve basse et atroce, me parait à moi toute simple : mais c'est qu'en toute espèce d'affaire, il s'agit de s'entendre et de raisonner avec flegme.

La prude juge la coquette et en est persifflée ; c'est en peu de mots votre histoire.

L'homme à principes vous juge au pire, mais vous ne croyez pas à l'homme à principes. Le vulgaire, toujours séduit par de vertueux démagogues, ne peut être apprécié par vous, qui ne croyez pas à la vertu. Il n'est permis de vous condamner que par vos principes, comme un criminel par les lois ; mais ceux qui en connaissent le raffinement ne trouvent dans votre conduite rien de plus simple : cela revient donc à ce que nous avons dit que, dans toute espèce d'affaires, il faut d'abord s'entendre.

Vous avez d'ailleurs par devers vous une défense non moins victorieuse ; car vous n'aspirez pas à la réputation de Caton ou de Catinat : il vous suffit d'être comme un certain monde ; et, dans ce certain monde, il est convenu que celui qui peut avoir de l'argent sans en profiter, est un nigaud ; car l'argent procure tous les plaisirs des sens, et les plaisirs des sens sont les seuls. Or, M. de Choiseul, qui était très libéral, ne vous permettait pas de lui résister, lorsque surtout votre ridicule patrie vous payait de vos services, selon sa plaisante coutume, de l'honneur de la servir.

Le traité de Compiègne conclu, M. de Chauvelin et vingt-quatre bataillons débarquèrent sur nos bords. M. de Choiseul, à qui la célérité de l'expédition importait majeurement, avait des inquiétudes que, dans ses épanchements, il ne pouvait vous dissimuler. Vous lui suggérâtes de vous envoyer avec quelques millions. Comme Philippe prenait ses villes avec sa mule, vous lui promîtes de tout soumettre sans obstacle.... Aussitôt dit, aussitôt fait : et vous voici repassant la mer, jetant le masque ; l'or et le brevet à la main, entamant des négociations avec ceux que vous jugeâtes les plus faciles.

N'imaginant pas qu'un Corse pût se préférer à la patrie, le cabinet de Corse vous avait chargé de ses intérêts. N'imaginant pas, de votre côté, qu'un homme pût ne pas préférer l'argent et soi à la patrie, vous vous vendîtes et espérâtes les acheter tous. Moraliste profond, vous saviez ce que le fanatisme d'un chacun valait, quelques livres d'or de plus ou de moins nuançant à vos yeux la disparité des caractères.

Vous vous trompâtes cependant : le faible fut ébranlé, mais fut épouvanté par l'horrible idée de déchirer le sein de la patrie. Il s'imagina voir le père, le frère, l'ami, qui périt en la défendant, lever la tête de la tombe sépulcrale, pour l'accabler de malédictions. Ces ridicules préjugés furent assez puissants pour vous arrêter dans votre course : vous gémîtes d'avoir à faire à un peuple enfant. Mais, Monsieur, ce raffinement de sentiment n'est pas donné à la multitude : aussi vit-elle dans la pauvreté et la misère ; au lieu que l'homme bien appris, pour peu que les circonstances le favorisent, sait bien vite s'élever. C'est à peu près la morale de votre histoire.

En rendant compte des obstacles qui s'opposaient à la réalisation de vos promesses, vous proposâtes de faire venir le régiment Royal-Corse. Vous espériez que son exemple désabuserait nos trop simples et trop bons paysans, les accoutumerait à une chose où ils trouvaient tant de répugnance : vous fûtes encore trompé dans cette espérance. Les Rossi, Marengo et quelques autres fous ne vont-ils pas enthousiasmer ce régiment, au point que les officiers unis protestent, par un acte authentique, de renvoyer leurs brevets, plutôt que de violer leurs serments, ou des devoirs plus sacrés encore !

Vous vous trouvâtes réduit à votre seul exemple. Sans vous déconcerter, à la tête de quelques amis et d'un détachement français, vous vous jetâtes dans Vescovato ; mais le terrible

*Clemente* vous en dénicha. Vous vous repliâtes sur Bastia avec vos compagnons d'aventure et leurs familles. Cette petite affaire vous fit peu d'honneur : votre maison et celles de vos associés furent brûlées. En lieu de sûreté, vous vous moquâtes de ces efforts impuissants.

L'on veut ici vous imputer à défi d'avoir voulu armer le régiment Royal-Corse contre ses frères. L'on veut également tancer votre courage du peu de résistance de Vescovato. Ces accusations sont très peu fondées ; car la première est une conséquence immédiate, c'est un moyen d'exécution de vos projets ; et comme nous avons prouvé que votre conduite était toute simple, il s'ensuit que cette inculpation incidente est détruite. Quant au défaut de courage, je ne vois pas que l'action de Vescovato puisse l'attester : vous n'allâtes pas là pour faire sérieusement la guerre, mais pour encourager, par votre exemple, ceux qui vacillaient dans le parti opposé. Et puis, quel droit a-t-on d'exiger que vous eussiez risqué le fruit de deux ans de bonne conduite, pour vous faire tuer comme un soldat ? — Mais vous deviez être ému de voir votre maison et celles de vos amis en proie aux flammes.... Bon Dieu ! quand sera-ce que les gens bornés cesseront de vouloir tout apprécier ? Laissant brûler votre maison, vous mettiez M. de Choiseul dans la nécessité de vous indemniser. L'expérience a prouvé la justesse de vos calculs : on vous remit bien au-delà de l'évaluation des pertes. Il est vrai que l'on se plaint que vous gardâtes tout pour vous, ne donnant qu'une bagatelle aux misérables que vous aviez séduits. Pour prouver que vous l'avez dû faire, il ne s'agit que de savoir si vous l'avez pu faire avec sûreté : or, de pauvres gens, qui avaient si besoin de votre protection, n'étaient ni dans le cas de réclamer, ni même dans celui de connaître bien clairement le tort qu'on leur faisait ; ils ne pouvaient pas faire les mécontents, et se révolter contre votre autorité : en horreur à leurs compatriotes, leur retour n'eût pas été sincère. Il est donc bien naturel qu'ayant aussi trouvé quelques milliers d'écus, vous ne les ayez pas laissés échapper ; c'eût été une duperie.

Les Français, battus malgré leur or, leurs brevets, la discipline de leurs nombreux bataillons, la légèreté de leurs escadrons, l'adresse de leurs artilleurs ; défaits à la Penta, à Vescovato, à Loreto, à San-Nicolao, à Borgo, à Barbaggio, à Oletta, se retranchèrent, excessivement découragés. L'hiver, le moment de leur repos, fut pour vous, Monsieur, celui du plus grand travail ; et si vous ne pûtes triompher de l'obstination, des préjugés profondément enracinés dans l'esprit du peuple, vous parvîntes à en séduire quelques chefs, auxquels vous réussîtes, quoique avec peine, à inculquer les bons sentiments ; ce qui, joint aux trente bataillons qu'au printemps suivant M. de Vaux conduisit avec lui, soumit la Corse au joug, obligea Paoli et les plus fanatiques à la retraite.

Une partie des patriotes étaient morts en défendant leur indépendance ; l'autre avait fui une terre proscrite, désormais hideux nid des tyrans. Mais un grand nombre n'avaient pu ni mourir ni fuir : ils furent l'objet des persécutions. Des âmes que l'on n'avait pu corrompre étaient d'une autre trempe : l'on ne pouvait asseoir l'empire français que sur leur anéantissement absolu. Hélas ! ce plan ne fut que trop ponctuellement exécuté. Les uns périrent victimes des crimes qu'on leur supposa ; les autres, trahis par l'hospitalité, par la confiance, expièrent sur l'échafaud les soupirs, les larmes surprises à leur dissimulation ; un grand nombre, entassés par Narbonne-Fritzlar dans la tour de Toulon, empoisonnés par les aliments, tourmentés par leurs chaînes ; accablés par les plus indignes traitements, ils ne vécurent quelque temps dans leurs soupirs que pour voir la mort s'avancer à pas lents. O Dieu, témoin de leur innocence, comment ne te rendis-tu pas leur vengeur !

Dans ce désastre général, au milieu des cris et des gémissements de cet infortuné peuple, vous, cependant, vous commençâtes à jouir du fruit de vos peines. Honneurs, dignités, pensions, tout vous fut prodigué. Vos prospérités se seraient encore plus rapidement accrues si la Dubarry, en culbutant M. de Choiseul, ne vous eût privé d'un protecteur, d'un appréciateur de vos services. Ce coup ne vous découragea pas ; vous vous tournâtes du côté des bureaux ; vous sentîtes seulement la nécessité d'être plus assidu. Ils en furent flattés, vos services étaient si notoires !... Tout fut accordé. Non content de l'étang de Biguglia, vous demandâtes une partie des terres de plusieurs communautés. Pourquoi les en vouliez-vous dépouiller, dit-on ? Je demande, à mon tour, quels égards deviez-vous avoir pour une nation que vous saviez vous détester ?

Votre projet favori était de partager l'île entre dix barons. Comment ! non content d'avoir aidé à forger les chaînes où votre patrie était retenue, vous vouliez encore l'assujettir à l'absurde régime féodal ! Mais je vous loue d'avoir fait aux Corses le plus de mal que vous pouviez ; vous étiez dans un état de guerre avec eux, et, dans l'état de guerre, faire le mal pour son profit est un axiome.

Mais passons sur toutes ces misères-là ; arrivons au moment actuel, et finissons une lettre qui, par son épouvantable longueur, ne peut manquer de vous fatiguer.

L'état des affaires de France présageait des événements extraordinaires ; vous en craignîtes le contre-coup en Corse. Le même délire dont nous étions possédés avant la guerre, à votre grand scandale, commença à émouvoir cet aimable peuple. Vous en comprîtes les conséquences ; car si les grands événements maîtrisaient l'opinion, vous ne deveniez plus qu'un traître au lieu d'un homme de bon sens, et pis encore, si les grands sentiments revenaient à agiter le sang de nos chauds compatriotes ; si jamais un gouvernement national s'ensuivait, que deveniez-vous ? Votre conscience alors commença à vous épouvanter. Inquiet, affligé, vous ne vous y abandonnâtes pas : vous résolûtes de jouer le tout pour le tout, mais vous le fîtes en homme de tête : vous vous mariâtes pour accroître vos appuis. Un honnête homme, qui avait sur votre parole donné sa sœur à votre neveu, se trouva abusé. Votre neveu, dont vous aviez englouti le patrimoime pour accroître un héritage qui devait être le sien, s'est trouvé réduit à la misère avec une nombreuse famille.

Vos affaires domestiques arrangées, vous jetâtes un coup d'œil sur le pays. Vous le vîtes fumant du sang des martyrs, jonché de victimes multipliées, n'inspirer à chaque pas que des idées de vengeance. Mais vous y vîtes le farouche militaire, l'impertinent robin, l'avide publicain, y régner sans contradiction, et le Corse, accablé sous ses triples chaines, n'oser ni penser à ce qu'il fut, ni réfléchir sur ce qu'il pouvait être encore. Vous vous dîtes dans la joie de votre cœur : Les choses vont bien, et il ne s'agit que de les maintenir, et aussitôt vous vous liguâtes avec le militaire, le robin et le publicain. Il ne fut plus question que de s'occuper à avoir des députés qui fussent animés de ces sentiments ; car pour vous, vous ne pouviez pas soupçonner qu'une nation, votre ennemie, vous choisît pour la représenter. Mais vous dûtes changer d'opinion, lorsque les lettres de convocation, par une absurdité peut-être faite à dessein, déterminèrent que le député de la noblesse serait nommé dans une assemblée composée seulement de vingt-deux personnes : il ne s'agissait que d'obtenir douze suffrages. Vos co-associés du Conseil supérieur travaillèrent avec activité ; menaces, promesses, caresses, argent, tout fut mis en jeu : vous réussîtes. Les vôtres ne furent pas si heureux dans les communes : le premier président échoua, et deux hommes, exaltés dans leurs idées (l'un était fils, frère, neveu des plus zélés défenseurs de la cause commune ; l'autre avait vu Sionville et Narbonne, et gémissant sur son impuissance, son esprit était plein des horreurs qu'il avait vu commettre), ces deux hommes furent proclamés, et rencontrèrent le vœu de la nation dont ils devinrent l'espoir. Le dépit secret, la rage que votre nomination fit dévorer à tous fait l'éloge de vos manœuvres et du crédit de votre ligue.

Arrivé à Versailles, vous fûtes zélé royaliste : arrivé à Paris, vous dûtes voir avec un sensible chagrin que le gouvernement que l'on voulait organiser sur tant de débris était le même que celui que l'on avait noyé chez nous dans tant de sang.

Les efforts des méchants furent impuissants ; la nouvelle constitution, admirée de l'Europe, est devenue la sollicitude de tout être pensant. Il ne vous resta plus qu'une ressource, ce fut de faire croire que cette constitution ne convenait pas à notre île, quand elle était exactement la même que celle qui opéra de si bons effets et qu'il fallut tant de sang pour nous arracher.

Tous les délégués de l'ancienne administration, qui entraient naturellement dans votre cabale, vous servirent avec toute l'ardeur de l'intérêt personnel. L'on dressa des mémoires où l'on prétendit prouver l'avantage dont était pour nous le gouvernement actuel, et où l'on établissait que tout changement contrarierait le vœu de la nation. Dans ce même temps, la ville d'Ajaccio eut vent de ce qui se tramait ; elle leva le front, forma sa garde nationale, organisa son comité. Cet incident inattendu vous alarma. La fermentation se communiquait partout. Vous persuadâtes au ministre, sur qui vous aviez pris de l'ascendant pour les affaires de Corse, qu'il était urgent d'y envoyer votre beau-père, M. Gaffori, avec un commandement ; et voici M. Gaffori, digne précurseur de M. Narbonne, qui prétend, à la tête de ses troupes, maintenir par la force la tyrannie que feu son père, de glorieuse mémoire, avait combattue et confondue par son génie. Des bévues sans nombre ne permirent pas de dissimuler la médiocrité des talents de votre beau-père : il n'avait que l'art de se faire des ennemis. L'on se ralliait de tous côtés contre lui. Dans ce pressant danger vous levâtes vos regards et vîtes Narbonne. Narbonne, mettant à profit un moment de faveur, avait projeté de fixer dans une île qu'il avait dévastée par des cruautés inouies le despotisme qui le rongeait. Vous vous concertâtes : le projet est arrêté, cinq mille hommes ont reçu les ordres ; les brevets pour accroître d'un bataillon le régiment provincial sont expédiés ; Narbonne est parti. Cette pauvre nation sans armes, sans courage, est livrée, sans espoir et sans ressources, aux mains de celui qui en fut le bourreau.

O infortunés compatriotes ! de quelle trame odieuse alliez-vous être victimes ! Quel moyen de résister, sans armes, à dix mille hommes ? Vous eussiez vous-mêmes signé l'acte de votre dégradation, l'espoir se serait enfui, l'espérance se serait éteinte, et des jours de malheur se seraient succédé sans interruption. La France libre vous eût regardés avec mépris ; l'Italie affligée, avec indignation ; et l'Europe, étonnée de ce degré sans exemple d'avilissement, eût effacé de ses annales les traits qui font honneur à votre vertu. Mais vos députés des communes pénétrèrent le projet et vous avertirent à temps. Un roi, qui ne désira jamais que le bonheur de ses peuples, éclairé par M. La Fayette, ce constant ami de la liberté, sut dissiper les intrigues d'un ministre perfide, que la vengeance poussait toujours à vous nuire. Ajaccio montra de la résolution dans son adresse, où était peint avec tant d'énergie l'état misérable auquel nous avait réduits le plus oppressif des gouvernements ; Bastia, engourdie jusqu'alors, se réveilla au bruit du danger et prit les armes avec cette résolution qui l'a toujours distinguée. Arena vint de Paris en Balagne, plein de ces sentiments qui portent à tout entreprendre, à ne craindre aucun danger. Les armes d'une main, les décrets de l'assemblée nationale de l'autre, il fit pâlir les ennemis publics. Achille Murati, le conquérant de Caprara, qui porta la désolation jusque dans

Gênes, à qui il ne manqua, pour être un Turenne, que des circonstances et un théâtre plus vaste, fit ressouvenir aux compagnons de sa gloire qu'il était temps d'en acquérir encore, que la patrie en danger avait besoin non d'intrigues, où il ne s'entendit jamais, mais du fer et du feu. Au bruit d'une secousse si générale, Gaffori rentra dans le néant d'où, mal à propos, l'intrigue l'avait fait sortir : il trembla dans la forteresse de Corte. Narbonne, de Lyon courut ensevelir dans Rome sa honte et ses projets infernaux. Peu de jours après, la Corse est annexée à la France, Paoli rappelé, et, dans un instant, la perspective change et vous offre une carrière que vous n'eussiez jamais espérée.

Pardonnez, Monsieur, pardonnez : j'ai pris la plume pour vous défendre ; mais mon cœur s'est violemment révolté contre un système si suivi de trahison et de perfidie. Eh quoi ! fils de cette même patrie, ne sentîtes-vous jamais rien pour elle ? Eh quoi ! votre cœur fut-il donc sans mouvement à la vue des rochers, des arbres, des maisons, des sites, théâtres des jeux de votre enfance ? Arrivé au monde, elle vous porta sur son sein, elle vous nourrit de ses fruits. Arrivé à l'âge de raison, elle mit en vous son espoir, elle vous honora de sa confiance, elle vous dit : « Mon fils, vous voyez l'état de misère où m'a réduite l'injustice des hommes : concentrée dans ma chaleur, je reprends des forces qui me promettent un prompt et infaillible rétablissement ; mais l'on me menace encore. Volez, mon fils, volez à Versailles, éclairez le grand roi, dissipez ses soupçons ; demandez-lui son amitié. »

Eh bien ! un peu d'or vous fit trahir sa confiance, et bientôt, pour un peu d'or, l'on vous vit, le fer parricide à la main, entre-déchirer ses entrailles. Ah ! Monsieur, je suis loin de vous désirer du mal ; mais craignez.... il est des remords vengeurs. Vos compatriotes, à qui vous êtes en horreur, éclaireront la France. Les biens, les pensions, fruits de vos trahisons, vous seront ôtés. Dans la décrépitude de la vieillesse et de la misère, dans l'affreuse solitude du crime, vous vivrez assez longtemps pour être tourmenté par votre conscience. Le père vous montrera à son fils, le précepteur à son élève, en leur disant : « Jeunes gens, apprenez à respecter la patrie, la vertu, la foi, l'humanité. »

Et vous, de qui l'on prostitua la jeunesse, les grâces et l'innocence, votre cœur pur et chaste palpite donc sous une main criminelle? Femme respectable et infortunée !...

. . . . . . . . . . . . . . . . . . . . .
. . . . . . . . . . . . . . . . . . . . .

Bientôt la cohue des honneurs, les lambris de l'opulence vont disparaître ; le mépris des hommes vous accablera. Chercherez-vous dans le sein de celui qui en est l'auteur une consolation indispensable à votre âme douce et aimante? Chercherez-vous sur ses yeux des larmes pour les mêler aux vôtres ? Votre main défaillante, placée sur son sein, cherchera-t-elle à se retracer l'agitation du vôtre ? Hélas ! si vous lui surprenez des larmes, ce seront celles du remords. Si son sein s'agite, ce sera des convulsions du méchant, qui meurt en abhorrant la nature, lui et la main qui le guide.

O Lameth ! ô Robespierre ! ô Pétion ! ô Volney ! ô Mirabeau ! ô Barnave ! ô Bailly ! ô La Fayette ! voilà l'homme qui ose s'asseoir à côté de vous ! Tout dégouttant du sang de ses frères, souillé par des crimes de toute espèce, il se présente avec confiance sous un habit de général, inique récompense de ses forfaits ! Il ose se dire le représentant de la nation, lui qui la vendit, et vous le souffrez ! Il ose lever les yeux, prêter les oreilles à vos discours, et vous le souffrez ! Si c'est la voix du peuple, il n'eut jamais que celle de douze nobles. Si c'est la voix du peuple, Ajaccio, Bastia et la plupart des cantons ont fait à son effigie ce qu'ils eussent voulu faire à sa personne.

Mais vous que l'erreur du moment, peut-être les abus de l'instant portent à vous opposer aux nouveaux changements, pourrez-vous souffrir un traître, celui qui, sous l'extérieur froid d'un homme sensé, renfermé, cache une avidité de valet ? Je ne saurais l'imaginer. Vous serez les premiers à le chasser ignominieusement dès que l'on vous aura instruits du tissu d'horreurs dont il a été l'artisan.

J'ai l'honneur d'être, Monsieur, votre très-humble et très-obéissant serviteur,

Buonaparte.

De mon cabinet de Milelli, le 23 janvier, l'an second. »

De mon cabinet de Milelli !... Voilà qui sent déjà l'empereur. Cette vigoureuse épître d'un jeune homme de 21 ans, mi-Robespierre et mi-Marat, ne le cède certainement à aucun des meilleurs libelles qu'ait produits l'éloquence révolutionnaire.

Notons ici que des six députés de la Corse à la Convention, trois se prononcèrent pour la détention perpétuelle de l'infortuné Louis XVI, deux pour l'emprisonnement jusqu'à la paix, suivi de l'exil ; un seul, Cristoforo Saliceti, vota pour la mort.

## CHAPITRE VI

**DERNIERS ÉVÉNEMENTS DE LA VIE DE NAPOLÉON EN CORSE**

En 1791, deux bataillons de garde nationale s'organisèrent dans l'île. Napoléon concourut pour une place de commandant ; et il est curieux d'observer quel grand prix le futur empereur attache à sa nomination, qu'il regardera comme un bonheur inespéré. Les difficultés étaient grandes : il avait à lutter contre les hommes les plus considérables de la ville, Cuneo, Lodovico Ornano, Ugo Peretti, Matteo Pozzo-di-Borgo et l'opulent Mario Peraldi. Ce dernier le tourna même en ridicule, et le plaisanta sur sa taille et sur ses faibles chances de succès. Napoléon, furieux, lui envoya un cartel qui fut accepté ; puis, il se rendit à la Chapelle des Grecs, lieu du rendez-vous, où il resta jusqu'au soir en arpentant le terrain avec impatience ; mais son adversaire ne parut point.

Près de cette Chapelle s'élève un petit temple ionien ; comme j'en demandai la signification, on me dit que c'était le tombeau de Mario Peraldi. C'est donc là qu'est enterré le rival de Napoléon ! Il n'a eu d'autre gloire que d'avoir appartenu à l'une des familles les plus riches de la Corse.

Madame Letizia sacrifia la moitié de sa fortune pour obtenir à son fils chéri ce grade de chef de bataillon. Sa maison était toujours ouverte, sa table toujours mise pour ses nombreux amis ; la nuit, on étendait des matelas dans les chambres pour les recevoir. Tous étaient armés : on vivait en état de *vendetta*. Jamais Napoléon ne fut aussi agité qu'à ce moment : le jour il se promenait chez lui avec inquiétude, ou se concertait avec l'abbé Fesch et ses adhérents, en proie à l'insomnie, pâle, rêveur, les yeux enflammés, l'âme brûlante de passion. Peut-être brigua-t-il avec plus de calme le consulat et l'empire.

Le commissaire chargé de veiller à l'élection arrive enfin ; il va se loger chez les Peraldi. Le danger est donc imminent. Un Dix-huit brumaire est résolu. Le parti de Napoléon prend les armes. Le féroce Zampaglino pénètre, la nuit, dans la maison Peraldi, où il trouve tout le monde attablé avec le commissaire. « Madame Letizia désire vous parler, crie Zampaglino à ce dernier, et à l'instant même. » Le commissaire suit son interlocuteur, les Peraldi n'osent le retenir ; et les Napoléonistes leur enlèvent ainsi leur hôte, qu'ils obligent à loger dans la maison Bonaparte, sous prétexte qu'il n'est pas libre chez les Peraldi. Dans ce petit coup d'Etat, Napoléon se montra habile et résolu.

Peraldi se tint coi. Mais l'élection, qui eut lieu dans l'église San Francesco, ne se passa pas sans orage : Geronimo Pozzo-di-Borgo, arraché de la tribune, eut de la peine à sauver sa vie. Quenza, du parti Bonaparte, fut nommé commandant en premier, Napoléon commandant en second.

Dès ce moment, Napoléon ne vécut que pour ses troupes : son bataillon devint son école de guerre, comme le club d'Ajaccio était son école politique. Cependant, la tension augmentait entre les partis, les aristocrates et les adhérents des prêtres non assermentés d'une part, et la garde nationale de l'autre. En 1792, le jour de Pâques, le peuple et le bataillon en vinrent aux mains. Le sang coula pendant plusieurs jours, sans que les autorités songeassent à intervenir. Napoléon échappa heureusement à la mort. Lorsque l'orage se fut dissipé, il écrivit, au nom de ses troupes, une lettre de justification au ministre de la guerre et à l'assemblée législative. On envoya trois commissaires : ils firent un rapport favorable sur la conduite du bataillon, qui fut cependant éloigné d'Ajaccio. Napoléon se rendit à Corte où Paoli le reçut avec froideur.

Au mois de mai de cette même année il alla à Paris pour ramener en Corse sa sœur Elise, alors à St-Cyr. Le complet désarroi où il trouva les choses dans la capitale lui fit perdre tout espoir d'avancement, et il en fut si affecté qu'il songea, dit-on, à se donner la mort. Il se débarrassa de ces idées noires en composant un dialogue sur le suicide. Peu de temps après l'horrible 2 septembre, il rentra en Corse.

Ainsi donc, l'homme destiné à transformer l'Europe se donnait beaucoup de mal dans son pays pour déjouer de petites intrigues et en ourdir à son tour contre ses ennemis ; et cela au moment où les armées de la jeune République, conduites par Dumouriez, étonnaient déjà le monde par leurs exploits. Sa vie était constamment exposée au stylet ou à la balle d'un assassin.

A Corte, Paoli le congédia avec des paroles sévères. Les voies de ces deux hommes étaient bien différentes. Bonaparte n'aspirait point à suivre les traces du noble patriote. Si telle eût été son ambition, son cœur se serait enflammé pour la liberté de la Corse, et maintenant peut-être un chevrier farouche me dirait en me montrant dans ces montagnes quelque site effrayant : « Voyez, c'est ici que tomba Bonaparte, le grand chef des Corses ; il fut presque aussi vaillant que Sampiero. »

Paoli lui ordonna d'aller à Bonifacio se joindre à l'expédition contre la Sardaigne. Il obéit en murmurant.

Il resta huit mois à Bonifacio à faire les préparatifs nécessaires. Le 22 janvier, un jour après l'exécution de Louis XVI, il faillit perdre la vie, et voici dans quelles circonstances : Des marins, un ramassis de canaille marseillaise, étant descendus à terre, s'étaient pris de dispute avec le bataillon corse. Napoléon accourut pour calmer les esprits.

Il fut accueilli par les rugissements du *ça ira*, traité d'aristocrate et menacé de la lanterne ; mais le peuple et les soldats corses parvinrent à mettre en fuite cette bande de forcenés.

L'expédition de Sardaigne, dont Truguet avait le commandement en chef, était destinée à effrayer la cour de Turin : elle échoua complètement. Paoli lui-même voulut, dit-on, cet insuccès. Il avait bien fourni mille gardes nationaux commandés par Colonna-Cesari, mais en disant à cet ami dévoué, qui l'a rapporté plus tard : « Souviens-toi que la Sardaigne est l'alliée naturelle de notre île ; qu'en mainte circonstance elle nous a approvisionnés de vivres et de munitions, que le roi de Piémont s'est toujours montré favorable aux Corses et à leur cause. »

L'escadre quitta enfin le port de Bonifacio et fit voile pour l'île de la Magdeleine. Napoléon était sous les ordres immédiats de Colonna et commandait l'artillerie. Il fut l'un des premiers à sauter à terre, et envoya lui-même un boulet rouge dans le château. Mais ses dispositions manquèrent leur effet : les Sardes firent une sortie, et Colonna ordonna la retraite.

Napoléon en pleura de rage ; il fit à son chef les représentations les plus vives ; et comme on ne daigna pas l'écouter, il ajouta en s'adressant à quelques officiers : « Il ne me comprend pas ! » — « Vous êtes un insolent, » lui cria alors Colonna, en lui imposant silence. Le jeune soldat connaissait son devoir : il se tut, et rentra dans les rangs. « Ce n'est qu'un cheval de parade ! » dit-il plus tard en parlant de Colonna. Ainsi Napoléon débutait à la guerre par un insuccès.

De retour à Bonifacio, il apprit que Paoli, contraint de jeter le masque, avait dissous le bataillon de Quenza. Cela se passait au printemps de l'année 1793, au moment où la Convention envoyait Saliceti, Delcher et Lacombe dans l'île, en qualité de commissaires. Lucien Bonaparte et Barthélemy Arena avaient accusé Paoli ; mais Napoléon, loin de se joindre à eux, se sentit porté par le souvenir de son père et par la propre noblesse de sa nature à prendre la défense de son grand compatriote. Il écrivit une justification de Paoli et l'envoya à la Convention. C'est un fait qui l'honore. Cette pièce remarquable nous a été conservée, mais avec des lacunes. Telle qu'elle existe, je la regarde comme une ébauche, un premier jet, dont Napoléon voulait sans doute se servir plus tard pour composer son œuvre.

*Lettre de Napoléon Bonaparte à la Convention* (1)

Représentants,

Vous êtes les vrais organes de la souveraineté du peuple. Tous vos décrets sont dictés par la Nation, ou immédiatement ratifiés par elle. Chacune de vos lois est un bienfait, et vous acquiert un nouveau titre à la reconnaissance de la postérité, qui vous doit la République, et à celle du monde, qui datera de vous sa liberté.

Un seul de vos décrets a profondément affligé les citoyens de la ville d'Ajaccio ; c'est celui qui ordonne à un vieillard septuagénaire, accablé d'infirmités, de se traîner à votre barre, confondu un instant avec le scélérat corrupteur ou le vil ambitieux.

Paoli serait-il donc corrupteur ou ambitieux?

Corrupteur ! et pourquoi? Est-ce pour se venger de la famille des Bourbons, dont la perfidie politique accabla sa

---

(1) **Nous reproduisons l'original.**

patrie de maux, et l'obligea à l'exil? Mais ne vient-elle pas de périr avec la tyrannie et ne venez-vous pas d'assouvir son ressentiment, s'il en conserve encore, dans le sang de Louis?

Corrupteur! et pourquoi? Est-ce pour rétablir l'aristocratie nobiliaire et sacerdotale? Lui qui, dès l'âge de treize ans,..... lui qui, à peine arrivé à la tête des affaires, détruisit les fiefs qui existaient, et ne connut d'autre distinction que celle de citoyen? lui qui lutta, il y a trente ans, contre Rome, et fut excommunié, s'empara des biens des évêques, enfin qui donna, après Venise.... en Italie...

Corrupteur! et pourquoi? Pour donner la Corse à l'Angleterre, lui qui ne l'a pas voulu donner à la France, malgré les offres de Chauvelin, qui ne lui eût épargné ni titres ni faveurs!

Livrer la Corse à l'Angleterre! Qu'y gagnerait-il de vivre dans la fange de Londres? Que n'y restait-il pas, lorsqu'il y était exilé?

Paoli serait-il ambitieux? Si Paoli est ambitieux, que peut-il désirer de plus? Il est l'objet de l'amour de ses compatriotes, qui ne lui refusent rien ; il est à la tête de l'armée, et se trouve à la veille de devoir défendre le pays contre une agression étrangère.

Si Paoli était ambitieux, il a tout gagné à la République; et s'il se montre attaché à..... lors de la Constituante, que ne doit-il faire aujourd'hui que le peuple est tout?

Paoli ambitieux! Représentants, lorsque les Français étaient gouvernés par une cour corrompue, lorsqu'on ne croyait ni à la vertu ni à l'amour de la patrie, l'on a dû sans doute dire que Paoli était ambitieux. Nous avons fait la guerre aux tyrans : cela n'a pas dû être pour l'amour de la patrie et de la liberté, mais pour l'ambition des chefs! C'est donc à Coblentz que Paoli doit passer pour ambitieux ; mais à Paris, dans le centre de la liberté française, Paoli, s'il est

bien connu, sera le patriarche de la République française ; ainsi pensera la postérité, ainsi le croit le peuple. Rendez-vous à ma voix, faites taire la calomnie et les hommes profondément pervers qui l'emploient. Représentants ! Paoli est plus que septuagénaire, il est infirme : sans quoi, il serait allé à votre barre pour confondre ses ennemis. Nous lui devons tout, jusqu'au bonheur d'être République française. Il jouit toujours de notre confiance. Rapportez, en ce qui le concerne, votre décret du 2 avril et rendez à tout ce peuple la joie . . . . . . . . . . . . . . . . .
. . . . . . . . . . . . . . . . . »

Bientôt après, le jeune révolutionnaire devint le mortel ennemi du vieux patriote, ou plutôt l'ardent adversaire de ses idées. Paoli, qui n'avait pas encore bien pénétré les sentiments de Napoléon, lui donna, paraît-il, à entendre un jour que son intention était de détacher la Corse de la France et de l'unir à l'Angleterre. Napoléon se serait alors récrié et Paoli aurait fait contre son contradicteur une sortie fort violente.

Les Paolistes étaient nombreux, la citadelle même d'Ajaccio se trouvait entre les mains de Colonna, l'un des leurs. Paoli et le procureur syndic Pozzo-di-Borgo, mandés à la barre de la Convention, refusèrent d'obéir ; ils furent déclarés hors la loi, et firent dès lors une guerre ouverte à la France.

Les trois commissaires nommèrent Napoléon inspecteur général de l'artillerie de l'île, avec mission de s'emparer de la citadelle d'Ajaccio. Il le tenta plusieurs fois, mais en vain. Le sort ne lui réservait point de lauriers en Corse. Pendant cette entreprise, sa vie courut les plus grands dangers. Un jour il alla avec environ 50 hommes occuper la tour de Capitello, située sur le golfe ; de là il se proposait d'assaillir la ville du côté de la terre, tandis que les vaisseaux l'attaqueraient par mer. Une tempête éloigna la flotte : Napoléon resta sans communications dans la tour ; réduit à se nourrir de viande de cheval, il eut pendant deux jours à repousser les assauts des ennemis. Enfin quelques bergers des montagnes vinrent le délivrer, et il put rejoindre la flotte.

Plein de dépit, il veut alors se rendre par terre à Bastia. Mais, en route, il apprend que Marius Peraldi a soulevé le peuple contre lui pour le saisir et le livrer à Paoli, qui le fera certainement fusiller. A Vivario, il se cache chez le curé ; à Bocognano, ses amis ont beaucoup de peine à le soustraire à la fureur de la foule ; il s'enferme dans une chambre, et se glisse, la nuit, par une fenêtre dans la rue. Il arrive heureusement à Ajaccio. Mais là même, exposé à des dangers plus grands encore, il est obligé de fuir sa maison, de se blottir dans une grotte, près de la Chapelle des Grecs, où il passe toute une nuit. Ses amis parviennent enfin à l'embarquer pour Bastia. La rage des Paolistes se déchaîna alors contre sa famille : Madame Letizia s'enfuit à Milelli avec ses enfants, sous l'escorte de quelques amis fidèles de Bastelica et de Bocognano. Louis, Marianne, Pauline et l'abbé Fesch l'accompagnaient ; Jérôme et Caroline se tinrent cachés dans la maison Ramolino. Ne se croyant pas en sûreté à Milelli, la famille anxieuse courut, la nuit, vers la mer près de la tour de Capitello, espérant pouvoir y attendre la flotte française. La fuite à travers ces rudes montagnes fut bien pénible. Une troupe de paysans de Bastelica, lieu natal de Sampiero, ouvraient la marche ; puis venaient Madame Letizia tenant la petite Pauline par la main et l'abbé Fesch avec Marianne et Louis ; les hommes de Bocognano formaient l'arrière-garde. S'avançant par des pentes abruptes et à travers de sauvages torrents, la famille de Napoléon, après bien des fatigues, arriva enfin à la plage de Capitello, où tous se blottirent dans le makis.

Au même moment Napoléon partait de Bastia sur un petit navire, précédant l'escadre française qui laissait les eaux de cette ville pour aller à Ajaccio tenter un débarquement et une attaque contre la citadelle. Près des Iles Sanguinaires, il se fit débarquer à un endroit où sa famille avait de nombreux bergers. Là apprenant que les siens étaient fugitifs, il envoya du monde à leur découverte et attendit toute la nuit le retour des explorateurs. L'aube parut. Napoléon, assis à l'ombre d'un rocher, songeait avec angoisse au malheureux sort de sa famille, lorsqu'un berger courut à lui en criant : « Sauvez-vous ! » Une troupe d'hommes venus d'Ajaccio pour l'arrêter avec les siens s'approchait : il n'eut que le temps de se jeter à la mer ; et grâce aux décharges du navire, qui tinrent les ennemis en respect, il put regagner son bord.

Le même jour, le vaisseau entra dans le golfe : et comme il rangeait la côte, on put distinguer sur le rivage plusieurs personnes qui demandaient par des signes à être embarquées. C'étaient la mère et les frères et sœurs de Napoléon.

On les transporta à Calvi, où ils trouvèrent l'hospitalité. La maison de Bonaparte, envahie par le peuple furieux, fut livrée au pillage. La famille n'avait dû son salut qu'à la prudence du corse Costa, à qui Napoléon, pour reconnaître ce service, fit un legs de 100,000 francs.

Les tentatives pour s'emparer d'Ajaccio furent vaines : abandonné par la flotte et rappelé enfin lui-même, Napoléon fit voile pour Calvi ; et de là il se rendit sur le continent français. On le reverra au siège de Toulon.

C'est ainsi que Paoli l'avait poussé dans le courant de l'histoire universelle. Deux hommes, ennemis mortels l'un de l'autre, Marbeuf et Pascal Paoli, le despotisme et la liberté, devaient donc fixer la carrière de Napoléon. Lorsqu'il devint consul et que son étoile se leva resplendissante sur le monde, l'étoile de Paoli avait depuis longtemps disparu. Il y a un fait qui me cause une émotion profonde : A la nouvelle de l'élévation de Napoléon au consulat, le noble vieillard, proscrit, délaissé au fond de sa retraite de Londres, illumine sa maison avec une joie exempte d'égoïsme, oubliant ses griefs, espérant que le grand Corse deviendra un soutien pour l'humanité. Il dit dans une lettre : « Napoléon nous a vengés de ceux qui ont été la cause de notre ruine. Je souhaite seulement qu'il se souvienne de son pays. » Il resta dans l'exil ; Napoléon ne songea pas à l'en faire sortir : peut-être craignait-il par là de déplaire aux Français.

Au moment de sa fortune, Napoléon oublia sa petite patrie, ingrat comme tous les parvenus qui n'aiment pas à s'entendre rappeler le lieu obscur de leur naissance. Il ne fit rien pour son pauvre pays, et les Corses s'en souviennent. Ils se disent encore que l'empereur demanda un jour sèchement à un compatriote qui s'était présenté à lui : « Eh bien ! que fait-on en Corse ? Est-ce qu'on s'y assassine toujours ? »

Depuis l'époque où il quitta en fugitif son île natale, Napoléon ne la revit qu'une fois ; ce fut le 29 septembre 1799, à son retour d'Egypte. Il entra dans le port d'Ajaccio sur un vaisseau où se trouvaient aussi Murat, qui devait plus tard, en des circonstances bien différentes, s'éloigner de ces rivages, Eugène, Berthier, Lannes, Andreossi, Louis Bonaparte, Monge et Berthollet. Il ne voulait pas débarquer ; mais ses compagnons de voyage ayant exprimé le désir de connaître sa ville natale, il se rendit à leurs prières ainsi qu'à celles des Ajacciens. Un homme qui, dans son enfance, avait assisté à ce débarquement me dit : « Voyez-vous, cette place était couverte d'une foule délirante, les fenêtres, les toits des maisons fourmillaient de curieux : tout le monde voulait voir l'homme étrange qui naguère encore n'était ici qu'un officier ordinaire, que l'un des chefs démocrates de notre petite cité. Il descendit à la *Casa Bonaparte,* puis alla se promener sur la Place du Diamant.... Il faut que je vous raconte une anecdote qui lui fait honneur : « Lorsque Napoléon vivait à Ajaccio, il était en butte à la haine des prêtres et des aristocrates. Voulant un jour rentrer chez lui (il se trouvait précisément au coin de cette rue), il voit un abbé, mon parent, qui de sa fenêtre l'ajuste avec une carabine. Napoléon se baisse aussitôt et la balle, passant par dessus sa tête, va frapper le mur...... Encore un peu, et l'empereur était perdu pour le monde. Or, le général Bonaparte rencontra ce même prêtre sur la Place du Diamant. L'abbé fit mine de l'éviter en passant de l'autre côté de la rue ; mais Napoléon courut lui tendre la main, et lui rappela gaiement leur ancienne aventure. Voyez-vous, en cela il ne fut point Corse ;... il est vrai que les grands hommes oublient facilement les offenses. » Mais Napoléon se montra bien Corse en faisant fusiller le duc d'Enghien. Ce fut là le fait d'un bandit : son unique explication se trouve dans la *vendetta* qui permet de tuer tous les membres d'une famille ennemie. Napoléon ne pouvait démentir entièrement son origine. Comme un grand nombre de ses compatriotes, il aima le romanesque, le théâtral, l'aventureux : l'Egypte, la Russie, l'Ile-d'Elbe, ce sont autant de scènes de son histoire où il n'apparaît qu'un grand aventurier de génie.

A Ajaccio il alla faire une partie de chasse avec ses compagnons, et passa une journée à Milelli, où il avait écrit autrefois son pamphlet contre Buttafuoco. Que d'exploits admirables n'avait-il pas semés sur son passage ! que de princes et de peuples son glaive redoutable et sa parole foudroyante n'avaient-ils pas abattus ! Il appela ses bergers, récompensa richement ce Zampaglino qui l'avait aidé à faire son premier coup d'Etat, leur distribua ses troupeaux et ses champs. Sa pauvre nourrice Camilla Ilari accourut aussi ; elle l'embrassa en pleurant, lui offrit une bouteille de lait et lui dit simplement : « Mon fils, je t'ai donné le lait de mon cœur, prends maintenant celui de mes chèvres. » Napoléon lui donna une maison confortable et une riche campagne ; quand il fut devenu empereur, il y joignit une pension de 3,600 francs. — Après être resté six jours à Ajaccio, il fit voile pour la France.

Depuis cette époque, il ne revint plus dans son île natale ; mais le sort la fit surgir encore une fois à ses yeux lorsque, écarté de l'histoire, dont il ne servait plus les desseins, il se trouva triste et abattu sur le rocher de l'Ile-d'Elbe. L'amère destinée lui montra alors le lieu obscur d'où, enfant de la fortune, il s'était élancé dans le monde.

A Sainte-Hélène, ses pensées s'envolaient toujours vers la Corse. Les moribonds aiment à revenir sur leur vie passée, à s'arrêter surtout aux images de leur enfance. Napoléon à Sainte-Hélène parlait beaucoup de son pays. Il dit un jour en dictant ses mémoires : « Aux temps du Consulat et de l'Empire, mes braves Corses n'étaient pas contents de moi. Ils me reprochaient d'avoir négligé mon pays... J'étais entouré d'ennemis et surtout de jaloux. On considérait toute faveur accordée aux Corses comme une injustice, comme un vol au préjudice des Français. La conduite que m'imposa alors la politique a éloigné de moi mes compatriotes et les a refroidis à mon égard. Je le regrette, mais je ne pouvais agir autrement. Lorsque les Corses me virent malheureux, maltraité par tant de Français ingrats, en butte aux attaques de l'Europe coalisée, ils oublièrent tous mes torts, car ils conservent encore intactes leurs mâles vertus : si j'y avais consenti, ils se seraient sacrifiés pour moi.... Que de souvenirs la Corse m'a laissés ! Je songe toujours avec délices à ses beaux sites, à ses montagnes ; il me semble respirer encore son air embaumé. J'aurais amélioré le sort de ma belle Corse, j'aurais fait le bonheur de mes compatriotes ; mais les revers sont venus, et je n'ai pu mettre mes projets à exécution. »

La première demande que Napoléon adressa au corse

Antomarchi, son médecin, en le voyant entrer chez lui à Sainte-Hélène, fut celle-ci : « Avez-vous un Filippini? » Les Corses l'ont constamment suivi en foule dans son aventureuse carrière ; il en éleva un grand nombre aux honneurs, entre autres Baciocchi, Arena, Cervoni, Arrighi, Saliceti, Casabianca, Abbatucci, Sebastiani. Jusqu'à son dernier soupir, il aima tendrement Colonna-Cesari lui-même, son ancien adversaire politique et l'ami dévoué de Paoli ; et Colonna resta attaché à Napoléon sans renier son amour pour Paoli. Ce fut lui qui le premier connut les projets de fuite de l'Ile-d'Elbe, lui que, dans son testament de Sainte-Hélène, l'empereur chargea de prendre soin de sa mère. Colonna s'acquitta scrupuleusement de cette mission : jusqu'à la mort de Madame Letizia, il resta auprès d'elle comme un intendant et un ami. Puis il se retira à Vico près d'Ajaccio.

Ce fut des mains d'un Corse que Napoléon expirant reçut l'extrême-onction, des mains de l'abbé Vignali, qui plus tard périt assassiné dans son pays. Il mourut au milieu de ses compatriotes, qui n'avaient pas voulu abandonner leur frère dans le malheur.

## CHAPITRE VII

#### DEUX CERCUEILS

> Qu'est devenu le trône du plus grand des rois ? — Où sont tous ces héros sublimes ? — Tu passes ; le monde reste, — et personne n'en a encore éclairci le mystère. — Son cours est pour nous plein de sages leçons. — Pourquoi donc y prenons-nous si peu garde ?
>
> Firdusi.

L'histoire de Napoléon, son brillant empire, les peuples et les princes que cet astre lumineux entraîna dans son cours rapide, le flot d'événements et de destinées qu'il jeta sur le monde, toutes ces images se représentent à ma pensée dans sa maison où règne maintenant le silence de la mort, et je ressens une tristesse mêlée de contentement.

Toutes ces passions prodigieuses qui engloutirent la moitié de l'univers sans être assouvies, que sont-elles devenues ? Qu'agitent-elles encore ? Elles ne sont plus qu'un rêve, qu'un vieux conte dont le Temps, comme une vieille nourrice, amuse ses enfants. Rendons grâces au Temps ! C'est la puissance tranquille, merveilleuse, qui nivelle tout, même les souverains dont le front semblait toucher au ciel. C'est l'ostracisme le plus salutaire, le seul vrai.

Napoléon, où est-il ? Qu'a-t-il laissé derrière lui ?...

Un nom et une relique, qu'adore maintenant un peuple facile à éblouir. De l'autre côté du Rhin, ils me semblent renouveler aujourd'hui en l'honneur de Napoléon les solennités funèbres de 1821. Les trépassés ne reviennent plus. Après les dieux, les fantômes ; après le drame, la parodie... Une odeur cadavéreuse se répand dans le monde depuis que là-bas on remue un mort.

Je quittai la maison de Letizia pour entrer dans sa chapelle funéraire.

La rue du Roi de Rome mène à la cathédrale d'Ajaccio. C'est une église d'un style lourd avec une façade sans relief; au-dessus du portail est une armoirie presque entièrement effacée, sans doute celle de la République de Gênes. L'intérieur est bariolé et passablement rustique. Des piliers massifs le divisent en trois nefs ; la coupole est petite ainsi que l'abside.

A droite, près du Chœur, est une petite chapelle tendue de noir. Deux sarcophages, recouverts de velours noir, s'y trouvent devant un autel orné comme dans les villages. Des candélabres en bois s'élèvent à la tête et au pied de chaque cercueil, au-dessus duquel pend une petite lampe... éteinte. Sur le cercueil de gauche sont placés un chapeau de cardinal et une guirlande d'immortelles ; sur celui de droite une couronne impériale et une guirlande d'immortelles.

C'est là que reposent le cardinal Fesch et Madame Letizia. Leurs dépouilles y furent transportées, en 1851, de leurs tombeaux d'Italie. Letizia, morte le 2 février 1836 dans son palais romain de la Place de Venise, avait été ensevelie dans une église de la ville de Corneto, près de Rome.

Dans ces tombeaux aucun marbre, aucune œuvre d'art, aucun ornement, — rien ne vient relever la fosse où gît celle qui donna au monde un empereur, trois princesses et trois rois.

A la vue de la chapelle funéraire de Letizia, je fus frappé de l'ironie inconsciente et du sens profondément tragique qui se cachent dans sa rustique simplicité. Ce tombeau royal ressemble à un décor d'opéra. Le sarcophage repose sur un haut piédestal en bois ; les lourds candélabres sont en bois ; l'or qui les recouvre n'est qu'une mince feuille. On dirait que la tenture de la chapelle est du velours ; ce n'est que du taffetas ordinaire, et ses longues franges en argent ne sont que du papier argenté. Cette couronne impériale posée sur le cercueil paraît en or ; c'est du bois légèrement doré. Il n'y a que la guirlande d'immortelles de Letizia qui ne soit point fausse.

On m'a dit que cette chapelle funéraire n'était que provisoire, et qu'on allait construire une nouvelle cathédrale où l'on élèverait un tombeau grandiose à la mère de Napoléon. Mais on attendra longtemps, car les Corses ne sont pas riches. Pour moi, j'en serais fâché. Les braves Ajacciens ne se doutent pas de la pensée profonde de leur modeste monument. Cette chapelle contient pour les hommes une grande leçon.... Qu'étaient donc les couronnes de Letizia et de ses enfants ? Ils ne furent princes que pendant une courte soirée ; puis, jetant la pourpre et le sceptre, ils disparurent dans les coulisses. Aussi, l'histoire même semble avoir mis sur le cercueil de la fille de Ramolino, de la modeste bourgeoise d'Ajaccio, une couronne en clinquant. N'y touchez pas ! pour être fausse, elle n'en est pas moins belle, ainsi que la fortune des rois bâtards que cette femme a enfantés.

Jamais depuis que le monde existe, le cœur d'une mère n'a pu battre plus fortement que celui de la femme couchée dans ce cercueil. Elle vit ses enfants s'élever l'un après l'autre aux sommets les plus radieux de la grandeur humaine, puis en être précipités tour à tour. Elle a payé sa dette à la Destinée.

Quel sort immérité ! Ah ! comment dans le sein joyeux d'une jeune femme frivole peuvent donc germer ces infernales puissances qui dévorent tant de peuples et tant de cités ?....

## CHAPITRE VIII

#### POZZO-DI-BORGO

La maison où Murat fugitif alla autrefois se loger à Ajaccio est devenue un palais ; et l'armoirie qui en surmonte le portail nous apprend qu'il appartient aux Pozzo-di-Borgo. Il se trouve dans la Rue du Roi de Rome. Après les Bonaparte, les Pozzo-di-Borgo sont les plus illustres personnages que cette ville ait produits : appartenant à une noblesse ancienne, ils s'étaient, bien avant les premiers, fait un nom dans l'histoire de leur île. Au seizième siècle ils se distinguèrent au service des Vénitiens. Le poète corse Biagino di Leca qui, dans un poème épique, *L'Ornano Marte*, a célébré les exploits d'Alphonse Ornano, parle avec éloge de plusieurs Pozzo-di-Borgo et prédit à leur lignée une gloire immortelle.

Cette famille a acquis une importance européenne par le comte Carlo Andrea, l'ami de Paoli, l'implacable adversaire de Napoléon. Il était né à Alata près d'Ajaccio. Comme Charles Bonaparte, il avait fait ses études à l'université de Pise, et s'était signalé en Corse d'abord par ses idées démocratiques et révolutionnaires, puis par son attachement à Paoli. Elu en 1791 député d'Ajaccio, il devint plus tard procureur syndic dans son pays, le bras droit de Paoli. Lorsque la Corse se fut unie à l'Angleterre, cet habile diplomate arriva à la présidence du Conseil d'Etat sous le vice-roi Elliot ; et en cette qualité, il chercha, dit-on, à grandir son influence auprès des Anglais au détriment de Paoli, son bienfaiteur. Puis il quitta la Corse, visita plusieurs fois Londres, Vienne, la Russie, Constantinople, la Syrie, parcourant le monde et les cours, comme autrefois Sampiero, et cherchant partout avec une activité infatigable à attiser les colères contre Napoléon. Ce dernier le poursuivait également de sa haine ; il aurait bien voulu tenir dans ses mains cet ennemi implacable qui venait insidieusement traverser tous ses projets. Après la paix de Presbourg, il demanda son extradition : s'il l'avait obtenue, il eût procédé envers Pozzo-di-Borgo, comme autrefois Charles XII envers Patkul. Cette inimitié est une *vendetta* corse, la haine corse transportée dans l'histoire. Ce fut Pozzo-di-Borgo qui décida Bernadotte à se déclarer contre Napoléon ; lui qui poussa les alliés à marcher aussitôt sur Paris ; lui qui écarta le roi de Rome ; lui encore qui, au Congrès de Vienne, demanda avec insistance l'éloignement de Napoléon de l'Ile-d'Elbe et sa relégation dans une île lointaine. A Waterloo il parut en armes contre son grand adversaire, et fut blessé dans la bataille. Lorsque enfin son ennemi tomba enchaîné sur le roc de Sainte-Hélène, le diplomate, dans la satisfaction de sa vengeance, prononça cette fière et terrible parole : « Je n'ai point tué Napoléon ; j'ai jeté sur lui la dernière pelletée de terre. »

Pozzo-di-Borgo recueillit une couronne de comte russe, ainsi que l'honneur d'être le ministre résident de toutes les Russies à la Cour de France. Vivant à Paris, il fit une guerre ouverte à la réaction, et s'attira par là l'animosité des cours européennes. Dans sa longue carrière, il fut et resta toujours Corse. Jamais, me dit-on, il ne renia les mœurs de son pays. Il aimait son île natale, et on pourrait presque dire qu'en cela il combattait encore Napoléon ; il lui enleva à son profit la reconnaissance de ses compatriotes. Napoléon négligea entièrement la Corse ; Pozzo-di-Borgo fit beaucoup pour elle en publiant à ses frais une édition de ses deux historiens nationaux, Pietro Cirneo et Filippini. C'est à lui que Gregori a dédié son recueil des *Statuts*. Le nom de Pozzo-di-Borgo brille ainsi sur les trois monuments les plus considérables de l'histoire corse et ne périra pas. Sa bienfaisante activité et ses largesses envers les Corses égalèrent son immense fortune. Il mourut dans la vie privée à Paris, le 15 février 1842, à l'âge de 74 ans, séparé, dégoûté du monde, malade d'esprit. Ce fut l'un des diplomates les plus habiles et les plus sagaces de notre siècle.

Sa fortune passa à ses neveux, qui ont acquis de grands domaines aux environs d'Ajaccio. L'un d'eux a été assassiné naguère non loin de la ville. Il était le distributeur des bienfaits du comte Carlo Andrea et, comme tel, il s'était rendu odieux par des injustices. Il avait en outre, paraît-il, séduit une jeune fille et refusé de payer à la famille de la victime une forte indemnité. Les parents offensés résolurent sa mort. Lorsqu'un jour il revenait de sa villa à Ajaccio, des hommes entourèrent sa voiture en lui criant : « Neveu de Carlo Andrea, mets pied à terre ! » L'infortuné descendit aussitôt. Les meurtriers exécutèrent leur forfait, de sang-froid, en plein jour, publiquement, comme l'arrêt de la justice populaire contre un criminel. Le blessé respirait encore. Les assassins le transportèrent mourant dans sa voiture, et ordonnèrent au cocher de retourner à la ville afin que le neveu d'Andrea Pozzo-di-Borgo pût mourir dans son lit. Puis ils s'enfoncèrent dans le makis, où, quelque temps après, ils périrent en luttant contre les gendarmes.

C'est là un trait de terrible justice, tel qu'on en voit souvent dans le pays des Corses. J'en rapporterai ici un autre exemple. C'est un fait remarquable, émouvant, qui s'est passé à Alata, lieu natal des Pozzo-di-Borgo, à quelques milles d'Ajaccio.

## CHAPITRE VIII.

### LE BRUTUS CORSE

Le régiment de Flandre, envoyé par les Français au secours de Gênes, se trouvait à Ajaccio. Deux grenadiers de ce corps vinrent à déserter. Ils s'enfuirent dans les montagnes d'Alata et se tinrent cachés au milieu de ces contrées sauvages, implorant la compassion et l'hospitalité des pauvres pasteurs.

Sainte est l'antique loi de l'hospitalité. La violer, c'est devenir, devant Dieu et devant les hommes, un Caïn.

Lors donc que le printemps fut venu, quelques officiers du régiment de Flandre allèrent chasser dans ces montagnes. Ils passèrent près du lieu qui servait de retraite aux déserteurs. Il y avait là un jeune berger qui faisait paître son troupeau de chèvres. Monsieur de Rozières, colonel du régiment, s'avança vers lui, demandant si par hasard ces lieux ne cachaient pas deux grenadiers. « Je ne sais, » dit le jeune pâtre avec quelque embarras. M. de Rozières conçut des soupçons. Il menaça l'enfant de l'emmener en prison à Ajaccio, s'il ne disait la vérité.

Le petit Joseph (c'était le nom du berger) prit peur : il ne dit rien, mais tout tremblant, il montra du doigt la cachette des fugitifs. On ne le comprit pas. « Parle donc ! » lui cria l'officier avec impatience. Et Joseph, sans répondre davantage, désigna encore l'endroit. Les autres officiers lâchèrent leurs chiens, en courant au lieu indiqué : ils pensaient peut-être y trouver quelque gibier que leur montrait le stupide enfant.

Les deux grenadiers, bondissant alors de leur cachette, s'enfuirent à toutes jambes ; mais ils furent poursuivis et arrêtés.

M. de Rozières donna à Joseph quatre beaux louis d'or pour son renseignement. Dès que le petit eut les pièces dans sa main, il se livra à une joie enfantine, oubliant les officiers, les soldats et le monde entier ; car il n'avait jamais vu briller de l'or. Il courut à sa cabane, appela son père, sa mère, ses frères ; et, au milieu des gesticulations de joie les plus folles, il leur montra son beau trésor.

« Comment as-tu gagné cela, Joseph ? » lui demanda son père. L'enfant le raconta. A chaque mot de son fils, la figure du berger devenait plus sombre ; les frères palpitaient d'effroi, et quand il eut achevé son récit, Joseph lui-même était pâle comme la mort.

Sainte est l'antique loi de l'hospitalité. La violer, c'est devenir, devant Dieu et devant les hommes, un Caïn.

Le vieux berger jeta un regard terrible à son fils tremblant, et sortit de la cabane pour appeler ses proches. Lorsqu'ils furent tous réunis, il leur exposa le cas, et leur dit de juger. Quant à lui, il trouvait que son fils était un traître qui venait de déshonorer sa famille et son pays.

Les parents furent unanimes à décider que Joseph avait mérité la mort.

« Malheur à moi et à mon fils ! s'écria le berger avec désespoir. Malheur à ma femme qui m'a engendré un Judas ! »

Ils prirent donc avec eux l'enfant, et l'emmenèrent dans un endroit écarté, près des murs de la ville.

« Attendez, dit le vieux berger, je vais de ce pas chez le commandant lui demander la vie des déserteurs. Si je l'obtiens, que mon fils vive aussi. »

Le vieillard courut chez M. de Rozières. Il se jeta à ses pieds, et le supplia en pleurant de faire grâce aux deux soldats. M. de Rozières considéra le berger avec étonnement : il ne pouvait comprendre cette pitié et ces larmes pour deux soldats étrangers.

« La désertion est punie de mort, s'écria-t-il ; ainsi le veut la loi. »

Le vieillard se leva, et s'éloigna en soupirant.

Il retourna aux remparts, à la place où les parents l'attendaient avec l'infortuné Joseph.

« Tout a été vain ! dit-il ; mon fils, il faut que tu meures. Meurs en brave, adieu ! »

L'enfant se mit à pleurer ; puis il se résigna. On alla chercher un prêtre pour le confesser, et lui donner les secours de la religion.

C'était justement l'heure où les deux grenadiers mouraient sous les verges. Le pauvre Joseph alla se placer avec calme contre les remparts. Les parents firent feu, et il tomba foudroyé.

Son vieux père prit alors les quatre louis qu'il donna au prêtre en s'écriant : « Allez chez le commandant, et dites-lui : « Monsieur, nous sommes de pauvres et honnêtes bergers ; nous vous rendons le prix de Judas, après avoir fait justice de celui qui l'a reçu de vos mains. »

Sainte est la loi de l'hospitalité. La violer, c'est devenir, devant Dieu et devant les hommes, un Caïn.

On conserve toujours à Alata et à Ajaccio le souvenir le plus vif de l'action magnanime accomplie en 1794 par une femme de la famille Pozzo-di-Borgo. Je vais la raconter aussi.

### MARIANNA POZZO-DI-BORGO

À Appietto, près d'Ajaccio, le peuple fêtait un jour le carnaval. D'après un ancien usage, qui existe encore dans l'île, le Roi Carnaval, une couronne d'or sur la tête, entouré de ses ministres, siégeait au milieu de la Place du marché. Autour de lui étaient dressées des tables avec des fruits, des mets de toute sorte et du vin à profusion. Le Roi avait levé, ce jour-là, de rudes tailles sur ses sujets ; car Sa Majesté carnavalesque a le droit, en Corse, d'imposer les familles du village selon leurs moyens, de leur demander, pour la fête populaire, des vivres et des boissons.

On but donc bravement, et l'on fit chère lie. Les cithares et les violons allèrent leur train, et la jeunesse courut à la danse.

Soudain, au milieu de l'allégresse, on entend un coup de feu suivi d'un cri de douleur, et la foule se disperse aux quatre vents.

Une affreuse cohue se produit sur la Place du marché : le jeune Felice Pozzo-di-Borgo gît baigné dans son sang. Il est tombé sous la balle d'Andrea Romanetti qu'il a offensé ; et l'assassin a gagné le makis.

On transporte le jeune homme inanimé dans la maison de sa mère ; et les femmes entonnent leur *lamento*.

Marianna, mère de Felice, était veuve ; dans sa vie, elle

avait éprouvé bien des malheurs. Lorsqu'on eut enseveli son fils, elle ne pleura plus ; elle ne songea qu'à le venger, car c'était une vaillante femme, issue de l'antique famille des Colonna d'Istria.

Marianna quitte sa robe et s'habille en homme : elle se couvre du *pelone*, se coiffe du bonnet phrygien, ceint la *carchera*, le pistolet et le poignard, et s'arme d'un fusil à deux coups. Elle ressemble en tout aux rudes paysans de ses montagnes ; mais une riche ceinture écarlate, la fine bordure en velours du *pelone*, et le manche élégant, incrusté d'ivoire et de nacre, du poignard disent bien qu'elle est de noble maison.

Elle se met à la tête des siens, et poursuit sans relâche le meurtrier de son fils. Andrea Romanetti fuit de buisson en buisson, de grotte en grotte, de montagne en montagne.

Pendant une nuit ténébreuse, le fugitif cherche un abri au village de Marchesaccia, dans sa propre maison. Une jeune fille, de la famille ennemie, l'y découvre et en donne avis aux siens. Marianna accourt ; les parents cernent la maison. Romanetti se défend en brave ; mais les munitions viennent à lui manquer, et ses ennemis ont déjà escaladé le toit pour pénétrer dans la maison. Il reconnaît qu'il est perdu, et ne songe plus qu'au salut de son âme, car il est pieux et craint le Seigneur.

« Arrêtez ! crie-t-il aux agresseurs ; je vais me rendre, mais promettez-moi d'abord de me laisser confesser avant de mourir. »

Marianna le promet.

Romanetti paraît alors, et se livre.

On l'emmène au village de Teppa en passant devant la maison du curé Saverio Casalonga. Marianna appelle le prêtre et le prie, au nom du ciel, de venir recevoir la confession de Romanetti qui va mourir.

L'ecclésiastique l'implore avec des larmes pour la vie de

l'infortuné : les supplications sont vaines. Il reçoit la confession, et pendant ce temps Marianna, à genoux, prie pour le repos de l'âme du meurtrier de son fils.

La confession achevée, les Pozzo-di-Borgo conduisent Romanetti hors du village, et l'attachent à un arbre.

Ils lèvent leurs fusils ;... mais soudain Marianna se précipite vers eux. « Arrêtez ! leur crie-t-elle, au nom du ciel, arrêtez ! » Et courant à l'arbre, où Romanetti est attaché, elle embrasse le meurtrier de son fils en disant : « Je lui pardonne ; Dieu le veut. Il m'a rendu la plus malheureuse des mères ; mais j'exige qu'à l'avenir vous ne lui fassiez aucun mal. Tuez-moi plutôt que lui ! » Et elle continue à entourer de ses bras, à couvrir de son corps son ennemi palpitant.

Le prêtre survint. On n'avait plus besoin de ses paroles. On détacha Romanetti ; et dès lors il fut libre, et sa tête devint sacrée pour les Pozzo-di-Borgo qui ne touchèrent plus à un seul de ses cheveux.

## CHAPITRE IX

**ENVIRONS D'AJACCIO**

J'ai parcouru les environs d'Ajaccio. L'étroit espace ne permet ici en réalité que trois promenades : l'une au nord, le long du rivage ; une autre dans l'intérieur, sur la route de Bastia ; une troisième de l'autre côté du golfe, dans la direction de Sartène.

Il y en a bien une quatrième ; mais elle est partout limitée par les montagnes, et on ne peut la faire qu'en suivant les sentiers qui bordent les vignes des coteaux. C'est là que l'on voit à chaque pas ces singuliers postes d'observation, appelés *Pergoliti*, qui sont particuliers à Ajaccio. Ils consistent en quatre jeunes pins portant à leur sommet une hutte avec un toit de chaume et où le garde peut se coucher. Le gardien porte le superbe nom de *Barone*. Il est armé d'un fusil à deux coups, et de temps en temps il donne de la conque marine ou tire un son aigu d'un sifflet en terre glaise pour avertir de sa présence et mettre en fuite les voleurs de raisins.

Un aimable vieillard m'invita un soir à sa vigne, sur la colline de San-Giovanni. Il me chargea de raisin muscat, cueillit pour moi des amandes, des figues et des prunes succulentes, qui brillaient partout au milieu des pampres verts. Il m'avait vu venir sur le chemin, et, suivant la bonne habitude hospitalière du pays, il m'avait appelé dans son jardin. C'était un brave père de famille, touchante image de la vieillesse, comme nous la voyons représentée dans les poèmes du temps de Gleim, qui, dans leur simplicité de convention, ont parfois plus de vraie philosophie que les plus savants poèmes de notre époque. Y a-t-il une plus belle figure humaine que celle d'un joyeux vieillard au milieu des arbres qu'il a plantés dans sa jeunesse, et dont il distribue aimablement les fruits aux voyageurs fatigués ? Oui, c'est ainsi que devrait se passer la vie humaine : paisible et bienfaisante.

Le vieillard ne tarissait pas en éloges sur ses fruits, et me disait comment il fallait s'y prendre pour en produire de savoureux.

On donne ici aux cépages une hauteur de quatre à cinq pieds en les appuyant aux échalas, comme les haricots ; en général, il y en a quatre dans une même excavation quadrangulaire, à peu de distance l'un de l'autre et réunis à leur extrémité.

Les raisins étaient abondants, mais en partie malades de l'oïdium. C'est dans cette vigne que j'ai vu pour la première fois les fruits mûrs du figuier de Barbarie. Après la floraison, ce fruit vient vite à maturité. Il a une couleur jaunâtre ; on enlève l'écorce, et l'on trouve alors une pulpe, remplie de pépins, d'un goût douceâtre assez peu agréable. On a déjà commencé à en tirer du sucre. Cette espèce de cactus, que l'on rencontre partout aux environs d'Ajaccio, a une puissance de végétation extraordinaire. Une feuille jetée sur le sol y prend aussitôt racine, et forme une nouvelle plante. La plus maigre nourriture lui suffit ; la moindre poussière la fait vivre et pulluler.

Une villa, en forme de palais, avec des tourelles gothiques et de grandes aigles impériales en pierre, s'élève près de San-Giovanni. C'est la villa du prince Baciocchi.

La petite plaine fertile qui s'étend plus loin à l'extrémité du golfe s'appelle Campo-di-Loro. Le souvenir d'un triste événement qui s'y passa à l'époque des guerres génoises semble planer comme un sombre fantôme au-dessus de ce *champ d'or*. Vingt et un bergers de Bastelica, de vigoureux compatriotes de Sampiero, s'y étaient rangés en bataille. Ils tinrent longtemps tête à 800 Grecs et Génois ; mais enfin accablés par le nombre, acculés dans un marais, ils furent tous massacrés, à l'exception d'un jeune homme qui fit le mort et se cacha sous les cadavres. Mais les Génois venus pour couper les têtes des ennemis, qu'ils voulaient planter sur les murs de la citadelle, découvrirent le jeune berger, et l'emmenèrent au Lieutenant génois. Condamné à la peine capitale, ce dernier survivant des vingt et un guerriers de Bastelica fut d'abord conduit par les rues d'Ajaccio avec six têtes de ses compagnons d'armes suspendues à son corps en guise d'ornement, puis écartelé par le bourreau : ses chairs informes, exposées sur les remparts, servirent de pâture aux corbeaux.

Au bout de cette plaine est le Jardin botanique établi par Louis XVI et destiné tout d'abord à la culture des plantes exotiques, qu'on voulait acclimater en France. C'est Charles Bonaparte qui en fut le premier directeur. Protégé par des collines contre les vents froids et exposé au chaud soleil du midi, ce jardin possède des arbres superbes qui croissent en pleine terre avec une puissance merveilleuse. On y voit, comme au Mexique, la cochenille se développer sur les figuiers de Barbarie. Cet établissement touche à la route de Bastia, où règne la plus grande animation, surtout le soir quand le monde quitte les travaux des champs pour rentrer à la ville.

Je prenais plaisir à m'asseoir au bord du golfe et à considérer les passants. Les femmes sont ici bien faites et ont des traits fins et délicats. Je fus souvent frappé de la douceur de leur regard et de la blancheur de leur peau. Elles portent le *mandile* noué autour de la tête : le dimanche, il est en gaze blanche, et se détache coquettement sur la noire *faldetta*.

Les paysannes sont généralement coiffées de chapeaux de paille arrondis à calotte très basse. Elles y placent un coussinet, et portent ainsi de lourds fardeaux avec la plus grande désinvolture du monde. Comme les Italiennes, les femmes corses se distinguent par leur grâce naturelle. Je rencontrai un jour une jeune fille qui se rendait à la ville avec des fruits. Je la priai de m'en vendre. Elle déposa aussitôt sa corbeille, et de l'air le plus aimable elle me pria d'en manger à mon gré, et refusa avec délicatesse l'argent que je lui offris en retour. Elle était cependant bien pauvrement vêtue ! Toutes les fois que je la rencontrais ensuite à Ajaccio, elle répondait à mon salut avec une grâce qui aurait fait honneur à une demoiselle de noble maison.

Un homme galope devant moi. Sa gentille épouse vient peut-être de passer à pied, une lourde charge de ramilles ou de fourrage sur la tête, et ce paresseux revient des montagnes où il s'est uniquement occupé de *vendetta*. Quand on voit ces demi-sauvages à cheval, par trois, par six, ou seuls, armés de leur fusil à deux coups, on croirait vraiment qu'ils sont en état de guerre. Le laboureur lui-même, assis sur sa charrette chargée de foin, porte le mousquet en bandoulière. En une demi-heure j'en ai compté 26 sur la route avec leur fusil à deux coups ; ils se rendaient à Ajaccio. Ces populations sont tenues en Corse pour les plus batailleuses de l'île.

Ces cavaliers ont l'air martial, et produisent souvent un effet pittoresque ; mais parfois aussi ils sont horriblement vilains et même comiques : qu'on se figure sur de petites bêtes de petits hommes de la taille de Napoléon, aux cheveux et à la barbe noirs, au teint bronzé, à la veste et au pantalon de couleur sombre et velus ; portant en bandoulière un fusil à deux coups, en sautoir une gourde jaune et ronde, ordinairement remplie d'eau, et un petit havre-sac en peau de chèvre ou de renard où sont entassés pêle-mêle du pain, du fromage et des objets de première nécessité, et à la ceinture une cartouchière en cuir qui laisse flotter une longue blague à tabac, ordinairement en peau de chat.

Tel est donc le cavalier corse équipé, badaudant tout le jour par la campagne, pendant que son épouse travaille péniblement. J'en voyais parfois deux sur la même bête ; ils la poussaient sans pitié, et lorsqu'ils passaient près de moi au galop, ils jetaient de grands cris ; et moi, considérant ces hommes robustes, puis le beau rivage du golfe où ne s'élève pas un hameau, je ne pouvais me défendre d'un mouvement de dépit. Leur sol pourrait porter des fruits sans nombre et il ne produit que des oliviers sauvages, du romarin, des ronces et des chardons !

Du côté nord la promenade au bord du golfe est très agréable. Par la plus légère brise, les vagues viennent s'y briser sur les écueils de granit qu'elles inondent de leur blanche écume. A droite, surgissent des montagnes ; couvertes de bois d'oliviers près de la ville, elles deviennent plus loin nues et désertes, jusqu'au Cap Muro.

C'est là que sur le rivage s'élève la petite Chapelle des Grecs. On n'a pas su me dire pourquoi on l'appelle ainsi, car elle porte le nom de la famille de Pozzo-di-Borgo (Puteo Burgensi) inscrit sur une plaque de marbre. Peut-être l'avait-on cédée aux Grecs, quand ils émigrèrent à Ajaccio.

Les Génois avaient établi une colonie de Maïnotes plus loin, à Paomia, au nord d'Ajaccio. Ces hommes laborieux furent constamment l'objet des menaces des indigènes. Pleins d'animosité contre ces intrus, dont les plantations étaient déjà prospères, les Corses tombèrent un jour sur eux, tuant le laboureur auprès de sa charrue, le vigneron dans sa vigne, et dévastant leurs champs et leurs vergers. En 1731, les pauvres Grecs, chassés de leur établissement, s'enfuirent à Ajaccio ; et les Génois, auxquels ils restèrent toujours fidèles, en formèrent trois compagnies. Lorsque l'île fut soumise à la France, on leur céda Cargese en toute propriété. Ils firent prospérer ce petit territoire ; mais à peine commençaient-ils à s'y sentir à l'aise, que les Corses les assaillirent de nouveau en 1793, incendiant leurs maisons, détruisant leurs troupeaux, arrachant leurs vignes ; et les Maïnotes furent de nouveau contraints de se réfugier à Ajaccio. En 1797, le général Casabianca ramena les malheureux proscrits à Cargese ; et depuis cette époque ils y vivent tranquilles. Bien que se servant avec les indigènes de la langue du pays, ils parlent entre eux un grec corrompu. Cargese est sur la plage au nord d'Ajaccio, du côté des eaux de Vico et de celles de Guagno.

Sur la même côte septentrionale s'élèvent çà et là de nombreuses petites chapelles d'architecture très diverse, rondes, polygonales, à coupoles, en forme de sarcophages, de temples, entourées de murs blancs, au milieu des saules et des cyprès. Ce sont des tombeaux de famille. Les Corses n'aiment pas à être enterrés au cimetière public : comme les anciens patriarches, ils veulent reposer dans leur terre. Aussi l'île est-elle pleine de ces chapelles funéraires, qui donnent souvent plus de charme au paysage.

Je m'avançai vers le Cap Muro, où l'on voit, tout près du rivage, quelques rouges écueils de granit, appelés les Iles Sanguinaires, avec un phare et plusieurs tours d'observation du temps des Génois. J'y trouvai des pêcheurs occupés à retirer leur filet. Ils formaient deux groupes, de dix à douze hommes chacun, disposés à la file ; et chaque groupe tirait un long cable qui retenait le filet. Chacune de ces cordes a une longueur de plus de 150 aunes ; les pêcheurs s'y attellent péniblement et s'aident des mains et de la poitrine pour les amener à terre, où ils les entassent peu à peu en rouleaux élégants. Après trois quarts d'heure de travail, on déposa sur la plage une espèce de grande poche bouffante : on l'ouvrit et une foule de bêtes commencèrent à grouiller, à frétiller, à bondir, à ramper dans tous les sens ; — il y avait surtout des sardines ; les plus grands poissons, c'étaient les *razze* (raies), qui ressemblent un peu à notre flet de la Baltique. Leur longue queue pointue est munie d'un perfide aiguillon, que les pêcheurs ont l'habitude de couper en posant la raie à terre avec beaucoup de précaution.

Les indigènes sont aussi hardis en mer que sur leurs rochers. La montagne granitique et la mer forment le caractère de l'île et du peuple vaillant qui l'habite, divisé en deux classes fort anciennes et également vigoureuses, les bergers et les pêcheurs.

La pêche est très productive à Ajaccio comme dans tous les golfes du pays. En avril, le thon, suivant les côtes d'Espagne et de France, se montre dans le canal de la Corse. Le requin est son grand ennemi. Il n'est pas rare dans ces parages.

En revenant à Ajaccio de cette excursion au bord de la mer, j'entendis un coup de feu dans les montagnes. Un homme courut à moi et me demanda tout ému : « Avez-vous entendu le coup ?

— Oui, Monsieur.

— N'avez-vous rien vu ?

— Non, Monsieur.

Mon interlocuteur disparut.

Je vis passer deux gendarmes. Qu'était-ce ?.....

Peut-être là-haut sur la montagne quelqu'un gît maintenant baigné dans son sang ?

Les promenades de ce pays peuvent devenir bien dramatiques. On y est entouré d'un souffle de mort, et la nature même a ici le charme d'une sombre et mélancolique beauté.

# LIVRE IV

## CHAPITRE PREMIER

#### D'AJACCIO A LA VALLÉE D'ORNANO

La route d'Ajaccio à Sartène est entourée de sites remarquables et pleins d'originalité. Elle longe quelque temps le golfe, traverse la rivière de la Gravona et pénètre ensuite dans la vallée de Prunelli. Le golfe est partout également splendide : comme la route s'élève en spirale, il se montre aux yeux et disparaît tour à tour.

A l'embouchure du Prunelli s'élève une tour solitaire : c'est Capitello, que nous a fait connaître l'histoire de Napoléon.

Il n'y a ici qu'un petit nombre de villages, Fontanaccia, Sarrola, Cauro et quelques autres. Cauro, situé au milieu d'une contrée sauvage et pittoresque, riche en porphyre et en granit, se compose de maisons éparses, entourées de magnifiques vignobles qui leur forment une couronne de pampres verts.

A dix minutes de là se trouve le vallon rocailleux où Sampiero fut assassiné : des pics gigantesques s'y dressent tout autour, un sentier serpente dans le fond, que traverse un torrent sonore, et des chênes, des oliviers, d'âpres buissons couvrent la contrée. A quelque distance s'élèvent les ruines du château de Ciglio où Sampiero passa la nuit qui précéda sa fin lamentable.

C'est en vain que j'ai cherché ici un signe qui marque au voyageur la place où le plus brave des Corses est tombé. Le vivant souvenir, tel est le seul monument de leur tragique et féroce histoire. Chaque pierre de cette île raconte leurs exploits ; aussi, ils pourront bien se passer de colonnes et d'inscriptions tant que l'histoire nationale, comme une partie de leur propre nature, continuera à vivre en eux.

Quand on voit un peuple semer partout des monuments sur son territoire, on peut dire qu'il entre dans sa période d'épuisement. De nos jours, l'Italie est un vaste musée de colonnes commémoratives, de statues et d'inscriptions. Même sous ce rapport, les Corses sont restés un peuple primitif : ils conservent la tradition orale. Lorsque Paoli revint d'Angleterre, on voulut lui ériger une statue ; il s'y opposa.

Au bord du sombre ravin où le crime fut consommé, j'ai vu des images vivantes de Sampiero passer devant moi : c'étaient de vigoureux paysans avec leur bonnet phrygien rabattu sur le front, causant à la lumière du soleil. Je m'en approchai, et nous parlâmes ensemble du vieux héros. Le peuple lui a donné le plus glorieux surnom qu'un enfant du peuple puisse porter : il ne l'appelle que *Sampiero corso*. Les Corses ont marqué par là d'une manière frappante que Sampiero est l'expression de leur caractère national, l'incarnation du peuple lui-même. Dans cet homme de granit se résume toute la nature des insulaires : il en eut le courage farouche, l'ardent amour de la liberté et de la patrie, l'intelligence vive et pénétrante, la pauvreté fière et dédaigneuse, la rudesse et l'emportement, les passions volcaniques, l'esprit vindicatif, auquel, comme le More Othello, il sacrifia son épouse ; et pour qu'aucun des traits sanglants qui, sous le rapport psychologique, distinguent tant les Corses de nos jours, ne manquât à son histoire, *Sampiero corso* périt par la *vendetta*.

Vivant dans un siècle d'isolement politique, il put conserver entièrement le cachet populaire particulier à son île : avec Paoli, la démocratie corse prit un caractère cosmopolite, emprunté aux principes humanitaires de l'époque.

Comme nous l'avons vu, à la mort de Sampiero, son fils aîné, Alphonse d'Ornano, continua quelque temps la guerre contre Gênes ; puis il passa à l'étranger. En 1570, Catherine de Médicis le nomma colonel du régiment corse qu'elle avait à son service. Il se distingua souvent dans les batailles et dans les sièges sous Charles IX et sous Henri III. Après l'assassinat de ce roi, au nom duquel il gouvernait le Dauphiné, la Ligue s'efforça de gagner le Corse influent à sa cause. Mais Alphonse fut l'un des premiers à reconnaître Henri IV, dont il devint le plus ferme appui. Le roi le nomma maréchal de France, et en récompensa en outre le dévouement par son amitié. Il lui écrivit un jour : (1) « Mon cousin, ça été par votre dépesche que m'a rendue le sieur de la Tour présent porteur, que j'ay eu la première nouvelle de ce que vous avez si heureusement exécuté en **ma ville de Romans**..... Dieu me fait cette grâce que la pluspart de ces mauvaises intentions demeurent sans effet : après lui je sçay que nul n'a plus mérité en celle-cy, que vous qui vous estes comporté avec toute la prudence et valeur qui s'y pouvait désirer, dont je vous sçay très **bon gré** ; ce n'est que la continuation de vos procédures ordinaires, et du bon cœur qui accompagne tousiours vos bonnes intentions...... »

En 1594, Alphonse soumit aussi Lyon **au roi, puis** Vienne, ainsi que plusieurs villes de la Provence et du Dauphiné. Il était l'effroi de la faction hostile ; mais autant son génie militaire inspirait de crainte, **autant sa**

---

(1) Nous donnons le texte de l'original.

justice et son humanité lui attiraient l'estime publique. Il secourut de ses propres deniers un grand nombre de villes françaises que la peste et la guerre avaient ruinées. Il mourut à Paris en 1610, à l'âge de 62 ans ; sa dépouille repose à Bordeaux dans l'église de la Merci.

Des nombreux enfants qu'il eut de son épouse, fille de Nicolas de Pontevèze, seigneur de Flassan, un fils, Jean-Baptiste d'Ornano, devint comme lui maréchal de France ; mais disgracié à la suite d'intrigues de cour au temps de Richelieu, il fut jeté à la Bastille où il périt empoisonné, dit-on, par l'ordre de ce ministre. En 1670, s'éteignit la branche de la famille de Sampiero, qui était passée en France avec Alphonse.

Antoine-François d'Ornano, second fils de Sampiero, fit comme ce dernier une fin tragique. C'était celui-là même que la malheureuse Vannina, sa mère, avait emmené dans sa fuite de Marseille à Gênes et qu'elle avait encore auprès d'elle quand elle tomba victime de la fureur de son époux. Antoine-François vivait, comme son frère, à la cour de France. Jeune et ardent, il voulut voir le monde, et accompagna à Rome l'ambassadeur d'Henri III. Un jour, en jouant aux cartes, il eut une altercation avec l'un des seigneurs de l'ambassade, qu'il offensa par la violence de son langage. Le gentilhomme français dissimula son ressentiment de telle sorte que le jeune Ornano ne conçut aucun soupçon. On alla se promener à cheval au Colysée. A un certain moment Ornano, séparé de ses amis italiens, se trouva seul avec son domestique en présence de douze Français, six à pied et six à cheval. Son adversaire l'invita poliment à descendre pour visiter le Colysée. Ornano y consentit ; mais à peine eut-il mis pied à terre que les Français l'assaillirent traîtreusement. Déjà percé de plusieurs coups, le fils de Sampiero opposa une résistance héroïque à ses nombreux agresseurs. Il s'adossa à une colonne, et se défendit longtemps avec son épée ; enfin il succomba. Ses meurtriers le laissèrent baigné dans son sang, et disparurent. Il mourut le lendemain sans laisser de postérité (1580).

J'ai visité à Rome le tombeau de ce dernier des fils de Sampiero : ainsi qu'un grand nombre de seigneurs de son pays, il repose à San Crisogono, église du Transtevere autrefois réservée aux Corses. Antoine-François d'Ornano était, paraît-il, le portrait vivant de son père ; il en avait non seulement le visage et la tournure, mais encore l'intrépidité, vertu qui distingua Sampiero au même degré que Fabricius. On sait que Pyrrhus essaya vainement d'effrayer le Romain par l'apparition soudaine d'un éléphant ; Soliman fit une tentative analogue et également inutile pour troubler le Corse. Voici ce que raconte la légende : Le sultan voulait voir par lui-même si ce qu'on disait de l'imperturbable sang-froid de Sampiero n'était point exagéré. Un jour qu'ils dînaient ensemble il fit tirer sous la table une pièce de deux au moment où le Corse portait la coupe à ses lèvres. Tous les regards étaient fixés sur Sampiero, qui ne sourcilla point : le coup de canon ne produisit pas sur lui plus d'effet que le bruit d'une tasse qu'un esclave aurait laissé tomber.

Plus loin, au nord de Cauro, se trouve le gros canton de Bastelica, séparé de celui de Zicavo par une chaîne de montagnes. Cette rude contrée rocailleuse, formée par le soulèvement de puissantes masses granitiques, pleine de vallées sauvages couvertes de chênes noueux et couronnées de pics gigantesques, que la neige blanchit çà et là, c'est la patrie de Sampiero. A Bastelica, ou plutôt à Dominicaccia, on montre encore la vieille masure où il est né : sa propre maison a été détruite par les Génois commandés par Etienne Doria. Ces lieux conservent de lui de nombreux souvenirs, que l'imagination populaire a consacrés en leur donnant des formes sensibles : ici c'est un rocher qui aurait gardé la trace de ses pas, là l'empreinte de sa carabine, plus loin une grotte ou bien un chêne à l'ombre desquels il se serait assis.

Les habitants du val de Prunelli se distinguent par leur constitution robuste et leurs habitudes martiales : ce sont, en général, de rudes bergers, aux mœurs de fer, que la civilisation n'a pas encore pu entamer. Les hommes de Bastelica et ceux de Morosaglia ont toujours passé pour les plus vigoureux des Corses.

La crête de San-Giorgio sépare le val de Prunelli de la grande vallée du Taravo. Quand on a franchi le col (*bocca*) de cette montagne, on embrasse du regard les deux belles vallées d'Istria et d'Ornano, couvertes de villages. Elles sont arrosées par le Taravo, qui roule dans un lit de roche ses eaux impétueuses et sonores. C'est en vain que je cherche en Italie une vallée connue afin de mieux faire comprendre, par la comparaison, le caractère de ces paysages corses. Quelques parties des Apennins en donneraient peut-être une idée. Mais les montagnes et les vallées corses me semblent beaucoup plus grandioses, plus sauvages, plus pittoresques, par leurs bois de châtaigniers, leurs sombres rochers abrupts, leurs eaux écumantes, leurs noirs villages épars ; et le tableau devient vraiment incomparable quand les flots lumineux de la mer se montrent à l'horizon lointain.

C'est au milieu de ces montagnes que résidaient les antiques et nobles familles d'Istria et d'Ornano. La légende locale les fait descendre de cet Ugo Colonna dont j'ai parlé dans l'*Histoire des Corses*. Quelques tours et des châteaux en ruines se dressent encore en ces lieux, comme des images à demi effacées des vieux héros. Santa-Maria et Petreto sont les principaux cantons de la contrée.

Santa-Maria d'Ornano était jadis la résidence des Ornano. La piève s'appelait d'abord Ornano ; elle n'a pris que de nos jours le nom de Santa-Maria. Ces sites sont pleins de charmes, souriants avec leurs vertes collines, leurs frais pâturages et leurs paisibles bois d'oliviers. C'est là que naquit la belle Vannina ; sa haute et sombre maison, en forme de tour, pittoresquement perchée sur un roc, domine encore la vallée. Un peu plus loin s'élèvent les ruines d'un château construit par Sampiero, et, tout près, une chapelle où le farouche soldat allait entendre la messe. On dit pourtant qu'il se contentait parfois de se mettre à la fenêtre quand on officiait. Ce château est de 1554.

## CHAPITRE II

#### D'ORNANO A SARTÈNE

Le Taravo sert de limite entre la piève d'Ajaccio et celle de Sartène. Cette dernière forme l'arrondissement le plus austral de l'île. On y pénètre par le beau canton de Petreto-Bicchisano, qui s'étend, le long du Taravo, jusqu'au golfe de Valinco. La vue de cette riante campagne et de la baie lointaine vers laquelle elle s'incline doucement, passe aux yeux même des Corses pour l'une des plus belles de l'île. Les paysages du delà des Monts ont, en général, une surprenante vigueur : ils portent la plus noble empreinte de la nature primitive. Le canton de Petreto offre quelques débris épars des châteaux des seigneurs d'Istria, mais dans un état de délabrement lamentable : c'est à peine si leurs sombres murailles se distinguent du granit des rochers.

Sur une montagne au-dessus de Sollacarò se trouve un château en ruines de ce Vincentello d'Istria que l'histoire connaît bien : il disparaît sous l'ombre épaisse des arbres et sous les plantes grimpantes qui le recouvrent presque entièrement. Il s'y rattache une de ces sauvages légendes qui peignent les Corses et le moyen-âge. Il y avait autrefois là un autre château, où résidait la belle et farouche Savilia. La noble dame attira chez elle un puissant seigneur du nom de Giudice d'Istria, à qui elle avait promis sa main. Lorsque Giudice fut venu, Savilia le fit enfermer dans une cage en fer. Et chaque jour elle se présentait aux barreaux de la prison, et se déshabillant aux yeux de Giudice, elle le raillait en ces termes : « Regarde-moi bien ! Ce corps est-il donc fait pour qu'en jouisse un homme aussi laid que toi ? » Cela dura longtemps. Mais Giudice parvint à s'échapper. Altéré de vengeance, il réunit ses vassaux, et revint avec eux au château de Savilia, qu'il démolit jusqu'aux fondements. Quant à la belle amazone, il l'enchaîna dans une cabane élevée sur un carrefour, où elle devait se livrer à tous les passants. Savilia mourut le troisième jour.

Plus tard, Vincentello d'Istria fit bâtir à la place du château rasé celui dont on voit maintenant les ruines.

Non loin de là se trouve la pièvc d'Olmeto, ancien fief de la famille d'Istria. Olmeto en est le chef-lieu. Il confine d'un côté à de hautes montagnes, et de l'autre à une paisible vallée, couverte de bois d'oliviers, qui s'étend jusqu'à la baie de Valinco. Là aussi, sur l'un des rocs les plus escarpés, le Buttareto, se dressent les ruines d'un château : il appartenait à Arrigo della Rocca.

Vus d'Olmeto, la vallée et le golfe offrent un spectacle enchanteur : une riante campagne doucement ondulée que borde au loin un sombre et silencieux rivage. Ses promontoires extrêmes sont : Au nord, Porto-Pollo ; au sud, Campo-Moro. Le nom de Camp des Maures donné à ce cap, au petit hameau qui s'y trouve et à une tour voisine rappelle les incursions barbaresques, autrefois si fréquentes dans ces parages. Le fabuleux roi maure Lanza Anciso fit, dit-on, la conquête de la Corse, laquelle, depuis cette époque, porterait dans ses armes une tête de More ceinte d'un bandeau.

Tout prend ici un air moresque, les côtes même, avec leurs teintes brunes et le calme oriental que l'été y répand. Quand je fus au petit port de Propriano, je m'abandonnai de nouveau au recueillement, si familier dans cette île inculte. Il y avait sur la plage une foule d'hommes robustes, aux cheveux noirs, le fusil à deux coups sur l'épaule, comme prêts à repousser les infidèles. L'aspect de ces figures graves et martiales et de cette côte pleine d'une sauvage mélancolie vous transportent au temps légendaire des Sarrasins. Il me remet en mémoire une vieille romance espagnole sur le fameux corsaire Dragut, que l'*Histoire des Corses* nous a fait connaître ; et on peut bien la faire entendre ici, en présence de ce golfe et de ces guerriers.

### DRAGUT DEVANT TARIFA

En face de Tarifa, — à un peu plus d'un mille de distance, — Maître Dragut, le pirate, — le pirate sur terre et sur mer, — découvre les chrétiens, — cinq voiles venant de Malte. — Aussi crie-t-il à haute voix : — *Al arma ! al arma ! al arma ! — Cierra ! Cierra ! Cierra ! — Que el enemigo viene a darnos guerra.*

Maître Dragut, le pirate, — fait aussitôt tirer le canon. — C'est le signal — pour ceux qui sont allés à terre chercher de l'eau et du bois. — Et les chrétiens répondent — du rivage et des galères ; — et les cloches du port, — au milieu des cris du peuple, — sonnent : — *Al arma ! al arma ! al arma ! — Cierra ! cierra ! cierra ! — Que el enemigo viene a darnos guerra.*

Et le chrétien qui pleurait, — en voyant éteinte en lui toute espérance, — se relève de son morne abattement : — car il espère recouvrer sa liberté. Dragut, avec ses capitaines, — tint aussitôt un conseil de guerre : — Convenait-il d'attendre — ou de mettre à la voile ? *Al arma ! al arma ! al arma ! — Cierra ! cierra ! cierra ! — Que el enemigo viene a darnos guerra.*

Et ses compagnons lui dirent : — « Attends ! attends !

laisse-les s'approcher ! — Puis nous gagnerons le large, — et la victoire sera à nous. » — Et Dragut cria tout haut: — « Canaille ! apprêtez-vous au combat ! — Canonniers, courez tous à vos pièces ! — Chargez ! tirez ! chargez ! criez : » — *Al arma ! al arma ! al arma ! Cierra ! cierra ! cierra ! — Que el enemigo viene a darnos guerra.*

Le 12 juin 1564, Sampiero débarqua dans le golfe de Valinco. C'est encore une note martiale à ajouter à ces refrains guerriers.

Le pays a ici un caractère de tristesse qui vous saisit : Du côté de l'intérieur on voit des montagnes incultes aux flancs parsemés de roches grises ; de l'autre, des pierres, des broussailles, une plage sablonneuse et un marais. Cette âpre région produit cependant beaucoup de chênes-verts et de chênes-lièges et même du blé et de beaux raisins.

Sartène se montra enfin à nos yeux : c'est un gros bourg solitaire, mélancoliquement assis au milieu de mélancoliques rochers.

## CHAPITRE III

### LA VILLE DE SARTÈNE

La ville de Sartène n'a que 3890 habitants. L'arrondissement dont elle est le chef-lieu se divise en huit piéves ou cantons et compte 29,300 âmes.

Sartène m'a paru encore moins une ville que Calvi et la petite Ile-Rousse. Il n'y a rien qui la distingue : ses constructions ressemblent à celles de tous les villages de la Corse, seulement un peu en beau. Ses maisons, la tour même de son église principale, sont bâties en pierres brunes superposées et cimentées avec de l'argile. L'église seule est badigeonnée en jaune ; tous les autres bâtiments sont noirâtres. Plusieurs ont l'air de misérables masures ; et il y a telles rues escarpées, si étroites que deux hommes à peine peuvent y passer de front.

Les maisons ont une porte cintrée où l'on arrive par un escalier en pierre, fort roide, établi au milieu de la façade.

Je me suis promené dans ces rues : *Dite*, la ville infernale de Dante, ne devait pas être faite autrement. On trouve cependant, au quartier *Sant'Anna*, des maisons appartenant à de riches familles, qui ne manquent pas d'une certaine élégance : quelques-unes même, malgré leurs noirs matériaux, se présentent très bien. Elles sont toutes originales et fort pittoresques, grâce à leur toiture aplatie, qui dépasse de beaucoup les murs, et aux nombreux tuyaux de cheminée à l'italienne, qui les surmontent, affectant des formes diverses, tantôt celle d'une colonne au chapiteau bizarre, tantôt celle d'un obélisque. Ces toits donnent du relief aux constructions, et lorsque les murs sont en pierres de taille régulières, on peut goûter ce genre d'architecture. J'ai retrouvé là nos cabanes du Monte-Rotondo, au milieu du marché, des baraques servant d'entrepôts aux habitants. Tout cela forme un singulier contraste avec les pompeuses enseignes de certains hôtels, qui portent : *Hôtel d'Europe, Hôtel de Paris,* et *Hôtel de France.*

Le nom de Sartène rappelle la Sardaigne ou les Sarrasins. On n'a pas su m'expliquer son origine. Voici ce que raconte la légende locale : Il y avait là jadis un bourg, appelé Sartino, renommé pour ses eaux minérales. Les étrangers s'y rendaient en foule ; mais comme ils en consommaient tous les produits, les pauvres habitants se mouraient de faim. Ayant donc enterré leurs sources, ils quittèrent leurs anciennes demeures pour aller s'installer plus haut dans la montagne. — Si cette histoire est vraie, elle vient à l'appui de ce qu'on dit de la paresse des Corses.

Sartène eut horriblement à souffrir des Barbaresques, qui, après des incursions diverses, le surprirent en 1583 et emmenèrent d'un seul coup 400 personnes en esclavage, le tiers de la population d'alors. Depuis cette époque, la ville fut entourée d'une enceinte.

En voyant ce lieu maintenant si calme en apparence, où le peuple se réunit paisiblement sous le grand orme de l'agreste Place du marché, on ne se douterait pas des passions violentes qui l'agitent. Après la Révolution de Juillet, Sartène fut le théâtre d'une affreuse guerre civile. Déjà en 1815, il s'était partagé en deux camps ennemis, celui des Roccaserra et celui des Ortoli, le premier composé des riches habitants du quartier Sant'Anna, l'autre recruté parmi la population pauvre du faubourg (Borgo). Des deux côtés on avait barricadé les maisons, condamné les fenêtres ; on faisait des sorties fréquentes, se fusillant et se poignardant avec rage. Les Roccaserra s'appelaient Blancs ou Bourbonniens, les Ortoli Rouges ou Libéraux. Ceux-là avaient interdit au parti contraire l'accès de leur quartier. Les Ortoli voulurent enfreindre la consigne et pénétrèrent un jour à Sant'Anna, enseignes déployées. Les Roccaserra firent feu de leurs maisons, tuèrent deux hommes et en blessèrent d'autres. Ce fut le signal d'un combat sanglant. Le lendemain, plusieurs centaines de montagnards, armés de fusils, vinrent à Sartène mettre le siège devant Sant'Anna. Le gouvernement envoya des troupes, et la tranquillité fut rétablie, mais seulement en apparence, car les deux partis continuèrent à se guetter et à se tuer beaucoup de monde. La première fois après 33 ans d'inimitié, les Roccaserra et les Ortoli se sont réunis pour fêter l'élection de Louis Napoléon à la présidence, et ont même fait danser ensemble leurs enfants ; mais l'animosité persiste encore.

Ces luttes acharnées entre les familles corses ressemblent à celles qui désolaient jadis les villes italiennes, Florence, Vérone, Padoue, Milan, Rome ; c'est le moyen-âge avec sa vie tumultueuse, si bien représentée dans la chronique florentine de Dino Compagni, avec ses divisions sanglantes entre des citoyens enfermés, comme le constate tristement l'Alighieri, par une seule et même muraille. Mais ces guerres intestines deviennent en Corse d'autant plus terribles que le champ y est plus étroit : c'est parfois un village qui compte à peine 1,000 habitants, la plupart unis par les liens du sang et de l'hospitalité.

Aujourd'hui la petite population de Sartène est solennellement réunie sur la Place du marché : on y dresse un singulier échafaudage, destiné à recevoir des pièces d'artifice qui seront tirées le 15 août pour la fête de Napoléon Ier. Qui sait ? peut-être cette fête rallumera-t-elle des passions mal éteintes ? Ces sombres maisons pourraient bien dans quelques jours d'ici se transformer en petites forteresses, d'où l'on saura atteindre son ennemi. A Sartène, c'est la politique qui a fait naître la guerre civile ; ailleurs, c'est souvent une injure personnelle et parfois même la cause la plus frivole. La mort d'une chèvre coûta la vie à 16 personnes, et mit tout un canton sous les armes. Un jeune homme jette un morceau de pain à son chien ; le chien d'un autre vient le lui happer : il s'ensuit entre deux communes une guerre cruelle. Les élections communales, les fêtes, les bals fournissent assez d'occasions de disputes. Parfois les motifs en sont vraiment risibles. En 1832, un âne mort à Marana fut la cause d'une sanglante guerre civile entre deux villages. Pendant la Semaine sainte, une procession allant à l'église se heurta à cet âne mort, déposé sur la route. Le sacristain saisi d'horreur à cette vue, se mit à crier contre les hommes pervers qui venaient de profaner la sainte procession en jetant ainsi une charogne sur son chemin. Aussitôt il s'éleva une contestation entre les gens de Borgo et ceux de Lucciana sur la question de savoir à quelle commune appartenait la bête. On prit les armes, des coups de fusil furent échangés, la procession devint une mêlée sanglante. L'âne fit plusieurs fois la navette de l'un à l'autre village : tantôt c'étaient les habitants de Borgo qui le transportaient à Lucciana, tantôt ces derniers qui le renvoyaient à leurs voisins, et tout cela au milieu des coups de fusil et des vociférations des deux partis. C'est ainsi que les Troyens et les Grecs combattirent jadis pour le corps inanimé de Patrocle. Un jour les *Borghigiani* allèrent déposer la charogne à la porte de l'église de Lucciana ; mais les *Luccianinchi* la relevèrent et, après avoir pris Borgo d'assaut, ils la plantèrent sur le clocher même du village. Le *podestà* fit alors saisir le *corpus delicti* (pendant ces longues pérégrinations l'âne avait eu le temps de pourrir à son aise), et l'on enterra la pauvre bête qui put enfin reposer en paix. Le poète Viale a composé sur ce thème un poème héroi-comique dans le genre de la *Secchia rapita* de Tassoni.

Il y a à Sartène un détachement de dix gendarmes, comme dans la plupart des chefs-lieux de canton et dans les villages particulièrement troublés. L'officier qui les commandait était alsacien. Il habitait la Corse depuis 22 ans, et me sembla tout heureux de trouver un compatriote. Toutes les fois que je rencontre un Alsacien ou un Lorrain (ces derniers parlent un allemand fort corrompu), je ressens une douleur patriotique pour ces frères que nous avons perdus ; car le cœur nous saigne de savoir une partie de la noble terre allemande entre les mains des Français. L'officier se plaignait beaucoup de son dangereux service, de la petite guerre qu'il était obligé de soutenir contre les bandits. Il me montra au loin une haute montagne, *l'Incudine*.

— Voyez-vous, me dit-il, c'est le séjour d'un fameux bandit. Nous lui faisons la chasse comme à un mouflon. On a mis sur sa tête un prix de mille cinq-cents francs ; mais ils sont difficiles à gagner. Il y a quelques jours, nous avons arrêté 29 personnes, prévenues de lui avoir apporté des provisions. Elles sont ici enfermées dans la caserne.

— Quel sera leur châtiment ?

— Si le délit est prouvé, on les condamnera à une année de prison. Ce sont des bergers, des gens de la montagne, amis ou parents du bandit.

Pauvre Corse ! Dans des conditions pareilles, comment ton agriculture peut-elle prospérer ?

La vue de Monte-Incudine où le bandit est, me dit-on, réfugié, et les guerres de famille à famille qui désolent Sartène me reportent vers l'inépuisable sujet de la *vendetta*, le roman national de ce pays. Asseyons-nous donc sur un rocher, et embrassant du regard le golfe de Valinco et les fiers sommets qui le dominent, écoutons encore quelques échos de ces drames émouvants.

## CHAPITRE IV

**DEUX DRAMES DE LA VENDETTA**

### *Orso-Paolo*

Un jour, à Monte-d'Olmo, on célébrait une solennité religieuse. Déjà les prêtres étaient à l'autel, quelques habitants de la commune se trouvaient dans la maison du Seigneur, et d'autres, assis devant la porte de l'église, se livraient au plaisir de la conversation.

Il y avait parmi ces derniers les Vincenti et les Grimaldi dont les familles étaient divisées par une haine séculaire ; en ce jour ils osaient rester en présence, la fête religieuse imposant une trêve à toute inimitié.

Quelqu'un vint à demander, si, à la procession, les prêtres étaient tenus de porter les capuces de la confrérie.

— Non, dit Orso-Paolo de la famille des Vincenti, ils n'y sont point obligés, car ce n'a jamais été l'usage chez nous.

— Oui, répliqua Ruggero de la famille des Grimaldi, ils y sont obligés, car c'est la règle de la religion.

Et ils continuèrent ainsi à s'échauffer à propos des capuces, et la Place du marché se remplit de tumulte et de féroces clameurs : on aurait dit qu'on y décidait de la souveraineté de Gênes sur la Corse. On s'ôtait violemment la parole, on montait tour à tour sur une pierre pour soutenir son opinion ; et les sifflets, les applaudissements, les éclats joyeux, les railleries pleuvaient d'un côté ou de l'autre, suivant que c'était un Vincenti ou un Grimaldi qui avait dit un mot sur les capuces.

Soudain une insulte se produit : des cris de rage s'élèvent de toutes parts, les pistolets sortent des ceintures. Les Grimaldi se jettent sur Orso-Paolo ; celui-ci fait feu sur les agresseurs, et Antonio, l'aîné des fils de Ruggero, tombe mortellement blessé.

La messe est alors interrompue ; on se précipite en foule hors de l'église, hommes, femmes, enfants, avec les prêtres en habits sacerdotaux et portant en main le crucifix.

Le village d'Olmo présente une immense confusion : ce sont partout des personnes qui fuient ou en poursuivent d'autres, des vociférations furieuses, des coups de fusil.

Les Grimaldi courent après Orso, et crient qu'on le tue. Orso bondit comme un cerf, et tâche de gagner le makis. Mais la vengeance donne des ailes à ses agresseurs, qui le devancent, lui barrent le chemin, cherchent à lui fermer toute issue.

Orso est déjà entouré par ces forcenés ; il entend leurs balles siffler à ses oreilles ; le makis, il ne peut plus l'atteindre, et il n'a que peu de minutes encore pour prendre un parti. Il voit un dernier asile, une maison là tout près au pied de la montagne ; mais c'est la demeure de Ruggero, son mortel ennemi.

Orso-Paolo s'y élance aussitôt et en barricade la porte. Il a sur lui ses armes. sa *carchera* bien fournie de cartouches, et les vivres ne manquent pas autour de lui. On peut donc se défendre longtemps. Les chambres sont désertes : la famille a couru au village, où l'épouse même de Ruggero se trouve auprès de son Antonio blessé. Un tout jeune enfant, le second fils de Ruggero, est seul dans la maison, et dort.

A peine Orso-Paolo s'est-il retranché là qu'il voit paraître Ruggero avec tous les Grimaldi ; mais par une ouverture de la fenêtre il leur présente le canon de son fusil, et menace de faire feu sur quiconque s'approchera de la porte. Nul ne l'ose.

Ils sont là pleins de rage, ne sachant où diriger leurs pas, et Ruggero surtout frémit de colère, car c'est dans sa propre demeure que l'ennemi de sa famille, que le meurtrier de son fils a trouvé un abri. Il hurle comme le tigre à la vue d'une proie hors de sa portée.

C'est ainsi que la troupe furieuse gronde et s'agite devant la maison, et le tumulte grandit sans cesse avec la foule qui accourt de toutes parts remplissant l'air de ses cris. Et à ces clameurs féroces les femmes mêlent leurs voix plaintives au moment où l'on emporte le blessé.

A ce spectacle, Ruggero sent redoubler sa fureur : il se précipite dans une habitation voisine, y arrache du foyer un tison ardent pour mettre le feu à sa propre maison et consumer avec elle son ennemi. Quand il paraît, la torche à la main, conviant ses amis à incendier sa demeure, son épouse se précipite au-devant de lui et cherche à l'arrêter. « Insensé, lui crie-t-elle, notre fils est là ; veux-tu le brûler aussi ? Antonio va mourir ; Francesco dort dans sa chambre. Seras-tu le meurtier de ton dernier enfant ?

— Qu'il soit consumé avec lui ! hurle Ruggero ; périsse le monde, pourvu qu'Orso-Paolo meure !

La femme se jette en pleurant aux pieds de son mari ; elle embrasse ses genoux, s'attache à son corps. Mais Ruggero la repousse violemment et lance le tison.

La flamme s'élève ; partout, au gré du vent, volent des étincelles ; la mère tombe évanouie. On la transporte près du mourant.

Mais Ruggero reste là debout à contempler l'incendie de sa demeure (les Grimaldi ont cerné la maison afin que, si Orso-Paolo cherche à s'enfuir, il ne puisse échapper à leurs balles) ; les yeux fixes, avec un rire féroce, Ruggero voit la flamme qui monte en crépitant dans les airs ; et lorsqu'une partie de la charpente s'écroule avec fracas, il pousse un hurlement de joie et de douleur sauvage : chacune de ces poutres embrasées, il la sent retomber sur son propre cœur.

Parfois, au milieu des flammes, il lui semble distinguer une forme humaine ; peut-être est-ce un noir nuage de fumée ou une colonne de feu vacillante ?... puis, il croit entendre la voix plaintive d'un enfant. Soudain un grand craquement se produit ; la toiture s'effondre tout entière, et de ces affreux débris surgissent des tourbillons de flamme et de fumée.

Ruggero qui, muet, immobile, les yeux hagards, le corps penché en avant, les mains tendues vers la maison, a assisté à ce spectacle, tombe alors sur le sol avec un sourd rugissement. On le transporte près de son fils Antonio.

Quand il revint à lui, il ne se rendit pas compte tout d'abord de son affreuse situation ; mais bientôt le jour se fit dans son âme : l'incendie de sa demeure éclaira d'une lueur terrible les ténèbres de sa conscience ; et il reconnut l'énormité de son crime. Il resta une minute concentré en lui-même et comme foudroyé ; puis, tirant un poignard de sa ceinture, il voulut s'en percer le sein. Mais sa femme et ses amis arrêtèrent son bras et lui arrachèrent l'arme homicide.

Qu'était devenu Orso-Paolo ? Qu'était devenu Francesco ?

Voici ce qui s'était passé. Quand la flamme atteignit la charpente, Orso-Paolo chercha un refuge, une voûte, une cavité quelconque pour s'y mettre à couvert du feu. Il entendit alors les sanglots et les cris de détresse d'un enfant, et courut vers la chambre d'où ils partaient ; là il aperçut, sur une couchette, un pauvre petit qui lui tendait les bras en pleurant et appelait sa mère. Orso crut entendre alors le malin esprit qui lui criait au milieu des flammes de tuer l'enfant et de punir ainsi son père inhumain.

« Les fils de ton ennemi, lui disait-il, ne sont-ils pas voués à la *vendetta*? Frappe, Orso-Paolo, éteins le dernier espoir de la maison des Grimaldi. »

Orso se pencha sur la gracieuse créature : ses yeux brillaient d'un horrible désir de vengeance. Les flammes répandaient sur lui, sur l'enfant, sur la chambre une rouge lueur et semblaient les teindre de sang. Il se pencha sur Francesco qui pleurait,.... mais soudain il le souleva dans ses bras, le pressa violemment contre son cœur, le couvrit de ses ardents baisers. Puis il l'emporta hors de la chambre, et chercha encore, au milieu des flammes, un endroit où il pût s'abriter avec lui.

A peine la maison se fut-elle écroulée, qu'on entendit des conques marines retentir près du village : c'étaient les Vincenti qui s'avançaient. A la nouvelle du danger d'Orso-Paolo, tous ses parents et amis de Castel-d'Acqua étaient accourus pour le sauver. Les Grimaldi, quittant alors le théâtre de l'incendie, se réfugièrent dans la maison où se trouvaient réunis Ruggero, sa femme et son fils Antonio.

Il se passa un terrible quart d'heure.

Tout à coup, sur la Place d'Olmo, retentissent des acclamations joyeuses, et les cris mille fois répétés de *Evviva Orso-Paolo*! La mère d'Antonio court à la fenêtre, pousse une exclamation de joie, et se précipite hors de la porte ; Ruggero et les femmes la suivent.

Au milieu des acclamations de la foule s'avançait Orso-Paolo rayonnant de bonheur, serrant le petit Francesco dans ses bras, couvert de cendre, noirci par la fumée, les vêtements roussis par la flamme. Il s'était sauvé avec l'enfant sous la voûte de l'escalier.

L'épouse de Ruggero vole à sa rencontre ; elle se jette sur son sein ; elle enlace son fils et Orso-Paolo dans un embrassement d'un ineffable bonheur.

Ruggero tombe à genoux devant son ennemi, dont il baise

les pieds en sanglotant, et le prie ainsi que Dieu de lui pardonner.

« Lève-toi, mon ami Grimaldi, lui dit Orso-Paolo ! puisse le ciel nous pardonner comme nous nous pardonnons aujourd'hui ! Ici, devant le peuple d'Olmo, jurons-nous une éternelle amitié ! »

Les ennemis se jetèrent dans les bras l'un de l'autre, et le peuple cria joyeusement : *Evviva Orso-Paolo* !

Quelque temps après, Antonio guérit de sa blessure ; et le peuple d'Olmo fut tout en fête un soir que, réunis en un banquet solennel, les Vincenti et les Grimaldi célébrèrent ensemble l'heureux événement de leur réconciliation. Leurs maisons se parèrent de paisibles rameaux d'olivier, et l'on n'entendit partout que le tintement des verres et les joyeuses détonations des fusils mêlées aux sons des mandolines et des violons.

## Dezio Dezii

A l'époque où les Génois tenaient encore l'île de Corse sous leur domination, une lutte violente avait éclaté entre Serra et Serrale, villages de la piève de Moriani : deux familles s'y faisaient une guerre à outrance, les Dezii de Serra et les Venturini de Serrale.

Fatiguées enfin de leur longue *vendetta*, les deux familles s'engagèrent devant les *parolanti* à vivre en paix. Or, si vous ignorez ou si vous avez oublié ce que sont les *parolanti*, je vais vous l'apprendre : On appelle ainsi les braves médiateurs, que les ennemis nomment d'un commun accord pour recevoir le traité écrit, la promesse solennelle de la réconciliation, et qui doivent veiller à ce que personne ne manque à la parole donnée. Celui qui la viole est considéré comme un impie, voué à l'exécration de tous les honnêtes gens, à la colère de la Sainte-Vehme des *parolanti* qui feront dévaster sa maison, sa vigne et son champ.

Les Dezii et les Venturini avaient donc juré la paix, et une tranquillité parfaite régnait à Moriani. Mais comme l'esprit de discorde ne peut rester en repos, et va toujours soufflant dans les cendres pour tâcher d'y découvrir quelque étincelle, il parvint un jour, sur le marché de Serrale, à réveiller l'antique haine au cœur du vieux Venturini. Nicolao, quoique déjà avancé en âge, était aussi vigoureux que ses enfants. Il avait un regard perfide, une langue venimeuse, et sa main était prise de convulsions en serrant le poignard. Sur le marché, il rencontra Dezio, jeune homme aux formes et aux manières avenantes, l'orgueil et l'ornement de sa famille, mais d'un caractère bouillant et emporté.

Le vieillard au regard perfide lança à son ennemi le venin

de sa parole mordante, on ne sait à quel propos, car Dezio ne l'avait pas provoqué. Le jeune homme ressentit l'affront, son cœur se gonfla de honte et de colère ; mais songeant aux *parolanti,* à la paix jurée, aux cheveux blancs de Nicolao, il comprima les mouvements de son âme et sortit en silence du village.

Il advint, par malheur, que le soir même les deux ennemis se rencontrèrent dans les champs. A la vue de Nicolao sans armes, Dezio jeta aussitôt son fusil contre un arbre, pour que le malin esprit ne le poussât pas à attaquer un homme sans défense ; et s'avançant vers le vieillard, il lui demanda fièrement pourquoi il l'avait insulté.

Nicolao répondit d'un ton moqueur ; et comme la discussion s'échauffa, il saisit Dezio par la poitrine et le frappa au visage. Le jeune homme recula en chancelant, et sauta sur son arme : le coup partit et le vieillard, frappé au cœur, roula sur le sol.

Le pauvre Dezio s'enfuit alors, comme chassé par le démon de la vengeance ; il bondit de roc en roc jusqu'au Monte-Cinto, où il se cacha en pleurant au fond d'une caverne.

A la nouvelle du crime, les *parolanti* étaient accourus. Criant anathème au meurtrier sacrilège et à toute sa race, ils s'avancèrent vers la maison de Dezio, où se trouvait la jeune épouse de ce dernier. Ils dirent à la pauvre femme d'avoir aussitôt à quitter sa demeure sur laquelle allait s'abattre la main de la justice. Et à peine l'infortunée cut-elle dépassé en soupirant le seuil de la maison, que les *parolanti* y mirent le feu et la brûlèrent jusqu'aux fondements. Puis, courant aux châtaigniers et aux oliviers de Dezio, il les dépouillèrent de leur écorce, en signe que leur propriétaire avait violé sa parole et répandu le sang, et que la malédiction du ciel était sur sa personne et sur ses biens.

Les parents de Dezio se tinrent tranquilles, car ils reconnaissaient la justice de l'exécution. Mais Luigione, fils de la victime, laissa croître sa barbe, pour montrer que son père devait être vengé ; il s'arma de sa carabine, et parcourut jour et nuit les montagnes à la poursuite du meurtrier, mais en vain. Désespérant de l'atteindre, il prit enfin du service auprès des Génois qui gardaient la tour de la Padulella. Peut-être, à l'aide de ces soldats en vedette, espérait-il arriver à découvrir son ennemi.

Mais Dezio errait au milieu d'horribles solitudes, fréquentées seulement par les renards, les cerfs et les mouflons, et changeait toutes les nuits de retraite, le cœur en proie à la tristesse et à la terreur.

Un jour, il s'embarqua pour Gênes avec des bateliers, ses amis, entra au service de la République, et passa ainsi plusieurs années en exil.

Après une longue absence, tourmenté du désir de revoir sa patrie et son épouse, il dit adieu à la vie de soldat, se pourvut à Gênes d'un sauf-conduit, et partit pour la Corse. Il se disait peut-être que le temps avait assoupi la haine de Luigione.

Il revint donc au village, où il retrouva son épouse, et s'y tint tranquille. Nul ne se doutait de son retour, car il ne fréquentait que les bois et les lieux solitaires où il était sûr de ne rencontrer personne. L'ombre du vieux Nicolao le poursuivait toujours.

Ainsi s'écoulèrent des semaines et des mois, sans qu'on soupçonnât sa présence ou qu'on parlât de lui.

Luigione, qui avait dans la montagne le renom d'un chasseur habile, dit un jour à sa femme : « J'ai rêvé cette nuit que je courais un renard : je vais partir pour la chasse, peut-être ferai-je quelque bonne prise ? » Et, jetant son fusil sur l'épaule, il se met en route.

Un renard rouge passe rapidement devant lui, et se sauve

dans un fourré. Le chasseur s'élance à sa poursuite : il arrive dans un lieu solitaire, partout couvert de makis ; un étroit sentier, pareil au chemin tortueux d'un labyrinthe, le mène toujours plus avant dans ce triste désert.

Luigione s'arrête soudain : sous un olivier sauvage, un homme, à la figure ombragée par une longue barbe, est plongé dans un profond sommeil ; il a près de lui sa gourde et son fusil à deux coups. Luigione devient immobile comme une statue ; mais ses yeux jettent des flammes et semblent vouloir dévorer le dormeur. Un sang chaud reflue à ses joues qui se couvrent bientôt après d'une pâleur mortelle, et son cœur bat si fort qu'il pourrait bien réveiller le dormeur.

Luigione avance d'un pas, puis d'un pas encore, et regarde fixement l'étranger..... Oui, c'est bien Dezio, l'assassin de son père. Une joie sauvage passe, comme un éclair, sur la figure de Luigione, qui tire son poignard.

« Dieu, dit-il, t'a livré en mes mains ; que le sang de mon père retombe sur ta tête... » et il lève l'arme à deux tranchants. Mais une pensée s'interpose, comme un bon ange, entre lui et son ennemi ; et il retient le fer homicide : « On n'assassine pas un homme qui dort ! » se dit-il.

Luigione fait un bond en arrière, et crie d'une voix effrayante : « Dezio ! Dezio ! lève-toi ! prépare-toi à combattre ! »

Le dormeur se lève en sursaut, et prend son mousquet.

« J'aurais pu te tuer dans ton sommeil, lui dit Luigione ; mais c'eût été une infamie. Allons, défends-toi ! car le sang de mon père crie vengeance. »

Dezio regarde un instant la terrible vision qui s'offre à ses yeux ; puis, il lance loin de lui sa carabine, tire de sa ceinture son pistolet et son poignard et les jette également dans le makis ; et se découvrant le sein, il s'écrie : « Tire, Luigione, et venge ton père : je reposerai alors tranquille dans ma fosse. Tue-moi ! »

Luigione considère avec stupeur son ennemi désarmé, et il y eut un moment de silence ; puis il dépose aussi son arme, et se dirigeant vers l'infortuné, il lui tend la main.

« Dieu, lui dit-il, t'a livré à moi afin que je te pardonne. Que le sang de mon père soit apaisé ! Viens, sois mon hôte aujourd'hui ! »

Les deux hommes descendirent au village côte à côte ; et ils restèrent amis. Et lorsque Luigione eut de sa femme un enfant, il lui donna Dezio pour parrain, en signe que leur réconciliation était faite devant Dieu.

Bientôt après Dezio, fatigué du monde, endossa le froc, et, pendant sa longue carrière, il fut de mœurs si pures et si saintes, qu'il s'attira l'amour de tous les hommes de bien, et sa piété, partout connue dans les montagnes, y répandit les douceurs de la paix.

Lorsqu'un jour il s'endormit dans le Seigneur, de tous les villages de la contrée le peuple accourut en foule à ses funérailles ; et dans la piève de Moriani on dit encore de nos jours : Dezio le profane, Dezio l'assassin, Dezio le bandit, Dezio le moine, Dezio le prêtre, Dezio le saint.

## CHAPITRE V

#### ENVIRONS DE SARTÈNE

Autour de Sartène se dressent des monts sourcilleux, entre autres l'Incudine et le Coscione au Nord. Le Coscione est renommé pour ses pâturages, que traversent deux charmantes eaux vives, la Bianca et la Viola. C'est là que les bergers de Quenza mènent leurs troupeaux en été ; en hiver ils descendent dans la plage de Portovecchio. L'une de ces montagnes se termine par un rocher de forme singulière : on dirait un géant dont le front touche la nue. Il s'appelle « l'homme de Cagna. »

Le territoire de Sartène offre quelques vestiges de menhirs et de dolmens, ces antiques monuments payens répandus dans les pays celtiques et dans les îles de la Méditerranée. Ils consistent en pierres droites, disposées en cercle, qu'on appelle ici *stazzone*. Mais autant ces débris de constructions sabéennes sont rares en Corse, autant ils abondent en Sardaigne. Il ne m'a pas été possible de voir la *stazzona* de Sartène, et je le regrette fort.

Sur les hauteurs qui environnent la ville on voit encore maintes ruines des châteaux du brave Rinuccio et du fameux Giudice della Rocca : c'est près de Sartène que se trouvait le fief de ces anciens seigneurs. Sainte-Lucie de Tallano, surtout, conserve de nombreux souvenirs de Rinuccio : son vieux couvent de Franciscains (il ne présente plus que des débris) est une fondation de ce puissant seigneur, dont la chute entraîna celle des autres barons. On montre dans l'église le tombeau de sa fille Serena : la noble dame est en marbre, et sa main porte un scapulaire, d'où pend une bourse, symbole de sa générosité.

Aux environs de Sainte-Lucie se trouve un remarquable granit particulier à la Corse, appelé granit orbiculaire. C'est une roche d'un bleu grisâtre qui, taillée, offre partout des globules noirs et blancs. J'en ai vu de très beaux échantillons : si on la polit, elle devient splendide, et peut servir aux ornements les plus précieux. C'est un vrai joyau dans l'écrin minéralogique de l'île. Il orne la chapelle des Médicis de Florence, composée des pierres les plus rares.

Dans la vallée de Fiumiccioli, au nord-est de Sainte-Lucie, est situé le fameux canton de Levie. Il s'étend jusqu'à la petite baie de Ventilegne, partout couvert de montagnes et de forêts. Il fut aussi la résidence de nobles et anciennes familles, comme les Peretti, d'où est issu Napoléon Peretti, l'ami de Sampiero. C'est le premier Corse de ce nom, que mentionne l'histoire de l'île ; mais il n'a aucune parenté avec les Bonaparte. Il périt en combattant contre les Génois.

Au canton de Levie appartient le village de San-Gavino de Carbini. C'est un lieu célèbre dans l'histoire insulaire pour avoir été la principale résidence des *Giovannali*, communistes qui firent en Corse des progrès si rapides et furent comme les précurseurs des Saint-Simoniens et des Mormons. Il est regrettable que les chroniques du pays ne nous aient pas laissé d'autres renseignements sur la nature de cette société.

Avant de quitter Sartène, je tiens à rendre hommage à l'aimable hospitalité de ses habitants. Ils me l'ont offerte de la manière la plus gracieuse, et c'est toujours avec bonheur que je me trouvais au milieu de ces braves gens aux mœurs si simples et si pleines d'une douce familiarité. Ils ne voulaient pas me laisser partir : il fallait aller avec eux chasser le mouflon sur les hautes montagnes, et surtout les suivre au jardin pour m'y restaurer de leurs fruits savoureux. Lorsque le matin de bonne heure je me disposai au départ, tous ces braves amis étaient là pour m'accompagner, et l'un d'eux (c'était un cousin de l'infortunée Vittoria Malaspina), en prenant congé de moi, me tendit un papier.

Je dépliai la feuille, et j'y lus ce qui suit : « *Al Signor Ferdinando.* S'il vous arrivait en Corse d'avoir besoin de quelque chose ou d'éprouver un désagrément, n'oubliez pas qu'à Sartène vous avez un ami. *Alessandro Casanova.* »

# CHAPITRE VI

### LA VILLE DE BONIFACIO

A huit heures du matin, je partis de Sartène pour Bonifacio, la ville la plus méridionale de la Corse. La voiture traverse une plage désolée, que bordent des montagnes s'inclinant vers la mer. Pendant tout le voyage je ne trouvai pas un lieu habité, et je serais mort de faim et de soif si mon compagnon de route n'avait eu la précaution d'emporter du pain et du vin.

« Quiconque n'a jamais mangé son pain avec joie, — assis auprès d'une bouteille de vin, — à l'ombre d'un gris olivier, — ne peut pas vous connaître, ô célestes puissances. »

Nous passâmes par la vallée de l'Ortoli : c'est une suite de collines désertes et incultes. L'olivier disparaît ici pour faire place au chêne-liège et à l'arbousier. Nous nous rapprochions de la mer. Non loin de l'embouchure de l'Ortoli, on voit une maison solitaire, servant de relais et en face d'elle, sur un roc, la tour de Roccapina. A l'un des angles saillants du rocher se détache un grand bloc de pierre à la forme bizarre : il ressemble d'une manière frappante à un lion couronné ; aussi le peuple l'appelle-t-il *leone coronato* : sur ce rivage où Gênes s'établit tout d'abord après avoir arraché la Corse aux Pisans, il apparaît comme le blason même de la superbe République. C'est de cette hauteur que j'aperçus pour la première fois, à une faible distance, les côtes et les montagnes de la Sardaigne. En voyant un pays étranger surgir soudain à nos yeux, présentant des contours vagues ou des paysages nettement dessinés, on se sent l'âme émue de mystérieux et charmants désirs. On dirait ces capricieuses images de l'enfance, qui se détachent dans l'imagination comme une fraîche oasis.

Je restai longtemps sur ce roc sauvage, exposé à la violence du vent et à l'ardeur du soleil de midi, et mon regard se portait avec amour vers la sœur jumelle de la Corse, au-delà du détroit. Elle était voilée d'une légère gaze d'azur, et les vagues soulevées par le mistral lui faisaient une blanche ceinture d'écume.

Après deux heures de repos, je continuai mon voyage le long de la côte. Elle est fort sinueuse et profondément mélancolique. De petites rivières s'y traînent par des marécages jusqu'à la mer, au bord de laquelle se dressent çà et là de sombres tours, comme des sentinelles sur les roches. L'air est lourd et malsain. Sur la côte j'aperçus deux petits villages. On me dit qu'ils étaient déserts : ce n'est, paraît-il, qu'en septembre que leurs habitants y reviennent de la montagne.

La mer forme ici les petites baies de Figari et de Ventilegne, qui ressemblent à des *fiords*. Leurs rives ont les contours les plus bizarres : ils offrent souvent l'image d'une rangée d'obélisques grisâtres.

La langue de terre de *Santa-Trinita* aboutit au *Capo di Feno*, le dernier promontoire au Sud-Ouest de l'île. Après l'avoir dépassé, nous découvrîmes les côtes calcaires de Bonifacio, et cette ville, la plus originale de la Corse, nous apparut aussi éclatante de blancheur que la haute falaise sur laquelle elle est perchée : c'est un coup d'œil superbe dans ce vaste et sombre désert.

La plage est partout pierreuse et pleine de buissons. Mais avant d'arriver à la ville, la voiture traverse, pendant une demi-heure, des bois d'oliviers et des vergers. Une pareille richesse surprend en ce lieu stérile : c'est une vraie conquête que le besoin a forcé l'homme à faire sur le rocher. Bonifacio produit beaucoup d'olives, qui ne le cèdent en rien à celles de la Balagne.

La voiture descend à la *marina* entre deux murailles de calcaire. On ne peut arriver à la ville même qu'à pied ou à cheval, par une large rampe à gradins qui suit la pente abrupte de la falaise. Après cette ascension, on passe par deux ponts-levis et deux vieilles portes, et l'on entre enfin à Bonifacio. Toute la ville est comprise dans l'enceinte de la citadelle couronnant le plateau.

Bonifacio envoie un gracieux salut au voyageur : à l'une des tours de son antique et sombre porte, il lui montre le glorieux nom de *Libertas*. Ce mot, je l'ai vu souvent inscrit sur les tours et les Hôtels de Ville italiens, comme l'ironie la plus lamentable du présent ; je l'ai lu sur mainte bannière où il ne me semblait qu'une vaine ostentation. Mais ici, au front de cette tour antique, qui peut nous raconter tant de brillants exploits, il se présente noblement. J'entrai donc dans la ville avec le sentiment joyeux que j'allais visiter de libres et vaillants citoyens ; car, même de nos jours, les habitants de Bonifacio passent pour les plus républicains, les plus actifs et les plus religieux des Corses.

La position de Bonifacio est fort curieuse. Qu'on se figure au bord de la mer un énorme rocher blanchâtre, à couches horizontales, affectant la forme d'une pyramide renversée, dont la base, tournée vers le ciel, porte la ville, la forteresse et les tours, et l'on se fera une idée de ce Gibraltar corse.

Le roc a une face caverneuse. Communiquant à la terre par un point, il est exposé de deux côtés à la pleine mer du détroit, et touche par un troisième aux eaux du chenal bordé d'escarpements abrupts, inaccessibles, qui constitue la baie et le port, et sert, en même temps, de fossé à la citadelle. Les vagues furieuses ont rongé tout autour le pied du rocher et produit les figures les plus singulières. Sur plusieurs points, le rivage s'élève tout-à-fait à pic, de sorte que vue d'en bas, c'est-à-dire du côté de la mer, cette haute falaise a un aspect effrayant. J'étais descendu pour la considérer : près de moi, les flots faisaient rage ; au ciel passaient de sombres nuées ; et le colosse de pierre semblait vouloir s'ébranler et crouler sur ma tête, illusion d'autant plus naturelle que le roc ne tient plus qu'en partie à sa base, et que ses couches calcaires, noircies par le temps, s'avancent çà et là dans l'espace. En voyant Bonifacio, je compris bien qu'Alphonse d'Aragon n'eût pas pu s'en emparer.

La ville compte 3,380 habitants. La plupart des maisons remontent aux Pisans ou aux Génois. Vieilles et dévastées, elles ressemblent parfois plutôt à des ruines qu'à des habitations. Construites naturellement avec la pierre de l'endroit, elles sont toutes blanches, ainsi que les remparts et les tours. Il me serait difficile de donner une idée exacte de la ville ; il est presque impossible, en effet, de décrire ce labyrinthe de rues étroites où le vent de mer vient s'engouffrer en soulevant de continuels tourbillons de blanche poussière et par lesquelles on monte, on descend, on s'égare sans cesse, parfois surpris à l'étrangeté du spectacle lorsque, par une échappée soudaine, on découvre à ses pieds la mer aussi bleue que la voûte céleste qui s'arrondit au-dessus d'elle. Ici ce sont des poutres qui vont d'une maison à l'autre, là de sombres passages établissant une communication entre des ruelles.

Le vent siffle, et les vagues mugissantes déferlent contre les rochers. On est à l'étroit, on se sent mal à l'aise. Le soldat qui est là tout seul, montant la garde près de la ronde tour, se promène mélancoliquement en long et en large au milieu de blancs tourbillons de poussière. Je cherche une place publique pour me trouver avec la foule. Il n'y en a point. Cependant, la rue principale porte le nom de *Piazza Doria;* car les Bonifaciens ont senti le besoin d'avoir un forum, sans lequel une ville est comme une maison où la famille n'a pas de salle pour se réunir. Ils ont donc appelé place leur plus belle rue.

Les bâtisses, ne pouvant pas s'élargir ici, se sont élevées très haut, et comme elles manquent de profondeur, elles ont des escaliers fort roides. J'ai vu sur plusieurs constructions les armes de Gênes, un lion couronné qui bondit en tenant dans ses ongles un anneau. Cet antique emblême réveille d'aussi fiers souvenirs que le nom de Doria, toujours vivant à Bonifacio. La ville possède encore, en effet, une famille Doria, ou plutôt d'Oria, car c'est ainsi qu'il faut écrire le nom de ces illustres seigneurs. Les Corses ont voué à Gênes une haine mortelle ; ce sentiment s'est comme incarné en eux : je n'avais qu'à leur parler de la République pour le voir violemment éclater. Le triste état de leur agriculture et de leur civilisation, toutes les misères physiques et morales de leur pays, ils les attribuent, souvent à tort, aux Génois. Mais chez les Bonifaciens le souvenir de Gênes est toujours en honneur, et cela s'explique par leur histoire.

On n'est pas d'accord sur l'ancien nom de Bonifacio. L'opinion générale, c'est que là se trouvait jadis le *Syracusanus portus*, ou la ville de Pallæ, dernière station corse mentionnée dans l'itinéraire d'Antonin. Ce fut Boniface, marquis de Toscane, qui fonda Bonifacio en 833, après une bataille navale gagnée sur les Sarrasins. Des trois tours qui s'y trouvent actuellement, la plus grande, le *torrione*, remonte à ce seigneur. La ville les porte toutes les trois dans son armoirie.

Bonifacio passa ensuite aux Pisans ; mais déjà en 1193 les Génois l'avaient arraché à leurs rivaux. Ses nouveaux maîtres le traitèrent fort libéralement : ils lui accordèrent de libres statuts qui lui permettaient de vivre comme une république indépendante sous leur protection. Le *Livre Rouge* de Bonifacio contient un acte signé et juré par Brancaleone d'Oria, procurateur de Gênes, le 11 février 1321 ; en vertu duquel les Bonifaciens obtiennent une complète liberté de commerce et le droit de se gouverner eux-mêmes. Ils choisissent leurs *Anziani* (*anciens*), et le *podestà* que Gênes leur envoie chaque année est tenu de se conformer aux décisions de ces magistrats : il lui est interdit de lever des impôts ou d'introduire des innovations quelconques sans leur assentiment ; de maintenir en prison un coupable, fût-il voleur, traître ou assassin, si ce dernier peut fournir une caution. Dès son arrivée à Bonifacio, le *podestà* est tenu de s'engager par serment à respecter les statuts de la ville. Cet acte est signé : *Per Brancaleonem de Oria et per Universitatem Bonifatii in publico Parlamento.* C'est assez fier pour une ville qui alors comptait à peine 1,000 habitants.

Ce brave peuple sut ainsi conquérir sa liberté, qu'il conserva pendant un grand nombre de siècles.

Les Bonifaciens furent toujours traités par la République avec un grand honneur. Lorsqu'un de leurs navires entrait à Gênes et qu'il déclarait sa provenance, on avait coutume de demander à l'équipage : « Etes-vous de Bonifacio même (*di Bonifazio proprio*) ? » Et cette locution s'est conservée dans le peuple qui dit encore : *È di Bonifazio proprio.*

Une foule de patriciens et de bourgeois de Gênes allèrent s'établir sur ce rocher, et Bonifacio devint ainsi par la langue, les mœurs et les aspirations, une véritable colonie génoise. On le reconnaît même de nos jours, non seulement aux vieilles armoiries des maisons, mais aussi par le caractère du peuple.

Ainsi que Calvi, Bonifacio resta toujours fidèle à la République ; et, au milieu de cet océan de haine contre les Génois, il est curieux de trouver en Corse comme deux îlots où le nom de Gênes était aimé. C'est une satisfaction bien due aux vaillants Génois : leur grande et superbe république a payé depuis longtemps sa dette à l'histoire ; elle n'est plus.

Le bonifacien Marzolaccio a écrit en 1625 une relation historique sur sa ville natale. Ce livre, qui a paru à Bologne, est devenu très rare. Il ne m'a pas été possible de le découvrir, et je le regrette infiniment ; car Bonifacio a toutes mes sympathies. Je vais raconter, d'après Pietro Cirneo, le mémorable siége de la ville par Alphonse d'Aragon : l'héroïsme de Bonifacio mérite de vivre dans la mémoire des hommes aussi bien que celui de Numance, de Carthage et de la moderne Saragosse. Mais le récit de Pietro Cirneo est trop long pour que je le donne textuellement et dans toutes ses parties.

## CHAPITRE VII

### SIÈGE DE BONIFACIO PAR ALPHONSE D'ARAGON
(*13 Août 1420*)

Après avoir reconnu la position de Bonifacio, Alphonse alla occuper une hauteur au nord de la ville, et de là et de la mer il fit lancer jour et nuit une grêle de pierres avec des bombardes. Les Espagnols avaient 80 navires, dont 24 trirèmes qui, après la chute de deux tours, étaient entrés dans le port. Lorsqu'une partie des ouvrages de défense et des murailles se fut écroulée et que l'on crut possible de pénétrer dans la place, le roi réunit un conseil de guerre. Il dit que la prise de Bonifacio serait le signal de la soumission de la Corse entière et le prélude de la conquête de l'Italie, vers laquelle ils dirigeraient bientôt leurs vaisseaux. Il promit des récompenses à celui qui le premier escaladerait les murs et y planterait sa bannière, ainsi qu'aux treize autres qui le suivraient. Les Espagnols se préparèrent donc joyeusement à l'assaut.

Les habitants eurent beaucoup à souffrir des flèches et des projectiles lancés par les balistes ennemies. Mais ils firent une résistance opiniâtre et, avec des pierres et de longues lances, ils repoussèrent les assaillants à la mer.

Cependant, la tour de Scarincio s'écroule un jour avec grand fracas, les navires abordent la brèche, les Espagnols escaladent les murailles où ils plantent leur étendard, et de l'armée du roi s'élève une immense clameur annonçant la prise de Bonifacio. Les marins grimpent aux mâts et aux vergues, et de là sautent sur les remparts. Puis, s'approchant des maisons, ils y jettent des tisons enflammés. Il se produit alors une affreuse confusion parmi les défenseurs et les assaillants. Mais Orlando Guaracco, l'héroïque Marguerite Bobia et Chiaro Ghigino accourent ; Jacobo Catacciolo, Giovanni Cicanese et Filippo Campo quittent leurs postes et se joignent à eux : ils massacrent les ennemis qui ont pénétré dans la ville ; et, mettant ensuite le feu aux navires du port, ils repoussent le roi avec de grandes pertes.

Le combat avait duré trois jours au milieu d'un effroyable incendie et d'une immense effusion de sang. Puis, les personnes de tout âge et de tout sexe s'étaient mises à élever de nouvelles défenses et à réparer les brèches. Malheureusement, le grenier public avait été la proie des flammes.

Le roi fit jeter dans la ville quelques lettres attachées à des flèches, promettant des récompenses à ceux qui se rendraient. Galeotto, fils de Ristoro, de Bonifacio, et le génois Conrado écoutèrent ces propositions, et les deux transfuges ranimèrent le courage du roi en lui apprenant que la ville manquait d'eau et de pain.

Alphonse fit alors occuper une seconde colline, mettre une double chaîne en travers du port afin d'arrêter les secours génois du côté de la mer, et résolut de prendre la ville par un siège régulier.

A cette nouvelle, le doge Thomas Fregoso équipa une flotte de sept vaisseaux. Le mois de septembre se passa ainsi, et en octobre, novembre et décembre la mer fut si mauvaise que la flotte dut rester à Gênes.

Cependant les projectiles des bombardes et des autres machines de guerre avaient réduit les Bonifaciens à la dernière extrémité : contraints de quitter leurs maisons, presque toutes en ruines, il s'étaient réfugiés dans le bois près de *Sant' Antonio* et dans le couvent de *San-Francesco*. La ville était déserte, il n'y avait d'occupés que les postes militaires.

Le roi reçut des secours d'Espagne ; mais il voulut néanmoins tenter encore la voie des négociations. Il promit aux habitants de respecter leurs privilèges et leurs lois, s'ils consentaient à lui ouvrir les portes de la ville. Les Bonifaciens traînèrent les pourparlers en longueur pour gagner du temps ; et comme les Espagnols, voyant les figures pâles et amaigries des assiégés, prétendaient que la faim les obligerait bientôt à se rendre, ces derniers recoururent, dit-on, au moyen suivant pour leur prouver le contraire : ils jetèrent du pain aux ennemis du haut des remparts, et firent même un fromage avec du lait de femme qu'ils envoyèrent au roi en présent.

Alphonse fit alors avancer toutes ses machines contre les murailles avec des vaisseaux attachés deux par deux et munis de tours ; et des collines environnantes et de la mer on recommença l'attaque.

De leur côté les Bonifaciens, ayant dressé des machines de guerre, lançaient des blocs énormes contre les navires éloignés et faisaient pleuvoir sur les plus proches une grêle de petites pierres et de traits. Ils étaient eux-mêmes exposés aux projectiles des bombardes et aux flèches, qui couvraient partout le sol de cadavres sanglants ; mais leur admirable constance ne se démentit point : de nouveaux combattants valides succédaient à ceux qui tombaient ; le fils venait prendre la place de son père, le frère celle de son frère ; et les femmes apportaient des projectiles, des vivres, du vin, et recueillaient les blessés. Parfois elles s'armaient elles-mêmes de la lance et du bouclier, et allaient remplacer les hommes sur les remparts. Il y en eut beaucoup parmi elles qui, voyant leur fils tués sous leurs yeux, ne leur donnèrent la sépulture qu'après avoir repoussé l'ennemi.

La lutte ne fut pas moins meurtrière pour les assiégeants. Les uns périrent par le glaive, d'autres par les faux et les lances à harpons au moyen desquelles les défenseurs de la place les attiraient violemment pour les précipiter du haut de leurs tours flottantes dans la mer où ils se noyaient. Un grand nombre furent écrasés par des poutres et des pierres jetées sur eux au moment où ils voulaient escalader les murs. Ailleurs on leur lançait des torches, de l'étoupe enflammée, de la poix brûlante, de sorte qu'ils ne savaient où courir ni comment se défendre.

Mais les combats continuels avaient épuisé les habitants. Aussi, le roi résolut de réunir toutes ses forces et de tenter le lendemain un nouvel assaut général.

L'attaque recommença ; la tour de Scarincio fut seule épargnée, de crainte que les projectiles des bombardes n'allassent frapper, avec les Bonifaciens, les assaillants placés aux tours des vaisseaux. Sur les remparts, on voyait les femmes combattre à côté des hommes et tâcher de harponner les ennemis. Du haut des tours et des hunes des navires, les Espagnols faisaient pleuvoir une grêle de traits, « et lançaient même des balles de plomb au moyen de certaines bombardes portatives en airain fondu, creuses comme un roseau, qu'ils appelaient mousquets. Ces balles étaient projetées au loin par la force du feu et perçaient même les soldats couverts d'une armure ». (C'est ainsi que Pietro Cirneo décrit les fusils, alors inconnus et maintenant hélas ! trop connus en Corse). « Du
» haut des hunes, ils lancèrent sur les murs et sur les mai-
» sons des barils remplis de poudre à canon, aux cercles
» lâches et dont les douves mal jointes se disjoignaient encore
» davantage au moment de leur chute, puis il y jetèrent du
» feu, » (1) et produisirent un vaste incendie, brûlant les uns et forçant les autres à quitter précipitamment leur poste de combat. C'est ainsi que près de la tour de Preghera, la brèche se trouva abandonnée à l'ennemi. Lorsque l'épaisse fumée de

---

1) Pietro Cirneo (Traduction de M. l'abbé Letteron).

soufre qui l'enveloppait de toutes parts se fut dissipée, les femmes, les hommes incapables de porter les armes, les enfants, accourus en foule pour apporter des traits et des pierres à leurs amis, voyant les murs sans défenseurs, se mirent à pousser des cris et des hurlements plaintifs ; et les mères, les filles, les épouses éplorées, supplièrent leurs fils, leurs pères, leurs époux de retourner sur la brèche à leur poste de combat. Les prêtres et les moines même prirent part à la lutte : ils jetaient des paquets d'étoupe enflammée et de la chaux en poudre aux ennemis qui, la plupart, étourdis, aveuglés par la fumée et les vapeurs, ne tiraient plus qu'au hasard. Lorsque l'incendie diminua, les Bonifaciens firent une sortie.

Ce fut la journée la plus rude pour les assiégés ; mais elle coûta aussi un grand nombre de morts et de blessés aux assiégeants.

Plus leurs souffrances devenaient cruelles, plus les Bonifaciens pressaient, par des lettres, le doge et le sénat de Gênes de venir à leur secours.

Le roi, renforcé de nouvelles troupes, ordonna bientôt la reprise des hostilités ; et sur terre et sur mer, en sept endroits différents, s'engagea encore une lutte féroce. Mais la ville resta inexpugnable : les habitants y avaient élevé en toute hâte une autre muraille à la place de celle qui venait de s'écrouler, et des hommes armés se tenaient sur les brèches ouvertes, comme des remparts vivants.

Alphonse fit alors construire vers la grande porte, une chaussée de huit pieds de haut, ainsi qu'une tour de dix étages, pour dominer les murs. Pendant que le travail avançait ainsi, en dépit des nombreux projectiles, la porte s'ouvrit un jour soudainement pour livrer passage au peuple qui, avec des torches, mit le feu à la chaussée, aux fascines et à la tour, et détruisit ainsi en un instant l'œuvre pénible de si longs efforts.

Le jour, la nuit, l'attaque continuait sans cesse, et les assiégés mettaient tout en œuvre pour arrêter les progrès de l'ennemi, soit en relevant les murailles écroulées, soit en faisant de fréquentes sorties. Les pauvres citoyens n'avaient plus ni repos ni trêve, épuisés par des fatigues et des veilles continuelles, par les blessures et par la faim. Le jour on ne voyait que funérailles : la mort s'offrait à tous les yeux, ce n'étaient partout que larmes et gémissements. La disette s'accrut dans la ville au point qu'on fut obligé de s'y repaître des herbes les plus dégoûtantes ; et les habitants se demandaient avec angoisse combien de temps encore il fallait attendre les secours des Génois. La viande de cheval, la viande d'âne étaient pour eux des friandises ; quelques-uns mangeaient toute espèce d'herbes, même celles que refusent les bêtes, des racines, des fruits sauvages, l'écorce des arbres, et des animaux dont ils n'avaient jamais songé à se nourrir auparavant.

Ils perdirent enfin tout espoir, et plusieurs d'entre eux auraient terminé par le suicide leur misérable existence et d'autres, blessés, seraient morts d'inanition, si la pitié des femmes ne fût venue les secourir : ces douces créatures tendaient volontairement leurs mamelles aux auteurs de leurs jours, à leurs frères, à leurs enfants, à leurs parents, à leurs voisins ; et l'on peut dire que, pendant le siège, il n'y a eu personne à Bonifacio qu'elles n'aient nourri de leur lait.

Mais comme la détresse devint extrême et que les Génois ne paraissaient pas, les Bonifaciens consentirent enfin à traiter : ils convinrent de se rendre si, avant quarante jours, on ne venait les secourir, et donnèrent en otages trente-deux enfants des plus nobles maisons. Le roi leur ayant défendu d'envoyer une ambassade à Gênes, ils construisirent en grande hâte un petit esquif dans l'enceinte de la ville, et profitant des ténèbres de la nuit, ils le glissèrent à l'eau avec des cables, le long du rocher faisant face à la Sardaigne et opposé à l'ennemi, et, par le même moyen, ils firent descendre vingt-quatre jeunes gens, qui devaient leur servir de messagers. Lorsque ceux-ci partirent munis des lettres que les magistrats de la ville adressaient au gouvernement génois, une foule de citoyens les accompagna jusqu'au bord de la falaise en adressant des vœux au ciel pour l'heureux succès de leur expédition ; et comme ils n'emportaient pas de vivres, les femmes les abreuvèrent à l'envi de leur lait. Après une dangereuse navigation, longtemps retardée par les vents contraires, ces courageux citoyens purent enfin arriver à Gênes et informer le Sénat de l'horrible détresse où se trouvait Bonifacio.

Cependant les assiégés ordonnèrent des prières publiques pour demander à Dieu le pardon de leurs fautes et l'éloignement des ennemis. Une procession solennelle, partie de la basilique de Sainte-Marie Majeure, alla visiter Saint-Jacques, Saint-Dominique et les autres églises, en chantant de pieux cantiques avec grande ferveur ; ils étaient tous pieds-nus, malgré la rigueur de l'hiver. Dans les chapelles la journée se passait en continuelles supplications ; on ne vivait partout que de l'espérance de recevoir un prochain secours, ou du moins quelque nouvelle des messagers.

Après quinze jours d'absence, ces derniers revinrent enfin, la nuit, sous les murs de Bonifacio ; ils en avertirent par un signe les habitants, qui les hissèrent avec des cordes au haut des remparts. La joie des Bonifaciens fut si grande qu'ils semblaient avoir perdu l'esprit. Quand les messagers se rendirent à Sainte-Marie Majeure où le Sénat siégeait en permanence, une foule immense, avide de les entendre, les suivit dans l'église. Ils présentèrent les lettres du doge, qu'on lut à l'assistance ; après quoi, ils furent conduits au milieu du peuple assemblé. Le chef de l'ambassade rendit un compte détaillé de sa mission et assura que la flotte génoise, déjà prête, n'attendait qu'un vent favorable pour quitter le port. Le sénat de Bonifacio ordonna de publiques actions de grâces pendant quatre jours et la joie de la population ne connut plus de bornes lorsqu'on distribua le peu de blé apporté de Gênes par les messagers.

Cependant le jour fixé pour la reddition de la place approchait, sans que parût la flotte génoise ; des envoyés du roi vinrent sommer le Sénat de remplir les clauses du traité. Les Anciens répondirent que si, la nuit suivante, le secours n'arrivait point, la ville ouvrirait ses portes. Alors les femmes commencèrent à pleurer et à pousser des cris lamentables, et tous les cœurs furent en proie à une morne tristesse. Les sénateurs réunirent le peuple pour entendre son opinion. Dans cette assemblée Guglielmo Bobia se prononça pour la continuation de la résistance, adjurant l'ombre du comte Boniface, fondateur de la ville, de remplir de son esprit les habitants de Bonifacio, afin que nul d'entre eux ne désertât la cause de la liberté. On décida de se défendre jusqu'au dernier moment.

Pendant la nuit, la nouvelle se répandit tout-à-coup en ville que les Génois arrivaient : on sonna les cloches, on agita des torches enflammées sur les tours, un immense cri de joie s'éleva vers le ciel. Les Espagnols furent tout d'abord ahuris ; mais ne voyant point de Génois, ils envoyèrent, à l'aube, des parlementaires à la porte de la ville pour demander l'exécution du traité. Les Bonifaciens leur répondirent que, la nuit même, il leur était arrivé des secours, et aussitôt de nombreux guerriers, portant en tête la bannière de la République, défilèrent par trois fois sur les murs hérissés de lances : les femmes de Bonifacio avaient endossé l'armure et s'étaient jointes aux défenseurs de la ville, dont le nombre semblait avoir triplé. A cette vue, Alphonse s'écria, dit-on : « Les Génois ont-ils donc des ailes, puisqu'ils pénètrent dans une place que mes troupes entourent de tous côtés ? » Et il fit avancer ses machines de guerre pour donner un nouvel assaut.

Quatre jours après l'expiration de la trêve, on vit paraître enfin la flotte génoise, qui alla mouiller à l'entrée du canal. Angelo Bobia et d'autres vaillants citoyens se rendirent, pendant la nuit, à bord des vaisseaux, où ils effrayèrent tout le monde par leur visage pâle et amaigri. Mais les capitaines génois déclarèrent qu'ils n'osaient attaquer les Espagnols. Bobia resta comme foudroyé, l'index appuyé sur la bouche ; puis, il s'écria : « Nous avons mis en Dieu et en vous seuls tout notre espoir : vous oserez, vous devez nous secourir. »

Aussitôt Alphonse dirigea une partie de ses vaisseaux contre les Génois, et tourna ses bombardes du côté du port pour empêcher les secours d'arriver. La flotte génoise était hésitante : mais le jeune Giovanni Fregoso, Raffaele Negro et d'autres vaillants capitaines, parmi lesquels se distinguait Jacobo Benesia, le plus brave de tous, pressèrent le conseil de se prononcer hardiment pour la bataille.

La lutte s'engagea ; et pendant sept heures, on combattit avec acharnement du côté du port et sur le rocher : les vaisseaux, resserrés dans un étroit espace, se touchaient et s'embarrassaient l'un l'autre ; les Bonifaciens, du haut des remparts, lançaient des projectiles et des tisons enflammés sur les ennemis.

Les Génois parvinrent enfin à briser la chaîne qui fermait le port et à pénétrer à Bonifacio. Il est impossible de décrire l'allégresse de ce peuple affamé lorsque sept vaisseaux, chargés de froment, y débarquèrent leur cargaison.

Alphonse d'Aragon, reconnaissant alors l'impossibilité de réduire la ville, en leva le siège ; le cœur plein de colère et de confusion, il prit avec lui les otages et fit voile pour l'Italie (5 janvier 1421).

# CHAPITRE VIII

**ENCORE DES SOUVENIRS. — UNE FÊTE.**

En face de ma *locanda* était une vieille bâtisse dont la porte à chambranle de marbre attira mon attention. On y voyait d'anciennes sculptures, les armes de Gênes et des initiales gothiques. Ma joie fut grande en apprenant que cette maison avait, pendant deux jours et une nuit, servi de demeure à Charles-Quint. Je considérai la fenêtre où l'empereur a dû alors paraître plus d'une fois, et les souvenirs de l'histoire d'Allemagne m'envahirent de tous côtés, Luther, Worms, Augsbourg, Wittemberg, Maurice de Saxe, Philippe de Hesse, Schiller et Don Carlos, Gœthe et Egmont. Charles-Quint fut le dernier empereur au vrai sens du mot ; à ce grand monarque, dont les vastes domaines ne voyaient jamais le soleil se coucher, succéda un petit homme en froc gris, qui d'un mot fit éclater comme une bombe tout ce magnifique empire. C'est folie que de reprocher à Charles-Quint de ne pas avoir compris la Réforme, de ne pas s'être mis à la tête du mouvement. On oublie qu'il était empereur. Avant la fin de sa carrière, il fut pris de lassitude. Sa vie orageuse avait été une lutte incessante contre les puissances qui renversèrent l'empire, contre la France et la Réforme, et il quitta volontairement le pouvoir : reconnaissant la force révolutionnaire du temps, il se fit ermite et se coucha dans un tombeau. Je suis bien aise de connaître le superbe portrait que le Titien nous a laissé de l'empereur : grâce à lui, je vois là mon voisin à la fenêtre, non plus en imagination, mais bien en chair et en os.

C'est par hasard que Charles-Quint visita Bonifacio. Voici ce que m'a raconté mon ami Lorenzo : En 1541, Charles revenait de sa malheureuse expédition d'Afrique ; une tempête le força à jeter l'ancre dans le golfe de Santa-Manza. Il débarqua à terre, et curieux de connaître les mœurs d'un peuple qui alors, comme aujourd'hui, passait pour guerrier et barbare, il se dirigea vers une vigne. Elle appartenait à Filippo Catacciolo. Celui-ci alla aussitôt au-devant de l'empereur, lui offrit des raisins et lui inspira par ses discours un vif désir de voir la ville qui avait bravé les attaques d'Alphonse d'Aragon. Le Corse obtint de l'y accompagner, de l'accueillir dans sa maison, en promettant toutefois de respecter l'incognito de l'auguste visiteur. Il le fit donc monter sur son cheval, et la petite caravane se mit en marche. Mais Catacciolo expédia secrètement un courrier pour annoncer aux Anciens que « Charles, roi d'Espagne et chef du Saint-Empire romain, allait visiter Bonifacio. » Lors donc que Charles entra à cheval dans la ville, il fut salué par des salves d'artillerie et toute la population accourut à sa rencontre en criant : « *Evviva Carlo di Spagna!* » L'empereur étonné dit alors à Catacciolo : — Ami, tu as manqué à ta parole. — Non, répondit le Corse ; mais les canons de Bonifacio sont ainsi faits qu'ils prennent feu aux rayons du soleil, à l'approche d'un prince comme vous.

Charles se logea dans la maison de Catacciolo, où il reçut le meilleur traitement. Avant de partir, il appela son hôte et lui dit : « Je suis fort content de ton hospitalité ; aussi je t'engage à me demander trois grâces. » Catacciolo le pria d'accorder trois franchises à Bonifacio ; ce qui fut fait. « Demande donc une autre faveur, ajouta Charles Quint, mais cette fois pour toi-même. » Après avoir réfléchi longtemps, le Corse répondit : « Plaise à Votre Majesté de permettre que mes cendres reposent dans le sanctuaire de la cathédrale ; les laïques ne pouvant y être inhumés, ce sera le plus grand honneur, la distinction la plus haute qu'un citoyen de Bonifacio ait jamais obtenue. » L'empereur donna des ordres en conséquence.

Catacciolo accompagna son hôte jusqu'au port ; puis, prenant le cheval qui avait servi de monture à Charles-Quint, il l'abattit aussitôt.

La maison de Catacciolo n'est pas entièrement finie : les Anciens en avaient fait suspendre tout d'abord la construction, de crainte qu'elle ne nuisît à la défense de la ville ; mais le propriétaire ayant promis de construire un phare à ses frais si on l'autorisait à poursuivre les travaux, les magistrats levèrent l'interdiction. On conclut une espèce de marché, par lequel Catacciolo s'engageait à n'achever sa maison qu'avec le phare. Il les bâtit, en effet, en même temps : il posa les fondations du phare, et éleva sa maison jusque sous le toit, en laissant toutefois quelques parties des murs inachevées.

Catacciolo était de haute taille et beau de sa personne ; aussi le peuple l'appelait-il *Alto-Bello*. Sa famille, l'une des plus riches et des plus anciennes de Bonifacio, est fort souvent mentionnée dans l'histoire de cette ville.

En suivant la ligne de la maison qui servit de demeure à Charles-Quint, le regard va rencontrer l'île de la Madeleine, placée aux abords de la Sardaigne. J'en distingue parfaitement la tour, et vois même le jeune officier d'artillerie Napoléon s'élancer de sa barque pour s'en emparer. Napoléon demeura près de huit mois à Bonifacio, en face de la maison autrefois occupée par Charles-Quint : cette coïncidence est remarquable, car ce fut Napoléon qui renversa le vénérable et glorieux empire de Charles-Quint.

Au temps de sa fortune, Bonifacio comptait une vingtaine

d'églises et de couvents. Les couvents ont disparu et il ne reste que trois églises, la cathédrale de Sainte-Marie Majeure, Saint-Dominique et Saint-François.

Sainte-Marie est d'architecture pisane : c'est un vaste et lourd bâtiment, perdu dans d'étroites ruelles. Son spacieux portique sert de lieu de réunion et de promenade aux Bonifaciens, comme à Venise les portiques de la Place Saint-Marc. C'est dans cette basilique que le sénat de Bonifacio s'assemblait jadis pour délibérer sur les affaires de la cité.

Saint-Dominique s'élève plus loin au bord de la falaise. Cette belle église montre encore aux murs les vestiges des triangles de l'Ordre des Templiers, auquel elle a appartenu. Elle est du style gothique le plus pur ; il ne lui manque que le revêtement de la façade pour produire même à l'extérieur l'effet le plus gracieux. C'est sans contredit, avec la *Canonica* de Mariana maintenant en ruines, la plus belle église de la Corse. Son blanc clocher octogone, construit par les Pisans, ressemble à une tour à créneaux ; il est inachevé. J'ai vu à l'intérieur de l'église un grand nombre de pierres sépulcrales consacrées à des Templiers ou à des seigneurs génois, entre autres à un Doria. Il y a aussi quelques tableaux sans valeur, donnés par le cardinal Fesch. Ce qui est plus remarquable, ce sont les images votives peintes sur bois et consacrées à la Madone ou à Saint-Dominique par des Bonifaciens, en souvenir de quelque miraculeuse délivrance. Il y a là plusieurs scènes de pirates fort bien représentées.

La troisième église est celle de Saint-François, qui possède une grande curiosité : on y trouve la seule source d'eau vive qui soit à Bonifacio. En dehors d'elle les habitants n'ont pour boire que de l'eau de pluie, conservée principalement dans une vaste et profonde citerne où l'on descend par des gradins en pierre. Ce beau travail est dû à la munificence des Génois.

La plupart des anciens couvents de la Corse appartenaient

à l'Ordre des Franciscains. Ces religieux s'étaient partout répandus dans l'île, et, si l'on en croit la tradition, le saint fondateur de l'Ordre aurait été lui-même à Bonifacio. Comme les Bonifaciens ont une grande réputation de piété, je vais, d'après mon ami Lorenzo, rapporter ici une légende.

Le couvent abandonné de San-Giuliano, que l'on aperçoit au-dessus du golfe, fut, dit-on, élevé à l'occasion de l'arrivée de Saint-François. Une nuit, je ne sais à la suite de quel voyage, le saint homme entra dans le port de Bonifacio et descendit à terre. Il frappa à la porte d'une maison et demanda l'hospitalité. Mais loin d'être accueilli comme Charles-Quint, on lui ferma la porte au nez, car le désordre et la négligence de sa mise le faisaient ressembler à un bandit. Le pieux moine s'éloigna tristement; il trouva un gîte dans une caverne, non loin du port, et, après s'être recommandé à Dieu, il s'y endormit. Sur ces entrefaites, une domestique vint déposer des ordures dans la grotte, comme elle en avait l'habitude. Mais à peine y eut-elle pénétré qu'elle y vit resplendir une soudaine lueur; et cela la troubla tellement qu'elle versa ses immondices presque sur le saint. Car c'était lui qui répandait cette lumière. Saint-François se leva alors et dit à la servante avec son doux sourire : « Mon amie, ne te gêne pas ! On sait bien que j'ai passé toute une année dans une étable à pourceaux. » La stupide jeune fille s'enfuit à toutes jambes en poussant de grands cris, et alla partout raconter qu'elle avait vu dans la grotte un homme dont quelques parties du corps projetaient des rayons. La nouvelle s'en répandit rapidement : les Bonifaciens accoururent en foule au lieu indiqué ; et quand ils eurent trouvé le saint, ils le soulevèrent affectueusement dans leurs bras, et le prièrent, avec beaucoup de caresses, de leur laisser un souvenir. « Mes amis, répondit-il, perpétuons la mémoire de ce jour en élevant ici un couvent. » On apporta donc des matériaux, et Saint-François posa la première pierre de l'édifice ; puis il dit adieu à ses amis et s'embarqua. Comme il n'avait pas encore été canonisé, on ne put donner son nom au couvent, qui s'appela San-Giuliano. Mais plus tard, les Bonifaciens élevèrent en son honneur l'église de Saint-François.

Près de là se trouvait jadis un bosquet de pins, de myrtes et de buis, chose vraiment merveilleuse, car il sortait de la roche calcaire nue. Il était défendu d'en abattre un seul arbre, sous peine de la perte de la main droite. Des ermites allaient s'y réfugier au fond d'une cellule creusée dans la montagne qui domine le détroit, et là, plus près du ciel, ils chantaient leurs pieux cantiques à la louange du Seigneur. Le bois et l'ermitage ont disparu, et l'on voit maintenant une sentinelle en pantalon rouge se promener sur ce plateau, en sifflotant quelque refrain de soldat.

Le 15 août je fus réveillé soudain par le bruit du canon que l'on tirait sous ma fenêtre. Il me sembla d'abord, dans mon sommeil, entendre gronder les bombardes des soldats d'Alphonse d'Aragon, qui, au milieu d'un vacarme infernal, couraient à l'assaut du rocher. Mais je me dis bientôt que c'étaient sans doute des salves en l'honneur de Napoléon et de la Sainte-Vierge, dont on célébrait la fête en même temps. Car l'empereur est né le jour de l'Assomption avec laquelle il a l'honneur d'être aujourd'hui fêté dans toute la France. Les puissantes ondes sonores traversaient le détroit et allaient réveiller la Sardaigne. La matinée était belle et imposante : des bannières roses flottaient partout dans le ciel et sur les flots bleus ; l'air était calme et plein d'une agréable fraîcheur.

Le peuple de Bonifacio nageait dans une mer de délices ; il folâtra tout le jour dans les rues ornées partout de drapeaux aux couleurs nationales, sur lesquels brillait la fière devise : *Liberté, Egalité, Fraternité.*

« Vous pouvez m'en croire, me dit un habitant de Bonifacio ; nous avons été de tout temps de vrais républicains. »

Beaucoup de personnes jouaient aux dames dans la rue ; j'en trouvai même à la porte de la ville, gravement occupées à cet ancien et noble jeu. D'autres se promenaient avec bonheur sur la *piazza*, revêtues de leurs plus beaux habits.

J'aime, pendant un jour de fête, à me mêler à la foule. Je m'y sens comme en pays ami. Aussi étais-je bien à l'aise sur cet écueil ignoré, au milieu d'un peuple paisible, se procurant, avec ses faibles ressources, une innocente distraction. Ces pauvres gens n'ont rien de ce qui donne du charme et de la variété à l'existence, ni spectacles, ni sociétés, ni chevaux, ni voitures, ni musique ; à peine reçoivent-ils de loin en loin un journal. Un grand nombre de ceux qui viennent au monde sur cet aride rocher calcaire y sont ensevelis sans avoir même vu Ajaccio. Ils vivent ici près du ciel, n'ayant rien que de l'air et de la lumière, et le grand spectacle du détroit et des montagnes de la Sardaigne. On peut donc se figurer ce que peut être un jour de fête en pareil lieu.

On était même accouru des environs, et c'était un singulier spectacle que de voir tant de monde en habits de gala, rôder par ces vilaines ruelles, les jeunes filles sourire gracieusement aux balcons, vêtues de blanc, avec des fleurs aux cheveux : je crois vraiment que ce jour là les Bonifaciennes étaient toutes des anges pour faire honneur à la procession.

Le cortège solennel sortit de la cathédrale, annoncé par des salves d'artillerie, et se dirigea vers Saint-Dominique. Des croix et de vieilles bannières qui semblaient encore bien génoises ouvraient la marche ; puis venaient des hommes, des femmes, des jeunes filles avec des cierges, et enfin la statue en bois de la Sainte-Vierge, que portaient sur une civière deux solides gaillards. La glorieuse Assomption, planant sur de bleus nuages en bois, occupait le centre du brancard, dont chaque coin était orné d'un petit ange bariolé, également en bois, tenant un bouquet de fleurs à la main.

Au-dessus de sa tête brillait une auréole en argent, et à son cou un beau collier de corail, offrande des pêcheurs, qui en avaient recueilli la précieuse matière dans les eaux du détroit. Des centaines de personnes formaient la procession, où je remarquai de jolis enfants avec des robes blanches et des visages si pâles qu'on les aurait crus des images taillées dans le gypse de ces rochers. Tous portaient des cierges allumés ; mais il vint de la mer un vent impétueux, un rude camarade enveloppé d'un grand manteau de blanche poudre calcaire, qui se mit à souffler sur les chandelles des gracieuses figures de gypse, de sorte qu'avant d'arriver à Saint-Dominique, il avait gagné sa partie de *moccoli*, et éteint jusqu'au dernier flambeau. J'entrai aussi à l'église. Quand on me demandait comment je trouvais la procession, je voyais bien aux yeux de mon interlocuteur qu'elle devait être très belle, et je m'écriais : « *Signor mio, essa è maravigliosa* ! »

Le soir on entassa dans une rue étroite, devant l'Hôtel de ville, une énorme pile de bois, que l'on fit flamber en guise d'illumination. Comme je demandai pourquoi on avait allumé ce grand feu, on me répondit que c'était en l'honneur de Napoléon.

C'est ainsi que Bonifacio célébra la grande fête : tous étaient contents et heureux, et pendant la nuit j'entendis partout, avec les accords des cithares, retentir de joyeuses chansons.

# CHAPITRE IX

### LE DÉTROIT

L'une de mes distractions les plus agréables c'est de sortir, un peu avant la tombée de la nuit, par la vieille porte de la citadelle pour aller m'asseoir sur la haute falaise. Je vois alors le spectacle le plus étrange : tout près de moi, Bonifacio penché au loin vers la mer, puis le détroit et, à une faible distance, la Sardaigne. Il existe un vieux livre (mon ami Lorenzo l'a lu), qui cite le rocher de Bonifacio comme la 72e merveille du monde. Du haut de mon petit banc de pierre je domine la rampe par où l'on descend à la *marina* : c'est un va-et-vient continuel de gens qui paraissent et disparaissent par la porte des remparts ; ils montent, à califourchon sur leurs ânes, ou bien à pied en poussant devant eux leurs pauvres bêtes chargées de melons, et pour rendre l'ascension moins pénible, ils décrivent de nombreux zigzags. Je ne me rappelle pas avoir vu ailleurs des ânes plus petits : on ne comprend pas qu'ils puissent porter leur cavalier. Parmi tous ces hommes il n'y en a pas un seul d'armé : on ne voit point de fusils à Bonifacio.

Quand je me reposais là-bas près de la petite chapelle de Saint-Roch, des curieux venaient aussitôt m'entourer, s'asseoir familièrement à côté de moi, me demander d'où je venais, ce que je comptais faire, si mon pays était civilisé. La dernière question, on me la posait souvent quand je disais que j'étais Prussien. Un Monsieur à l'air distingué prit place un soir auprès de moi ; nous engageâmes une conversation politique, et comme je vins à nommer le souverain actuel de mon pays, il manifesta une soudaine surprise de ce que les Prussiens parlaient italien (plusieurs personnes ici m'ont demandé fort gravement si on parle italien en Prusse). Mon aimable interlocuteur désira savoir si je parlais latin, et comme je lui dis que je le comprenais, il ajouta qu'il l'entendait également, et commença ainsi : « *Multos annos jam ierunt che io non habeo parlato il latinum.* » Voulant lui répondre dans la même langue, je sentis qu'elle se transformait malgré moi en italien, et que j'allais m'exprimer, si c'est possible, avec plus d'élégance que mon Bonifacien. Deux idiomes qui ont beaucoup d'affinité se mêlent aisément dans notre bouche, quand nous avons l'habitude de ne nous servir tous les jours que de l'un d'eux.

Le Bonifacien me répéta aussi les paroles prophétiques de Rousseau : dans une conversation avec un Corse instruit, il est difficile de ne pas les entendre rappeler.

La vue du détroit s'embellit au déclin du jour. Des voiles, couronnées d'un nimbe d'or, glissent sur les vagues écumantes ; de noirs écueils émergent çà et là de la mer ; les côtes sardes se teignent en violet. Là en face, s'élèvent les belles montagnes de Tempio et de Lambara ; plus loin celles qui nous masquent Sassari ; à gauche un pic superbe, en forme de pyramide, dont on ne sait pas me dire le nom. Le soleil couchant éclaire la Sardaigne et inonde de ses rayons Longosardo, sa ville la plus rapprochée d'ici. Je distingue parfaitement les maisons, et pourrais même m'imaginer que ces points noirs là-bas sont des Sardes qui se promènent. Par des temps calmes, on entend, dit-on, le tambour de Longosardo. J'ai compté six tours sur la côte ; je n'ai pas pu voir Castel-Sardo et Porto-Torres, les villes les plus voisines de la mer dans la direction de Sassari. Mon aimable ami Lorenzo a passé trois ans à la faculté de Sassari ; aussi me parle-t-il beaucoup des Sardes dont il connaît les idiomes divers.

« Nous regardons là-bas en silence — les côtes inondées d'écume, — et les flots bleus du détroit, — qui sépare les deux îles sœurs.

» Que tu es belle, ô Sardaigne, — avec ta ceinture de coquillages brillants, — et ta couronne de myrte, ô brune — et farouche sœur de Cyrnos !

» Comme un collier de corail, — l'entourent de rouges — îlots, des récifs, — et des promontoires dentelés.

» Ami Lorenzo, ces montagnes, — ces charmantes montagnes bleues — éveillent en moi un désir si ardent, — que mon cœur y vole avec amour.

» Belles montagnes de Lambara ! — dit Lorenzo en baissant les yeux. — Montagnes bleues, ainsi que la vie — pleines d'images décevantes !

» De loin elles semblent des saphirs, — de célestes dômes de cristal ; — si vous en approchez elles rejettent — loin d'elles leur manteau d'azur,

» Vous présentent leurs aspérités nues, — vous menacent de leurs buissons d'épines, — de leurs orages, de leurs abîmes, — comme la vie, ô mon jeune compagnon.

» Ami Lorenzo, vois cette plaine d'or — qui me sourit là-bas ! — je voudrais savoir comment le Sarde — passe les jours dans ce beau pays.

» — Au loin dans l'intérieur s'élève la montagne boisée, — avec de petites villes jaunes au milieu de la verdure ; — et l'on y entend la sonnette des mules — que pousse devant lui le Catalan.

» Le *sombrero* sur la tête, — le poignard, les pistolets à la ceinture, — il fredonne une romance latine, — sur laquelle il règle son pas.

» Il va au Sud vers la mer, — à la baie rocheuse de Cagliari, — dans le village où les Maures jouent — des castagnettes et du tambourin.

» Ce sont des Maures d'Algésiras, — qui balbutient des idiomes barbares, — et dansent autour des palmiers éventails, — en tenant de brunes jeunes filles par la main. »

A Bonifacio même on sent déjà le voisinage de la troisième grande nation latine, l'Espagne : partout aux murs de ma chambre s'étalent des images de Christophe Colomb avec de longues légendes en espagnol ; et il n'est pas rare de rencontrer ici des Sardes qui parlent le catalan.

Ces deux îles qui formaient jadis une même terre et qu'une violente révolution géologique a séparées, entretiennent ensemble un commerce de contrebande très actif. Grâce à son heureuse position, Bonifacio deviendrait bientôt prospère, s'il pouvait trafiquer librement. La surveillance est sévère ; car on y fait même un grand échange de bandits. Les Sardes se réfugient rarement dans la petite île de Corse où ils ne sauraient tenir longtemps ; mais après une sanglante *vendetta*, le Corse va souvent dans les montagnes de Sardaigne chercher un abri. La police de Bonifacio est pourtant vigilante : c'est, avec Sartène, le seul endroit de l'île où l'on m'ait demandé mon passe-port. Jusqu'à Bonifacio j'avais eu pour compagnon de voyage un propriétaire du Cap-Corse. C'était un homme aimable qui m'avait offert une place dans son bateau, mouillé à Propriano, pour m'en retourner à Bastia, et m'avait même prié d'accepter l'hospitalité chez lui au Cap-Corse ; aussi, le voyant mal logé, je l'accueillis dans la chambre fort spacieuse qui m'était échue. Il n'en fallut pas davantage pour qu'on lui fît l'honneur de le regarder comme un bandit épiant l'occasion de filer en Sardaigne.

Aux premières ombres du crépuscule Bonifacio allume son phare ; et des côtes de la Sardaigne, enveloppées de ténèbres, Longosardo lui répond en allumant le sien : c'est ainsi que les îles sœurs continuent pendant la nuit à s'entretenir par des signes lumineux. Les gardiens de ces phares mènent une vie bien solitaire ! Chacun d'eux occupe le premier ou le dernier lieu habité de son île : celui de Bonifacio est le plus méridional des Corses, et celui qui est là-bas perché de l'autre côté du détroit, le plus septentrional des habitants de la Sardaigne. Ils ne se sont jamais vus ni parlé. Mais tous les soirs ils se souhaitent une bonne nuit, *felicissima notte*, comme disent les bourgeoises en Italie quand elles vous apportent de la lumière dans la chambre. C'est le gardien corse qui, le soir, paraît le premier avec son flambeau et envoie sa *felicissima notte* ! puis vient celui de Sardaigne qui lui répond *felicissima notte* ; et ils font cela chaque soir, et ils le répèteront toute leur vie jusqu'à ce qu'un jour d'un côté ou de l'autre, la lumière s'éclipse un instant ; et alors l'un des gardiens saura que son vieil ami est mort au-delà du détroit ; et il versera une larme en s'écriant : « *felicissima notte* ! »

Je visitai le gardien corse dans sa tour. Elle est à une heure de Bonifacio, sur une petite éminence du Cap Pertusato. La partie australe de la Corse se termine en un triangle tronqué ; elle présente ainsi à son extrémité deux promontoires, à l'Ouest le cap Pertusato, à l'Est le cap Sprono (éperon), pointe étroite, la plus rapprochée de la Sardaigne, où, avec un bon vent, on peut arriver en une heure. Le petit phare est entouré d'une blanche muraille et ressemble à un château. Le gardien me reçut avec amitié, et m'offrit un verre de lait de chèvre. Il vit là comme Eole au milieu des vents. C'est tout de même drôle de songer que les longues années d'un homme tournent ainsi autour d'une lampe à huile, qu'une existence se consume à brûler des mèches, la nuit, sur un écueil isolé ! Il n'y a point d'être plus difficile et plus facile à contenter que l'homme.

Mon gardien me mena sur la terrasse du phare, munie d'un garde-fou (la violence du vent me força à me tenir à la rampe) ; et du pignon de ce manoir il me montra ses domaines et ses vassaux, consistant en une vigne et trente chèvres. Il était content du peu qu'il possédait ; aussi, je pus le proclamer heureux avant sa fin. Il me fit voir les splendeurs de la Sardaigne, ses îles et ses îlots, qui l'entourent comme un essaim d'abeilles : Santa-Maria, Santa-Maddalena, Caprera, Reparata et d'autres de moindres dimensions. A l'occident, le détroit est semé d'écueils ; à l'orient il est plus large, et c'est là qu'en face du promontoire de Sardaigne appelé Capo Falcone, s'élève l'île d'Asinara avec ses pittoresques hauteurs.

A la Corse appartiennent aussi quelques îlots rocailleux, de formes très bizarres, disséminés à une faible distance de la côte, San-Bainzo, Cavallo et Lavezzi. Ce sont des roches granitiques. Les Romains y avaient établi des carrières d'où ils tiraient des colonnes pour leurs basiliques et leurs temples. On voit encore des traces non équivoques de ces anciens ateliers, jusqu'à des restes du charbon que l'on y employait dans les forges, d'énormes colonnes à moitié taillées, deux entre autres à San Bainzo, ainsi que des blocs déjà dégrossis. On ignore à quel édifice de Rome ils étaient destinés. Par suite de quelle terreur panique les ouvriers et les artistes confinés sur cet écueil ont-ils fui soudain vers la mer, laissant leur travail inachevé ? Peut-être les flots les ont-ils engloutis, peut-être même sont-ils tombés victimes du Sarde farouche ou du Corse indompté ? Je m'étonne qu'ils n'aient pas donné lieu ici à une légende et que leurs fantômes n'apparaissent pas la nuit dans ces ateliers ; car moi-même, à la lueur de la lune, je les ai vus surgir de la mer, avec leur front large, leur nez d'aigle, leurs yeux caves, leur longue toge romaine et leur port majestueux. Ils se mirent silencieusement à travailler aux deux colonnes, laissant tomber d'une manière étrange leurs marteaux et leurs ciseaux. L'un d'eux se tenait debout, et dirigeait les autres du doigt ; une seule fois il leur cria en latin : « Cette colonne sera l'une des plus belles de la Maison dorée de Néron. Allons, camarades, dépêchez-vous ! si vous n'avez pas fini dans quarante jours, nous serons tous livrés aux bêtes. » Je voulus leur dire : « O Artémion et vous autres trépassés, le palais de Néron a depuis longtemps disparu ! Comment pouvez-vous continuer à tailler pour lui des colonnes ? Dormez en paix dans vos tombeaux ! » Mais quand j'essayais de parler, le latin se changeait en italien dans ma bouche et il me fut impossible d'articuler un seul mot. Et c'est uniquement grâce à cette circonstance que les spectres romains continuent à hanter la carrière et à travailler aux colonnes ; et chaque nuit ils surgissent de la mer, se rendent à l'atelier et y promènent partout avec une rapidité merveilleuse le marteau et le ciseau. Mais dès que le coq chante à Bonifacio, les blancs fantômes se précipitent et disparaissent dans les flots.

Je regardai une dernière fois avec amour les vastes côtes de la Sardaigne, le pays de Gallura, en songeant au bel Enzius, fils de l'empereur Frédéric, qui régna jadis sur ces contrées.

Il y a quelques mois, je me trouvais un soir à Bologne, près du lieu qui servit de prison à cet infortuné ; à peu de distance de là, s'élevait un théâtre de marionnettes sur une grande place dont le silence n'était troublé que par la voix stridente de *Pulcinella*.

La terre est ronde et l'histoire du monde est comme une boule, ainsi d'ailleurs que la vie de chacun de nous.

## CHAPITRE X

**LES GROTTES DE BONIFACIO**

> Avec le bruit du tonnerre la mer furieuse
> se heurtait là-bas contre les falaises de l'île,
> — soulevant vers le ciel ses flots redoutables
> et couvrant tout de son écume amère.
> (*Odyssée*).

Comme la matinée était belle, je sortis par la vieille porte génoise, dont la façade montre encore gravées les armes de la Banque (un lion bondissant et Saint-Georges, le tueur de dragons), et je descendis à la marine demander une barque et un rameur. La mer me permit ce jour-là de faire une promenade dans les grottes du rivage ; mais toujours un peu agitée par le mistral, elle secoua assez rudement notre frêle embarcation.

Dans le port étroit et profond, le plus sûr du monde, régnait cependant un calme plat ; on y voyait doucement reposer, comme dans le sein d'Abraham, quelques petits esquifs et deux navires marchands à deux mâts, dont l'un s'appelait Jésus-Marie et l'autre Fantaisie. Fantaisie ! c'est le plus beau nom que jamais navire ait porté, comme l'avoueront sans peine tous ceux dont la fantaisie navigue à pleines voiles, rentrant au port avec des richesses ou s'échouant parfois contre les écueils.

Sur les deux rives du port s'élèvent des roches calcaires, qui le rétrécissent tellement qu'il faut s'avancer bien loin pour en apercevoir l'entrée. Le peu de largeur de ce canal permet de le fermer au moyen d'une chaîne, comme le fit Alphonse d'Aragon. On m'a montré le solide anneau de fer encore rivé au rocher du rivage. A droite et à gauche, et plus loin sur la partie de la côte exposée à la pleine mer, les vagues ont creusé des grottes plus ou moins grandes : elles méritent toute notre attention, et elles seraient déjà fort connues dans le monde entier, si la Corse ne se trouvait, pour ainsi dire, en dehors du monde.

Tout près de la ville, il y en a trois entre autres d'une beauté remarquable. C'est d'abord la grotte de San-Bartolomeo, galerie étroite où la barque a de la peine à pénétrer. Elle ressemble à un appartement gothique et on y respire une agréable fraîcheur. La mer s'y étend presque jusqu'au bout et en couvre le sol de ses eaux calmes et limpides. C'est comme une salle où la gent aquatique se réunit sans crainte du requin. J'y ai trouvé toute une heureuse famille de poissons : loin de se laisser troubler par notre visite, ils prenaient autour de la barque leurs joyeux ébats.

En sortant de cette grotte, on arrive bientôt en pleine mer, et l'on jouit alors d'un spectacle surprenant : le roc de Bonifacio s'avance au loin sur les flots avec sa large poitrine bipartie. C'est un superbe monument de maîtresse Nature. Elle l'a appuyé sur des colonnes, de puissants contreforts, de la chaux et du sable stratifiés, où la vague a creusé des cannelures profondes. Un de ces piliers s'appelle *timone*. Les colonnes soutiennent un arc colossal, au-dessus duquel s'élèvent les blanches murailles de Bonifacio, et forment l'entrée d'une grotte s'ouvrant comme un noble portique au regard émerveillé. Je fus frappé à la vue de cet imposant édifice, modèle de nos basiliques et de nos temples. La mer houleuse allait se briser contre les parois extérieures de la grotte, tandis qu'à l'intérieur régnait le calme le plus parfait. La cavité n'est pas bien profonde : ce n'est qu'une niche dont la voûte arrondie est tapissée de guirlandes de stalactites en forme de pampres. On pourrait y mettre une statue colossale de Poseidon. Elle s'appelle *Sotto al Francesco*.

En tournant à droite du côté de l'est, on arrive devant une étrange falaise, présentant de nombreux souterrains où la mer va s'engouffrer. Notre barque entra dans l'une de ces cavernes, que les pêcheurs appellent *camere*. C'est près de là que se trouve la plus belle grotte de Bonifacio, le *Sdrayonato*. Ma langue est impuissante à décrire cette merveille. Jamais je n'en ai vu de semblable, et peut-être est-elle unique en Europe. Comme *Sotto al Francesco*, cette grotte s'ouvre au milieu d'une immense stalactite ; mais sa petite porte est au flanc même de la montagne, et conduit, par un goulet étroit, à une vaste salle partout enceinte de rochers. J'éprouvai une inquiétude pleine de charmes à naviguer par ce canal : les vagues couraient impétueuses, lançant contre le roc de hautes gerbes de blanche écume ; puis elles revenaient sur leurs pas, disparaissant dans l'abîme ou se redressant avec fureur. On aurait dit les forces élémentaires renouvelant leur ancien combat. Ce grondement des flots irrités n'est bien rendu qu'en italien par le mot *rimbomba*. — Nous fûmes tout à coup lancés de cette horrible gueule écumante dans un vaste et superbe temple circulaire, où la nacelle glissa doucement sur le limpide miroir des eaux, là sombres et plus loin brillant des couleurs de l'émeraude, du rubis ou du saphir. C'est un panthéon édifié par la nature. Au milieu de la coupole s'ouvre sur les splendeurs du firmament une large crevasse, par laquelle les ramiers volent en essaims joyeux ; du bord de cette étrange fenêtre pendent des arbustes et des plantes en bouquets et en festons de verdure, et un arbre tend vers la grotte ses tremblants rameaux. La voûte est presque régulière, et des suintements continuels y déposent partout de capricieuses incrustations. Mais ces stalactites ne rappellent ni la grotte de Brando au Cap-Corse, ni celles du Harz en

Allemagne. Elles forment ici de puissants bosselages, ou recouvrent simplement la pierre d'une couche d'azur. On peut faire le tour de la grotte en barque ou à pied : la nature y a mis partout des sièges et des gradins disponibles.... quand la grosse mer ne les occupe pas. C'est dans ce charmant salon que les chiens de Protée viennent se délasser. Hélas ! je n'en ai point vu. Ils étaient probablement partis pour une promenade sur mer. Mais il restait encore une famille de ramiers, qui à notre approche s'enfuit avec effroi. Les eaux de la grotte sont profondes et tellement limpides qu'on distingue les herbes marines, les coquillages et les poissons. Il vaudrait la peine de venir, l'été, s'y asseoir de temps en temps, pour lire l'Odyssée et observer les visiteurs étranges qui y arrivent des mystérieuses profondeurs. L'homme ne connaît ni les plantes ni les animaux qui sont ses compagnons et ses amis sur la terre ; il comprend moins encore ces êtres muets, aux formes insolites, qui demeurent dans l'immense élément. Ils vivent ; ils ont leurs lois, leur raison, leurs joies et leurs douleurs, leurs amours et leurs haines. Ils ne sont pas attachés à la glèbe, comme nous sur l'aride élément. Ils parcourent en liberté leur demeure infinie, habitent un cristal toujours pur, fondent des républiques puissantes, ont leurs migrations de peuples, leurs expéditions de pirates, et font, à leur gré, de magnifiques parties de mer.

Du Cap Pertusato à Bonifacio, la côte, sans cesse battue par les vagues, est profondément déchiquetée et couverte de nombreuses incrustations. On y trouve une araignée singulière qui se bâtit dans le sable une petite habitation munie d'une porte pouvant se fermer et s'ouvrir à volonté. Veut-elle sortir ? Elle pousse la petite porte, et va se promener avec ses filles au bord du magnifique détroit, lorsque, bien entendu, elle est contente de leur travail et qu'on a assez filé à la maison. Cet excellent architecte s'appelle mygale pionnière ou araignée maçonne de Corse.

J'ai vu la *scalina d'Alfonso*, escalier que le roi d'Aragon aurait, d'après la légende, fait creuser dans le roc au-dessous des remparts. Ne pouvant réduire la ville par les armes, Alphonse, eut, dit-on, l'idée de pratiquer là un passage secret. Les Espagnols débarquèrent, la nuit, sur un point du rivage que les assiégés ne pouvaient voir et où s'ouvrait une grotte souterraine, pourvue d'eau douce et pouvant contenir 300 soldats. Ils y taillèrent une rampe à gradins, et ils s'étaient déjà élevés jusqu'aux murs de la citadelle lorsqu'une femme les aperçut, donna l'alarme, et les Bonifaciens, accourus en foule, jetèrent l'ennemi à la mer. — C'est une fable. Il me semble impossible d'admettre que les Espagnols aient pu travailler si longtemps dans le roc sans donner l'éveil aux habitants. Il existe d'ailleurs un autre escalier du même genre, que creusèrent les moines de Saint-François pour aller prendre des bains de mer ; il a aussi presque entièrement disparu.

J'ai du malheur ! la pêche du thon est ajournée, et le mistral ne permet pas aux *corallines* de sortir du port. Le détroit est riche en corail, que les Corses laissent cependant aux Napolitains, aux Génois et aux Toscans le soin de ramasser. Ces étrangers viennent ici en avril et restent jusqu'au mois de septembre. Un Génois m'a montré de beau corail rouge. On le vend au poids, trois francs l'once. C'est le détroit de Bonifacio qui fournit de corail presque toutes les fabriques de Livourne. Mais depuis que les Français en ont découvert de meilleur et en plus grande quantité sur les côtes d'Afrique, on en tire moins d'ici. Cette pêche se fait surtout dans les eaux de Propriano, de Roccapina, de Figari et de Ventilegne où abonde aussi le thon.

Après avoir étudié le pays de Bonifacio et ses côtes, je me disposai à partir. Je trouvai la population de cette remarquable contrée telle que me l'avait décrite mon ami Lorenzo. « Nous sommes pauvres, me dit-il un jour, mais actifs et contents de notre sort. Le sol produit ici de l'huile en abondance, le vin ne nous manque pas et notre air est sain. Nous vivons heureux, acceptant avec reconnaissance les jours que le bon Dieu nous accorde sur ce rocher. Au retour des travaux champêtres, le pauvre trouve toujours chez lui du vin pour mêler à son eau, de l'huile pour préparer son poisson, peut-être même un morceau de viande, et, l'été, à coup sûr, un melon. »

Je me souviendrai de l'hospitalité des Bonifaciens avec autant de reconnaissance que de celle des habitants de Sartène. Lorsque le matin au point du jour je voulus aller prendre la voiture d'Aleria, je vis Lorenzo qui m'attendait déjà à la porte de la citadelle pour me souhaiter encore une fois un bon voyage et m'accompagner à la *marina*. Nous descendîmes par le rocher abrupt, doré par le soleil levant ; mais au moment de prendre congé de la ville, j'assistai à une scène dont le souvenir sera pour moi ineffaçable. Au-dessous de la porte, sur le bord de la falaise, est la modeste petite chapelle de Saint-Roch, élevée à la place où mourut la dernière victime de la peste de 1528. Quand j'eus dépassé les remparts, mes yeux dominant l'église virent ses portes toutes grandes ouvertes ; le prêtre à l'autel resplendissant de cierges ; devant lui, sur deux files, des femmes dévotement agenouillées ; et sur le rocher aux abords de l'église, des hommes et des femmes également à genoux. La vue de cette communauté paisible, en prière sur la haute falaise du détroit, inondée par les feux de l'aurore, me remplit d'une profonde émotion : elle m'apparut comme une fidèle image de la piété.

# LIVRE V

## CHAPITRE PREMIER

#### LA COTE ORIENTALE

Sur la partie de la côte orientale qui avoisine Bonifacio, le rivage est entièrement désert. La route longe le golfe de Santa-Manza et se dirige vers Portovecchio où l'on arrive en trois heures. C'est là que, près du village de Sotta, s'élèvent les ruines du vieux château de Campana. Elles nous racontent une singulière légende : Dans ces murs habitait jadis *Ors'Alamanno*, l'Ours allemand, qui avait établi parmi ses vassaux l'odieux droit de cuissage (*jus primæ noctis*). Quand l'un d'entre eux se mariait, il était tenu d'emmener sa femme au château, afin que l'Ours allemand en pût jouir la première nuit ; et il devait, en outre, fournir le plus beau cheval de selle aux écuries du terrible seigneur. Le jeune Piobetta aimait une belle vierge, et voulut un jour l'épouser. C'était un rude cavalier, fort habile à jeter son *lasso*. Il cacha donc sous sa veste la corde perfide, s'élança sur un coursier fringant et alla caracoler devant le manoir, pour montrer à Ors'Alamanno la valeur de la bête qu'il lui destinait. L'Ours allemand sortit de son antre, tout heureux en songeant qu'il allait bientôt embrasser la plus jolie fille et monter le plus beau coursier. Lors donc que, riant dans son cœur, il était là à regarder Piobetta, celui-ci passa rapidement devant lui, l'enserra du *lasso,* puis, descendant de la montagne comme l'ouragan, il traîna sur les roches le corps du malheureux Orso. Le château fut démantelé, et l'on enfouit l'Ours allemand dans un coin obscur. Mais un an après, on se demanda ce qui pouvait en être advenu ; et courant à la place où le corps était enseveli, on l'exhuma. Un moucheron s'envola de la fosse : il entra dans toutes les maisons, piqua toutes les femmes, et devint peu à peu aussi gros qu'un bœuf, continuant à mordre les gens de la contrée. On ne savait comment s'en défaire. Quelqu'un eut enfin l'idée de recourir aux merveilleux médecins de Pise, qui guérissaient tous les maux. Ils se rendirent donc dans cette ville, et en ramenèrent un de ces merveilleux praticiens.

Quand le docteur eut vu le monstre, il se mit aussitôt à étendre des onguents et à rouler des pilules : il fabriqua 6,000 mouches de Milan ainsi que 100,000 pilules, appliqua au bœuf ailé les 6,000 emplâtres, et lui fit avaler les 100,000 pilules ; et le bœuf ailé devint de plus en plus petit. Quand il ne fut pas plus gros qu'une mouche ordinaire, il mourut. On prit alors une grande bière ; on la recouvrit d'un linceul blanc, et sur le linceul on déposa le corps du défunt ; et toutes les femmes réunies s'arrachèrent les cheveux, et pleurèrent amèrement la perte du joyeux moucheron ; et douze hommes portant le cercueil au cimetière, donnèrent au corps une sépulture chrétienne ; et l'on fut ainsi délivré de ce grand fléau.

Cette belle légende, je l'ai empruntée au Chroniqueur corse. J'ai suivi son récit jusqu'à l'arrivée du merveilleux docteur, qui tue simplement le monstre ; le reste, je l'ai ajouté.

Portovecchio est une petite place forte d'environ 2,000 habitants, située sur le golfe de même nom, le seul de toute la côte orientale. Cette baie est superbe : elle pourrait devenir un jour importante, car elle se trouve en face du continent italien. Les Génois fondèrent Portovecchio pour tenir les

Sarrasins en respect. Ils tâchèrent d'y attirer des colons en leur accordant toute sorte de privilèges. Mais comme la contrée est fort marécageuse et malsaine, la ville fut abandonnée trois fois, et se dépeupla. Même de nos jours, ce canton est l'un des moins populeux de la Corse ; il n'est guère habité que par les cerfs et les sangliers. Cependant le pays est très fertile ; et les environs de Portovecchio produisent du vin et de l'huile en abondance. La ville est bâtie sur un roc de porphyre nu ; comme j'y arrivai au mois d'août, je la trouvai à peu près déserte : la moitié de la population s'était réfugiée dans les montagnes.

Au nord de ce beau golfe le rivage s'étend presque en ligne droite : la route côtoie d'abord les montagnes ; mais à Solenzara les hauteurs s'éloignent et laissent libres les grandes plaines qui donnent à la côte orientale de la Corse une physionomie si différente de la partie opposée. L'occident de l'île offre une longue suite de vallées parallèles, les montagnes s'y inclinent vers la mer où elles se terminent en promontoires et forment des golfes magnifiques ; l'orient n'a pas de vallées montueuses sur le rivage : la côte s'y perd dans des bas-fonds. L'ouest de la Corse est romanesque et grandiose ; à l'est règne une douce mélancolie. L'œil parcourt ici d'immenses plaines ; il cherche des villages, des hommes, la vie, et ne découvre que des landes désertes, des makis, des marais et des étangs, qui longent la mer et répandent la tristesse autour d'eux.

Il faut une journée de voyage pour aller de Portovecchio à Aleria. La route est toujours en plaine ; l'herbe y pousse à un pied de hauteur. On craint de la parcourir en été. Dans ce long voyage je n'ai pas rencontré une âme vivante. On n'y trouve pas un seul lieu habité ; ce n'est que bien loin sur la montagne qu'on aperçoit çà et là quelques hameaux. Sur la plage s'élèvent parfois des maisons désertes, près d'un petit port, d'une *cala* (escale), comme Porto Favone, où menait l'ancienne route romaine, Fantea, Cala di Tarco, Cala di Cannelle, Cala di Coro, ou plutôt, je crois, Cala di Moro, escale des Maures. On y voit aussi des tours génoises abandonnées.

Toutes les maisons étaient désertes, leurs portes et leurs fenêtres fermées. La plage est malsaine. Le Corse y envoie travailler le pauvre *Lucchese*, mais lui-même reste dans sa montagne. Je n'ai pas eu à souffrir du mauvais air ; je n'ai pris cependant d'autre précaution que de priser du camphre, à l'exemple de mon compagnon de voyage qui me recommanda ce préservatif.

Comme nous avions emporté peu de provisions, nous fûmes tout à coup assaillis par la faim, qui nous tourmenta ce jour-là et le suivant ; nulle part on ne voyait une auberge, une maison ouverte. Le piéton mourrait de faim ici, ou bien il serait forcé de fuir dans les montagnes, d'errer pendant des heures avant d'arriver, par quelque sentier perdu, à une cabane de berger. C'est une *strada morta*.

Nous passâmes la rivière du Taravo. Là commence, avec le petit *stagno di Palo*, la longue série des étangs. Ce sont le *stagno d'Urbino*, le *Ziglione*, le *stagno del Sale* et le bel étang de Diana, qui porte encore son nom du temps des Romains. Séparés de la mer par une mince bande de terrain, ces poissonneux viviers communiquent généralement avec elle par une étroite embouchure. Le poisson en est fort estimé. On y pêche surtout de grasses anguilles et des loups énormes.

Des rives du Taravo s'étend vers le nord la plus belle plaine de la Corse, le Fiumorbo ou canton de Prunelli. Traversée de nombreux cours d'eau, bornée par les étangs et la mer, elle ressemble de loin à un immense jardin de luxuriante verdure au bord des flots bleus. Mais à peine aperçoit-on çà et là quelque champ cultivé : la fougère couvre partout l'immense plaine. On ne saurait comprendre pourquoi le gouvernement français laisse ces beaux terrains en friche. Les colonies y prospèreraient certainement mieux que dans les sables d'Afrique, qui dévorent tant d'hommes et tant d'argent. Il y a ici de la place pour deux grandes villes d'au moins 50,000 âmes. Ces colonies de cultivateurs et d'ouvriers laborieux transformeraient bientôt en jardin toute la contrée. Des canaux dessècheraient les marécages et assainiraient l'air. Il n'y a pas en Corse de territoire plus fertile et plus beau ; son climat est plus doux que celui du Sud de la Toscane. On pourrait y cultiver la canne à sucre, et les céréales donneraient le cent pour cent. En augmentant la production et les besoins du pays, on forcerait les montagnards à descendre de leurs sombres villages pour aller cultiver la plaine. La nature offre ici en abondance tout ce qui peut faire naître de grandes industries : des pierres rares aux flancs des montagnes ; des pins, des mélèzes, des chênes dans les forêts ; çà et là des sources minérales ; dans la plaine, du blé et de gras pâturages, capables de nourrir les plus riches troupeaux, et la montagne donne la main à la plaine bordée par la mer la plus riche en poissons. Que peut-on désirer de plus ?

Telle qu'elle est de nos jours, cette côte ressemble bien au rivage de l'île des Cyclopes décrit par Homère dans les vers suivants :

« Au bord de la mer effrayante s'étendent des plaines fertiles, — plantureuses, couvertes de hautes herbes, où pousseraient vite les pampres joyeux. — C'est un *terrain meuble* où toujours de riches épis — mûriraient pour la moisson ; car le sol abonde en sucs nourriciers. — Là s'ouvre aussi la baie la plus sûre où la chaîne est inutile aux vaisseaux. »

En voyant cette belle plaine, j'admirai le coup d'œil des anciens Romains, qui y établirent précisément les seules colonies qu'ils aient fondées en Corse.

## CHAPITRE II

**ALERIA, COLONIE DE SYLLA**

En approchant de la rivière du Fiumorbo, on aperçoit de loin en loin de grandes maisons, qui ressemblent à des palais. Quelques-unes ont été construites par des spéculateurs français qui ont fait banqueroute parce qu'ils n'entendaient rien aux affaires ; d'autres font partie de riches domaines, de vrais comtés par leur étendue ; de ce nombre est le Migliacciaro, dans le canton de Prunelli, ancienne propriété de la famille Fiesco de Gênes, qui appartient actuellement à une compagnie française.

Le Fiumorbo prend sa source dans la plus haute masse montagneuse de la Corse et débouche au-dessus de l'étang de Graduggine. C'est à la nature de son cours qu'il doit son nom de *fleuve aveugle :* comme un aveugle, il rôde longtemps dans la plaine avant de trouver en tâtonnant une issue vers la mer. On dit que la contrée comprise entre ce cours d'eau et le Tavignano est la plus fertile de la Corse.

Le soir, la température changea brusquement, et de chaude et sèche qu'elle était, elle devint froide et chargée d'humides vapeurs. Sur plusieurs points l'air était traversé de brouillards pleins d'émanations putrides. Un tombeau sur la route excita ma curiosité. Dans ce désert il semblait vouloir rappeler quelque fait mémorable. C'était un monument élevé à un entrepreneur de routes, assassiné par un paysan jaloux de lui voir courtiser une jeune fille dont lui-même briguait la main. Il n'y a rien qui nous attire autant que l'histoire du cœur. Une simple tragédie d'amour a sur l'imagination populaire la même puissance qu'une action héroïque, et souvent de longs siècles ne peuvent en effacer le souvenir. Le cœur a ainsi ses annales. Les Corses sont des démons de jalousie : ils vengent l'amour de même que le sang. Voici ce que m'a raconté mon compagnon de route : Un jeune homme avait délaissé une jeune fille pour une autre. Il était un jour assis sur la Place de son village et jouait aux dames. La femme trahie survient : elle l'accable d'imprécations, tire un pistolet de son sein et lui loge une balle dans la tête. — Une autre jeune fille abandonnée dit un jour à son ancien adorateur : « Si tu en épouses une autre, tu n'en jouiras pas longtemps. » Deux années s'écoulent. Le jeune homme conduit une épouse à l'autel ; mais quand ils sortent de l'église, l'amante outragée le renverse d'un coup de feu, et le peuple de s'écrier alors : « C'est bien fait ! » (*Biva a so faccia !*) — La justice condamna la coupable à trois mois de prison. Bien des jeunes gens briguèrent sa main ; quant à la jeune veuve de la victime, personne ne la demande en mariage.

Les femmes corses, qui entonnent de sanguinaires chants de vengeance, sont aussi capables de faire la guerre, armées de pistolets et de fusils. La victoire que les Corses remportèrent à Borgo sur les Français fut due en très grande partie, dit-on, à la bravoure des femmes indigènes. A la bataille de Pontenovo, elles luttèrent aussi vaillamment, et l'histoire de la courageuse épouse de Giulio Francesco de Pastoreccia, qui pendant cette action ne quitta jamais son mari, est encore dans toutes les bouches. Elle en vint aux mains avec un officier français qu'elle terrassa et fit prisonnier ; mais voyant la déroute de ses compatriotes, elle lui rendit la liberté en disant : « Souviens-toi que vaincu par une femme corse, tu as reçu d'elle ta liberté et tes armes. »

Au-delà du Fiumorbo commence le bassin du Tavignano,

rivière qui se jette dans la mer près d'Aleria, au-dessous de l'étang de Diana. Je voulais quitter là ma voiture, car on m'avait remis à Sartène une lettre de recommandation pour le propriétaire de Casabianda, riche domaine situé non loin d'Aleria et appartenant au capitaine Franceschetti, fils du général que j'ai fait connaître en racontant les derniers jours de Murat. Mais M. Franceschetti se trouvait hélas ! sur le continent, et j'eus le regret de ne pouvoir faire la connaissance de cet homme actif, qui m'aurait certes fourni plus d'un renseignement utile sur son pays.

La nuit nous surprit quand nous n'étions plus qu'à quelques pas d'Aleria, l'ancienne colonie de Sylla. On distinguait encore la petite ville avec sa rangée de maisons et son château couronnant la colline située au bord du chemin. Dans l'espoir que nous y trouverions peut-être une *locanda*, nous descendîmes de voiture pour y diriger nos pas.

La scène qui nous entourait me parut bien en harmonie avec les souvenirs de Sylla : partout, dans la nuit, un silence de mort ; à nos pieds, une plaine déserte remplie de miasmes pestilentiels ; derrière le château, de ténébreuses montagnes ; çà et là des makis embrasés jetant à l'horizon comme des lueurs de cités en flammes ; le village morne et sans lumières. Mais un chien se mit enfin à aboyer, et nous vîmes venir à nous toute la population d'Aleria composée pour lors de deux seuls *doganieri*. La crainte de la *malaria* avait fait fuir les habitants à la montagne : toutes les portes étaient closes à l'exception de celle de la tour où couchaient les douaniers. Nous y demandâmes l'hospitalité pour une nuit : nos chevaux refusaient tout service, et il n'y avait point de villages dans les environs. Mais ces braves Cornéliens repoussèrent notre humble requête, disant qu'ils craignaient les reproches du capitaine et qu'ils allaient d'ailleurs faire bientôt leur tournée. Nous les conjurâmes au nom de la Madone de ne pas nous exposer à la fièvre, et de nous accorder un abri dans

## CHAPITRE II.

la tour. Ils persistèrent dans leur refus. Nous partîmes donc à l'aventure, mon compagnon de fort mauvaise humeur et moi assez ennuyé de me voir accueillir de la sorte dans la première colonie romaine où j'eusse mis les pieds, malgré les deux grands Césars dont je suis particulièrement l'ami. Cependant nos Syllaniens, pris d'un beau mouvement de pitié, coururent après nous en criant : « *Entrate pure !* » et nous, tout heureux de pouvoir pénétrer dans le Château (c'est un petit fort quadrangulaire sans ouvrages de défense et même sans fossé), nous grimpâmes vite par les gradins de pierre au quartier de la petite garnison.

Les pauvres douaniers mirent bientôt le fusil sur l'épaule et allèrent avec leur chien au bord de l'étang de Diana faire la chasse aux contrebandiers. Leur service est dangereux : on les change tous les quinze jours pour les soustraire aux atteintes de la fièvre. Je m'étendis sur le parquet et tâchai de m'endormir ; mais la chaleur suffocante m'empêcha de fermer l'œil. Aussi, ne pouvant plus tenir, je revins à la voiture, où l'air, avec ses miasmes empestés, m'apporta du moins quelque fraîcheur. C'est ainsi qu'à Aleria, devant l'église à laquelle Pietro Cirneo fut autrefois attaché, je passai une nuit extraordinaire, bien faite pour rappeler le temps de Sylla ; et songeant aux causes de la grandeur et de la décadence de Rome, je me représentai le puissant dictateur, et surtout ses festins somptueux, où des fontaines de sauces délicieuses coulaient parmi d'excellents pâtés de foie de poisson. Car la faim me tourmentait, et je n'avais presque rien à mettre sous la dent. Ce fut en somme une nuit infernale, pendant laquelle je m'écriai plus d'une fois en soupirant :

Aleria, Aleria !<br>
Chi non ammazza vituperia.

(Aleria, Aleria ! elle maltraite ceux qu'elle ne tue pas). Telle est l'épigramme que les Corses ont composée contre la ville, et elle me semble bien convenir à une colonie de Sylla.

Le jour parut enfin. Je sautai hors de la voiture et me rendis compte de la situation d'Aleria. Elle est admirablement choisie. La ville couronne un mamelon qui commande la plaine et d'où l'on jouit d'une vue splendide sur l'étang de Diana, le *Stagno del Sale*, la mer, et les îles à l'horizon. De superbes montagnes, en forme de pyramides, ferment la perspective du côté de la terre.

C'était une matinée ravissante : l'air et la lumière avaient de douces caresses, et le regard s'étendait libre et sans entraves sur cette belle contrée pleine des souvenirs de Rome et plus encore de l'antique Phénicie. De nos jours Aleria ne compte qu'un petit nombre de maisons groupées autour du château génois. L'ancienne ville occupait plusieurs collines et se prolongeait dans la plaine des deux côtés du Tavignano ; son port était Diana, comme le montrent les anneaux de fer que l'on voit encore à l'entrée de cet étang. Je parcourus les ruines, fort rapprochées de la route. Toutes les collines environnantes sont couvertes de pierres et de débris de murs ; mais nulle part je n'ai trouvé un ornement, un chapiteau, une frise, partout des matériaux informes et grossiers. On voit bien çà et là quelques restes de voûtes, les gradins d'une arène, une ruine que le peuple décore du nom de *Casa reale* ou Maison prétoriale... J'ignore sur quoi repose la dernière assertion : ces débris ne disent plus rien ; ils ne font pas même conjecturer à quelle époque remonte l'édifice. A en juger par son périmètre, Aleria devait avoir environ 20,000 âmes. On a découvert dans les champs bon nombre de vases et de médailles du temps des Romains ; des bergers m'ont dit même qu'un individu avait trouvé une monnaie d'or trois jours auparavant. Mais l'un des douaniers, revenu de son excursion, excita surtout ma curiosité en me disant avoir vu deux plaques de marbre avec une inscription que personne ne pouvait déchiffrer. « Ces pierres, ajouta-t-il, se trouvent renfermées quelque part, mais j'ai pris copie de l'inscription. » Il tira son carnet : c'étaient deux inscriptions latines, reproduites par ce digne archéologue en caractères vraiment phéniciens ; j'eus beaucoup de peine à reconnaître dans l'une une inscription votive du temps d'Auguste et dans l'autre une inscription tumulaire.

C'est tout ce que j'ai trouvé à Aleria, l'antique colonie des Romains.

## CHAPITRE III

**THÉODORE DE NEUHOFF**

> Abenamar, Abenamar,
> Moro de la Moreria,
> El dia que tù naciste
> Grandes señales habia.
> *(Romance moresque).*

Théodore de Neuhoff débarqua à Aleria le 12 mars 1736, et ouvrit en Corse cette série de parvenus qui donnent à l'histoire la plus récente de l'Europe la physionomie romanesque du moyen-âge.

C'est là que m'apparut, le matin, ce fantastique chevalier d'aventure, tel que je l'avais vu figuré dans un manuscrit génois de 1739, encore inédit, ayant pour titre : « Accinelli. Choses remarquables sur l'histoire, la géographie et la politique du royaume de Corse. » Ce document se trouve à Bastia entre les mains de M. Santelli, qui a bien voulu me le montrer, sans toutefois me permettre d'en tirer quelques lettres, que j'ai découvertes plus tard ailleurs. Le Génois met en tête de son œuvre une épigraphe qui en révèle l'esprit : elle appelle les Corses *Generatio prava et exorbitans. Bestiæ et universa pecora.* Il donne un portrait à l'aquarelle, d'après nature, qui représente Théodore en costume moresque, mais avec une perruque, un petit chapeau, un sabre traînant et une canne de jonc à la main. La figure est dans une attitude grave, debout au bord de la mer où l'on voit une île s'élever à l'horizon.

On trouve aussi un intéressant portrait de Théodore dans un petit livre allemand imprimé à Francfort en 1736, avec ce titre : « Sur la vie et les gestes du baron Théodore de Neuhofen et sur la République de Gênes par lui offensée, relation de Giovanni de San-Fiorenzo. » La vignette montre Théodore en costume espagnol. On aperçoit dans le fond une ville entourée de murailles, probablement Bastia, et devant elle trois hommes représentés fort drôlement, l'un pendu à une potence, l'autre empalé, et le troisième en train de se faire écarteler.

L'entrée en scène de Théodore et sa romanesque élévation au trône de Corse occupaient alors tous les esprits. On le voit bien par le petit livre en question qui parut l'année même de cet événement. Comme c'est le seul ouvrage allemand dont je me sois servi pour mes études sur les Corses, je vais en donner quelques extraits.

Voici la description que l'auteur fait de l'île à cette époque :

« La Corse est l'une des plus grandes îles de la Méditerranée, et se trouve au Nord de la Sardaigne. Elle a à peu près 25 milles allemands de long et 12 de large. L'air qu'on y respire n'est pas précisément regardé comme très sain ; mais le sol y est très fertile, quoique souvent pierreux et couvert de montagnes. Les habitants sont renommés pour leur courage et leur adresse dans les armes ; mais on leur reproche aussi d'être méchants, vindicatifs, pillards et cruels. On les dit en outre grossiers, ce que je ne contesterai pas. »

D'après ce livre, l'arrivée de Théodore en Corse aurait été annoncée le 5 avril, par des lettres de Bastia, dans les termes suivants :

« Il vient d'entrer au port d'Aleria un vaisseau anglais appartenant, paraît-il, au consul d'Angleterre à Tunis. Il avait à son bord un personnage à l'air fort distingué, que les uns donnent pour un prince royal, d'autres pour un lord anglais, d'aucuns même pour le prince Ragotzy. Ce qui semble hors de doute, c'est qu'il est catholique romain et s'appelle Théodore. Comme les chrétiens qui voyagent en Turquie, il porte une longue robe doublée, de couleur écarlate, perruque et chapeau, canne et épée. Il a à sa suite 2 officiers, 1 secrétaire, 1 aumônier, 1 surintendant, 1 intendant, 1 maître-queux, 3 esclaves et 4 laquais ; il a apporté en outre de Barbarie et fait débarquer 10 canons, plus de 7,000 fusils, 2,000 paires de souliers, un grand nombre de provisions de toute espèce, dont 7,000 sacs de farine, et plusieurs caisses de monnaies d'or et d'argent, entre autres un coffre solide, recouvert de tôle avec poignées en argent, rempli de sequins et de demi-sequins, trésor évalué à un million de pièces de huit environ. Les chefs corses ont accueilli ce personnage avec grand honneur : ils lui ont conféré le titre d'Excellence et de vice-roi, et celui-ci a déjà nommé quatre indigènes colonels avec un traitement de 100 pièces de huit par mois, formé 20 compagnies, et fait remettre à chaque simple soldat un fusil, une paire de souliers et un sequin. La solde mensuelle des capitaines n'est, pour le moment, que de 11 pièces de huit ; mais quand les compagnies seront au complet, elle sera portée à 25. Théodore a établi sa résidence à Campoloro, dans le palais épiscopal, devant lequel montent la garde 400 hommes avec 2 canons. Il va, paraît-il, se rendre bientôt en Casinca, non loin de San-Pellegrino ; à l'arrivée des gros vaisseaux qu'il attend le 15, il réunira toutes ses forces de terre et de mer, et attaquera les Génois. Dans ce but il lèvera encore de nombreuses compagnies. On assure qu'il a été envoyé ici par des potentats catholiques de l'Europe, décidés à le soutenir par n'importe quels moyens ; aussi les Génois sont-ils pleins d'épouvante, et leur cause dans cette île peut être considérée comme perdue.

» D'autres nouvelles plus récentes ajoutent que l'étranger en question augmente sans cesse la magnificence de sa cour : il ne va à l'église qu'accompagné d'une escorte, s'est donné un trésorier du nom de Hyacinthe Paoli, et vient de créer chevalier l'un des hommes les plus considérables d'Aleria. »

On a fait bien des recherches pour arriver à connaître la vie intime du baron de Neuhoff. C'est surtout au romanesque pays d'Espagne et à Paris qu'il se rattache par ses aventures et ses relations. Mais notre petit livre allemand contient aussi à ce sujet une pièce intéressante : c'est une lettre adressée à l'un de ses amis de Hollande par un gentilhomme westphalien. La voici :

## THÉODORE DE CORSE

(SON ROMAN DE JEUNESSE RACONTÉ DANS UNE LETTRE)

« Monsieur,

» Je suis trop heureux de pouvoir vous faire chose agréable pour que j'hésite à vous communiquer tout ce que je sais de la vie d'un homme dont le nom commence à occuper le monde.

» Vous avez lu dans les journaux, Monsieur, que Théodore de Neuhoff, à qui les Corses viennent d'offrir la couronne, est né dans un district de Westphalie appartenant au roi de Prusse. C'est parfaitement exact, et je puis d'autant mieux le constater que nous avons fait nos études ensemble et vécu quelques années dans les rapports les plus intimes.

» L'antiquité nous parle de personnes de condition modeste, qui se sont élevées à l'empire. Ces exemples, nous les avons presque oubliés ; mais Kuli Chan en Perse et Neuhoff en Corse les renouvellent de nos jours. Ce dernier est né à Altena, petite ville de Westphalie où sa mère s'était rendue chez un gentilhomme ami de sa famille, après la mort prématurée de son époux, qui l'avait laissée enceinte de Théodore.

» Son père était capitaine aux gardes du corps de l'évêque de Munster, et son grand-père, qui avait vieilli dans le métier des armes, avait commandé un régiment sous le grand Bernard de Galen. A la mort de son père, ses affaires domestiques étaient fort embarrassées, et sans le bienveillant appui de son cousin qui accueillit la famille dans sa maison, elle se serait trouvée dans une situation fort pénible. A dix ans, on le mit au collége des Jésuites de Munster, où il fit bientôt de rapides progrès. L'année suivante, j'entrai au même collège. Comme les propriétés de son père confinaient aux miennes, nous eûmes, dès l'âge le plus tendre, des relations d'amitié, qui dans la suite devinrent très intimes.

» Il était d'une taille au-dessus de son âge, et ses yeux vifs, pleins de feu, témoignaient déjà de son impétueuse bravoure. Il était très laborieux : nos maîtres nous le proposaient souvent comme modèle. Ce qui excita de la jalousie chez les autres élèves ne me causa que de la satisfaction et fit naître en moi le désir de l'imiter. Nous restâmes six années ensemble à Munster. Mon père, informé de nos relations, résolut, pour ne pas me séparer de mon ami, de me donner Théodore pour compagnon de mon prochain voyage, en lui fournissant les moyens de vivre honnêtement.

» On nous envoya à Cologne continuer nos études et nos exercices. Délivrés de la gênante tyrannie de l'école, nous nous trouvâmes là comme sous un ciel nouveau. Nous nous mîmes donc à jouir de notre douce liberté, et j'en aurais abusé peut-être si mon sage camarade ne m'eût arrêté sur la pente. Nous étions en pension chez un professeur, dont la femme, quoique déjà vieillotte, avait l'esprit fort alerte ; ses filles, aussi vives que belles, avaient en outre une conduite exemplaire. Après souper, nous passions toujours quelques heures à jouer, ou bien nous allions nous promener au jardin qu'ils possédaient aux portes de la ville.

» Cet agréable commerce durait depuis environ deux ans, lorsqu'il fut soudainement troublé par l'arrivée du jeune comte M., envoyé par son père dans la maison où nous étions logés. Le gouverneur du comte était natif de Cologne, où il avait depuis longtemps ses secrètes allées ; aussi abandonnait-il le plus souvent à lui-même le jeune homme confié à sa garde, pour courir à ses plaisirs. Le comte s'ennuyait donc souvent : nous eûmes l'idée malheureuse de lui proposer de se joindre à notre société, ce qu'il accepta de grand cœur.

» Théodore s'asseyait ordinairement entre les deux sœurs, et moi entre la cadette et la mère. On fut contraint de changer ces dispositions : par déférence envers le noble comte, nous lui cédâmes la place que le baron de Neuhoff avait jusqu'alors occupée. Je remarquai parfois que notre nouveau camarade faisait les yeux doux à l'aînée des deux sœurs : quand leurs regards se rencontraient la belle pudibonde changeait de couleur. C'était une jolie brunette, aux yeux noirs, au teint fort délicat. M. ne tarda pas à en devenir éperdûment épris, et comme ces choses-là n'échappent guère aux amoureux, Théodore s'aperçut vite de l'amour du comte pour Marianne (c'était le nom de l'aimable jeune fille), et tomba dans une profonde mélancolie.

— Qu'avez-vous donc, mon cher ? lui demandai-je un soir au moment d'aller nous coucher. Depuis quelques jours je vous trouve bien rêveur ! Vous n'avez plus cette vivacité qui rendait autrefois votre commerce si agréable. Vous avez sans doute quelque secret chagrin.

— Ah ! cher ami, me répondit-il, je suis né sous une mauvaise étoile : je ne connus jamais mon père ; vous seul me faites supporter les vicissitudes d'une existence qui sans vous serait bien malheureuse.

— Mais pourquoi faites-vous maintenant ces tristes réflexions ? Mon père prendra soin de votre avenir, et vous êtes vous-même en état de suppléer à ce que la fortune vous a ravi. Avouez-le, Théodore, votre trouble a une autre cause. Si je ne me trompe, les beaux yeux de Marianne n'ont déjà produit que trop d'effet sur votre cœur.

— Je ne le nierai pas, me répondit-il, et vous avouerai toute ma faiblesse. Vous savez avec quel plaisir nous avons passé ces deux ans auprès de nos charmantes amies. Mon cœur s'est dès le premier jour tourné vers Marianne. Je croyais ne nourrir pour elle que les sentiments d'une respectueuse sympathie. Je viens de m'apercevoir qu'elle m'a inspiré la passion la plus violente. L'arrivée du jeune comte m'a dessillé les yeux. Je ne vois que trop les tendres attentions qu'il lui prodigue ; et comme il a sur moi l'avantage de la naissance, je crains que la belle Marianne ne lui accorde le même privilège dans son cœur. A la jalousie que je ressens, je reconnais la force de mon amour : j'en perds le boire et le manger, je passe les nuits sans dormir, et cela joint au feu de la passion qui me dévore finira par me réduire à rien.

— Mais, mon cher Théodore, lui dis-je, comment vous qui êtes si sage, pouvez-vous vous abandonner à une passion qui ne peut avoir que des suites funestes? Marianne n'est pas de votre condition : vous ne pouvez donc pas l'épouser, et elle est trop vertueuse pour que vous puissiez la posséder autrement.

Changeons de logis ! loin de l'objet de votre flamme, vous en perdrez peu à peu le souvenir.

— Tout ce que vous me dites est fort raisonnable, répliqua-t-il ; mais quand avez-vous entendu dire que l'amour raisonne ? Ignorez-vous que là, comme dans les affaires d'honneur, on ne prend conseil que de son cœur ? Je ne puis renoncer à Marianne sans renoncer à moi-même : la blessure est déjà trop profonde pour qu'elle puisse guérir.

— Mais que diront vos amis, continuai-je, si vous vous attachez à elle par des liens indissolubles ? C'est d'eux que dépend votre avenir : ils éloigneront sans doute de vous leurs mains bienfaisantes et vous priveront de l'héritage qu'ils vous destinaient.

— Qu'ils fassent ce qu'ils veulent, me dit-il ! Pour moi, j'aimerai toujours Marianne.

Sur ce, nous nous souhaitâmes une bonne nuit. Je dormis bien, mais Théodore n'en fit pas autant : je le trouvai le matin si changé que je n'eus garde de recommencer notre conversation de la veille.

Nous reprîmes nos études, et le soir on se retrouva, comme d'ordinaire, dans la petite société. On y railla un peu Théodore sur le trouble de ses idées : il prétexta une migraine et demanda à être dispensé du jeu. Pendant que les autres jouaient, il se mit à observer Marianne et le comte. Il crut voir une certaine correspondance amoureuse entre leurs yeux, ce qui le désespéra entièrement.

Nous sortîmes. En entrant dans notre chambre, il me dit :
— Eh bien ! Doutez-vous encore de l'amour de Marianne et du comte ? Ils se sont jeté cent regards amoureux ; au départ, elle lui a même glissé quelques mots à l'oreille : mon malheur est certain.

— Je n'ai rien vu de tout cela, lui répondis-je ; la jalousie vous a peut-être montré les choses autrement qu'à moi.

Ce fut pendant deux ou trois jours le thème de notre conversation. La fête de Marianne arriva. A l'occasion de cet anniversaire, notre professeur nous invita, avec d'autres personnes, à dîner dans son jardin ; et le comte, pour faire hommage à la jeune fille, lui apporta, le matin, un bouquet avec une riche rose en brillants. Il n'en fallut pas davantage pour mettre Théodore hors des gonds. Il devint triste et taciturne et ne mangea presque rien pendant tout le repas. Comme on lui en demanda la raison, il dut encore recourir à sa migraine pour se tirer d'embarras. On se leva de table, et, après quelques tours de promenade, on se rendit à la danse. Le comte ouvrit le bal avec Marianne qui, comme de juste, fut la reine de la fête. Théodore ne voulut pas danser : il se promena toute la nuit dans le jardin. Le bal dura jusqu'à l'aube et nous rentrâmes chez nous.

» Je montai dans ma chambre ; mon camarade s'arrêta dans la cour. Il y trouva le comte et l'obligea à tirer l'épée. Entendant le cliquetis des armes, je descendis au pas de course... J'arrivai trop tard : il avait déjà porté au comte le coup mortel, et s'était sauvé par la porte de derrière.

» Vous pouvez vous imaginer la consternation et la douleur qui régnèrent alors dans la maison. On porta le pauvre comte sur son lit, où il expira deux heures après.

» Ni moi ni les autres amis de Théodore nous ne pûmes savoir où il était passé ; nous ne l'aurions sans doute jamais appris s'il ne nous avait écrit de Corse, il y a quelques jours. »

---

Ce qui a transpiré de la vie de Théodore avant son arrivée en Corse (vu la nature de cet homme, les informations ne peuvent être qu'incertaines et contradictoires) nous le montre comme l'un des aventuriers les plus heureux et les plus marquants du dix-huitième siècle. Des hommes tels que Cagliostro, Saint-Germain, Law, Théodore, Casanova, Konigsmarck, forment un frappant contraste avec leurs grands contemporains

Washington, Franklin, Paoli, Pitt, Frédéric le Grand. Pendant que ces derniers jettent les fondements d'un nouvel ordre politique et social, les premiers, pareils aux rapides oiseaux des tempêtes, annoncent l'agitation des esprits.

» On dit que Théodore fut page auprès de la célèbre duchesse d'Orléans et devint là un parfait homme de cour. Sa nature de Protée le porta aux carrières les plus diverses. A Paris, le marquis de Courcillon lui procura une charge d'officier. Il se livra au jeu avec ardeur ; puis, pour se soustraire à ses créanciers, il s'enfuit en Suède chez le baron de Goertz. Il entra tour à tour en relations avec les astucieux et brillants ministres de l'époque, Ripperda, Alberoni et Law, qui tous introduisirent plus ou moins dans la politique leur caractère de chevaliers d'aventure. Théodore devint l'ami intime d'Alberoni ; il acquit en Espagne une si grande influence qu'il put y amasser en quelque temps une fortune considérable. Mais après la chute d'Alberoni, il se trouva lui-même sur le pavé. Il s'accrocha alors à Ripperda, et épousa une demoiselle d'honneur de la reine d'Espagne. Elisabeth Farnese, qui tenait en main les fils de mille intrigues, les avait tous mis en jeu pour procurer à son fils Don Carlos une couronne en Italie, et elle y avait réussi d'une manière fort étrange. Le monde était alors plein de parvenus, de prétendants, d'êtres fantasques, de coureurs de bonnes fortunes. On pourrait en former une galerie complète. La seule politique nous offre : Don Carlos, Charles Stuart, Rakotzy, Stanislas Leczinski, la créature du grand aventurier Charles de Suède, les hommes d'Etat cités plus haut, et en Russie Menczikov, Münnich, Biron ; Mazeppa et Patkul même pourraient figurer en tête de la galerie. C'était aussi le temps où les femmes régnaient en Europe. On voit donc sur quel terrain notre Théodore se trouvait.

» Sa femme était espagnole, mais, paraît-il, d'origine irlandaise ou anglaise, parente du duc d'Ormond. Elle n'a pas précisément laissé la réputation d'avoir été un modèle de beauté. Théodore la quitta un beau jour, non sans emporter, dit-on, les bijoux de madame.

Il se rendit à Paris, et gagna les bonnes grâces de Law : les actions du Mississipi lui procurèrent une peu honnête fortune. Une lettre de cachet lui fit recommencer le cours de ses pérégrinations : il parcourut ainsi le monde, essayant de tout, en Angleterre et particulièrement en Hollande, où il forgea mille projets divers, joua gros jeu et fit beaucoup de dettes. Son arrivée à Gênes, je l'ai déjà racontée dans mon *Histoire des Corses*. Ses dettes nombreuses lui inspirèrent peut-être le désir d'être roi. Nous assistons ainsi au plaisant spectacle d'un souverain couronné qui, peu de jours à peine avant son élévation au trône, comptait peut-être son tailleur parmi ses créanciers. De pareilles choses ne peuvent guère se voir qu'à une époque où l'ordre social est profondément troublé : on sent alors dans l'air un souffle romanesque, et l'impossible devient parfois une réalité.

Nous savons que Théodore arriva à Gênes, noua dans cette ville ainsi qu'à Livourne d'étroites relations avec des émigrés insulaires, conçut le projet de devenir roi des Corses et se rendit à Tunis pour en préparer les moyens. Il fut fait prisonnier en Barbarie ; c'est pourquoi il mit plus tard une chaîne à son blason royal. Son génie lui procura non seulement la liberté, mais aussi les ressources nécessaires pour débarquer en Corse. A peine échappé à la prison, il arriva au trône.

De Corse il écrivit l'épître suivante à son cousin de Westphalie, le baron de Drost. Cette lettre et tous les autres documents que je communique à ce sujet se trouvent dans le manuscrit du génois Accinelli, et sont même imprimés comme authentiques au troisième volume de l'histoire de Cambiaggi. Notre petit livre allemand les porte aussi, et comme il donne très probablement le texte original de la lettre, je le reproduis ci-après au lieu de traduire l'italien (1) :

« Monsieur, Mon très honoré Cousin,

» Les égards et bontez que Votre Excellence m'a témoignés dès ma tendre enfance, me font espérer qu'elle m'honore toujours d'une part de son souvenir et de sa bienveillance. Quoique, par un dérèglement ou un dérangement suscité par des envieux, et peut-être aussi par mon empressement et penchant naturel à faire des voyages en inconnu, pour parvenir à mes vues d'être un jour utile à mon prochain, j'aie différé toutes ces années à vous donner de mes nouvelles, soiés persuadé que vous m'avez toujours été présent et que je n'ai eu d'autre ambition que de pouvoir retourner dans la patrie, dans cet Etat désiré, pour reconnaître mes bienfaiteurs et amis et dissiper toutes les injustes calomnies si témérairement divulguées contre moi. Enfin, comme ami sincère et bon parent, je ne puis m'empêcher de vous donner part, qu'après bien des poursuites et traverses, il m'a réussi de venir en personne dans ce Roïaume de Corse accepter l'offre que les fidèles habitants m'ont fait en me déclarant et recevant leur chef et roi ; et, quoiqu'après bien des dépenses, faites pour eux depuis deux années, et après avoir souffert et prisons et persécution, je ne sois pas en état de tenter d'autres voïages pour les délivrer un jour du tirannique gouvernement génois, je me suis rendu, à leurs instances, dans ce païs, j'ai été reçu et proclamé leur roi ; et j'espère, avec

---

1) Le texte que nous publions est tiré d'un petit livre anonyme. publié à la Haye en 1738 sous ce titre : *Histoire des révolutions de l'île de Corse et de l'élévation de Théodore sur le trône de cet Etat, tirée des mémoires tant secrets que publics. A la Haie chés Pierre Paupie, MDCCXXXVIII.*

l'assistance divine, de m'y maintenir. Je m'estimerais heureux, mon cher Cousin, si vous vouliés me favoriser et consoler en m'envoïant quelques-uns de ma famille, que j'emploierai à satisfaction, en partageant avec eux leur sort, que j'espère, avec l'aide de Dieu, de rendre encore plus éclatant, par les talents et les avantages que j'ai retiré de mes voïages ; et cela, à la gloire de Dieu, et au grand avantage de mon prochain. Vous n'avez pas sçu le malheur que j'ai eu d'être pris en mer l'année passée, et emmené à Alger, comme esclave, dont j'ai cependant sçu me délivrer, mais avec perte très considérable etc. Mais, je dois différer jusqu'à un autre tems à vous faire part de ce que je me suis acquis par la grâce Divine, et vous prier seulement de compter sur moi comme sur vous-même, et d'être persuadé que j'ai gravé dans mon cœur les marques sincères d'amitié dont vous m'avez comblé dans ma jeunesse et que je chercherai par toutes sortes de moïens à vous donner des marques essentielles de l'attachement sincère avec lequel je vous serai toujours dévoué, étant du meilleur de mon cœur tout à vous, et fidèle ami et cousin.

» Le 18 mars 1736.

» Le Baron de Newhoff,
» élu roi de Corse sous le nom de *Teodoro primo*.

» *P. S.* Donnez-moi de vos chères nouvelles, je vous prie, et saluez de ma part toute la chère famille et les amis ; et comme mon avancement est à leur honneur, j'espère qu'un chacun saura concourir à mes avantages, et qu'ils viendront m'assister de conseils et de fait. Comme, depuis plusieurs années, je n'ai aucune lettre de la famille en Brandebourg, trouvez bon que je vous remette la ci-jointe, avec instance de vouloir l'envoïer à Bungelschil, et de me donner avis si mon oncle est en vie, et ce que font mes cousins à Reuschenbourg. »

## CHAPITRE IV

#### THÉODORE Ier

Par la grâce de Dieu et de la Sainte Trinité élu Roi de Corse.

A peine le débarquement du baron de Neuhoff fut-il connu que la République *offensée* lança un manifeste où, dit notre petit livre allemand, Théodore était peint sous les couleurs les plus noires.

En effet, les Génois ne le flattèrent pas, comme on le verra dans la pièce que nous donnons ci-après :

### ÉDIT DE LA RÉPUBLIQUE DE GÊNES

#### CONTRE LE SOI-DISANT BARON THÉODORE (1)

« Nous, Doge, Gouverneurs et Procurateurs de la République de Gênes etc., avons appris qu'un certain personnage fameux, habillé à l'asiatique, a débarqué dans notre Roïaume de Corse, du côté d'Aleria, où il s'était rendu avec quelques munitions de guerre à bord d'un petit bâtiment, commandé par le capitaine Dick, anglais ; que cet anonime, quoiqu'inconnu, avait néanmoins trouvé le moïen de s'insinuer auprès

---

(1) Pièce du livre anonyme cité pag. 329.

des chefs des soulevez qui, y trouvant leur intérêt, ont sçu par artifice le faire agréer par les peuples ; que le même personnage leur avait distribué des armes, de la poudre et quelques petites pièces d'or ; et qu'il les amusait de l'espérance d'un prompt et puissant secours. Comme toutes ces circonstances sont contraires à la tranquillité publique, et qu'il nous importe d'y pourvoir pour le bien de nos sujets de Corse, nous avons jugé à propos de les informer de la véritable qualité et condition de cet homme, conformément aux preuves et témoignages authentiques que Nous en avons.

» Il tire son origine d'un canton de Westphalie et se nomme le Baron Théodore de Newhoff. Il se dit éclairé dans la chimie, la cabale et l'astrologie, par le moïen desquelles sciences il prétend avoir trouvé les secrets les plus importants ; mais, ce n'est en effet qu'un vagabond et d'une fortune très-médiocre.

» En Corse il se fait appeler Théodore. C'est sous ce nom qu'il s'est rendu à Paris, vers l'année 1729, d'où il s'est retiré ensuite, après y avoir abandonné sa femme, Irlandaise de nation, qu'il avait épousée en Espagne et dont il avait eu une fille qu'il a pareillement abandonnée. En courant par le monde, il a déguisé son nom et sa nation. A Londres, il était Allemand, à Livourne Anglais, et à Gênes Suédois ; prenant tantôt le nom de baron de Napoer, tantôt celui de Smibmer, ou de Nissen, et quelquefois celui de Schmitberg, ainsi qu'il paraît par les passeports et par d'autres pièces authentiques, qui Nous ont été envoïées de divers endroits et que Nous conservons.

» C'est sous ces différents noms qu'il a trouvé les moïens de vivre aux dépens d'autrui, à la faveur de ses tours de souplesse. On sait que, vers l'année 1727, il a dissipé en Espagne l'argent qu'on lui avait avancé pour lever un régiment allemand, ainsi qu'il s'y était engagé. Ayant été obligé de fuir d'Espagne, il a trompé et filouté, en divers endroits, des Anglais, des Français, des Allemands et plusieurs autres personnes de différentes nations.

» Partout où il a filouté, il a eu grand soin de tenir ses fourberies cachées ; mais, après son départ, elles ont paru manifestement. Une lettre d'un gentilhomme allemand, écrite de Lisbonne du 10 février de l'année courante 1736, en est une preuve évidente.

» Il y a quelque tems, qu'il emprunta des banquiers Jabach, à Livourne, 515 pièces de huit, qu'il promit de faire rembourser à Cologne. Ses créanciers, se voïant trompez, le firent mettre en prison. Il en sortit quelques mois après, ayant sçu engager le patron d'un petit bâtiment d'être sa caution, comme il paraît par l'acte de son élargissement, passé à Livourne le 5 septembre 1735, par devant le notaire Jean-Baptiste Gumano etc. ; pour le guérir d'une maladie qu'il avait contractée dans sa prison, il fut mis à l'hôpital *del Bagno* de la dite ville pour y être traité en qualité de nécessiteux.

» Il est ensuite allé à Tunis, où il a exercé la médecine et tenu plusieurs conférences secrètes avec les chefs des infidèles. Il a sçu en tirer des armes et des munitions de guerre, avec lesquelles il s'est transporté en Corse, accompagné de Christoforo, frère du médecin Buongiorno à Tunis ; de trois Turcs, parmi lesquels se trouve un certain Mohamet, qui fut autrefois esclave sur les galères de Toscane ; de deux jeunes Livournois, nommés Attiman et Bondelli, fugitifs de leurs maisons paternelles, et d'un prêtre de Porto-Ferraio, que les Pères Missionnaires de Tunis ont jugé à propos d'éloigner pour de justes raisons.

» En conséquence de tout ce que dessus, et d'autant que cet homme s'est ingéré de vouloir gouverner en Corse, et de détourner malicieusement nos sujets de la fidélité qu'ils doivent à leur souverain naturel; que d'ailleurs il est à craindre qu'un homme, dont la conduite et les maximes sont si dépravées, n'excite de plus grands troubles parmi nos sujets : Nous avons jugé convenable de rendre public ce que dessus, et de déclarer, ainsi que Nous déclarons, par le présent Edit, le susdit prétendu Baron de Newhof, auteur actuel des nouvelles séditions, séducteur des peuples, perturbateur de la tranquillité publique, coupable de haute trahison et de lèze-Majesté au premier chef, et, comme tel, digne de toutes les punitions prescriptes par nos loix, défendant à qui que ce soit d'avoir aucune correspondance ou commerce avec lui, et déclarant dignes des mêmes punitions, criminels de lèze-Majesté et perturbateurs du repos public, tous ceux qui lui prêteront secours ou assistance, ou qui le suivront pour augmenter la révolte et troubler le repos de nos peuples.

» Fait dans notre Palais Royal, le 9 mai 1736.

» GIUSEPPE MARIA. »

La République *offensée* ne réussit point avec ce manifeste. Dans sa ville même de Bastia, sous son propre Edit, les gens se mirent à crier : « *Evviva Teodoro I, Re di Corsica!* » et Théodore, loin de rougir du nom de parvenu, disait avec un mâle humour : « Comme les Génois me traitent d'aventurier et de charlatan, je veux aller établir mon théâtre à Bastia. »

Il publia aussi son manifeste en réponse à celui des Génois. Voici cette pièce amusante (1) :

« Théodore I, Roi de Corse, au Doge et au Sénat de Gênes, salut et patience.

» Je n'ai pas cru commettre quelque faute en ne vous informant pas de la résolution que j'avais prise de passer dans

---

1) Nous l'empruntons aussi au livre anonyme cité pag. 329.

l'île de Corse ; et, pour vous avouer la vérité, j'ai cru cette cérémonie très inutile, m'imaginant que vous en auriés déjà été instruits par la Renommée. Ainsi, je n'ai pas jugé nécessaire de vous dire ce que vos ministres de Corse vous avoient déjà appris dans leurs relations ampoulées. Mais, puisque j'apprens que vous vous plaignez de ce que je vous ai caché mon dessein, je me trouve obligé de m'acquitter envers vous d'un devoir de voisin, qui fait savoir à ses voisins son délogement, et de vous apprendre que j'ai changé de demeure, et que, las de voïager et d'errer, comme vous savez que j'ai fait, j'ai résolu de me choisir une petite habitation dans l'île de Corse ; et, comme c'est dans votre voisinage, j'en prends occasion de vous en faire mon compliment par l'ambassade de ce papier ; quoique votre commissaire de la Bastie pourroit, s'il ne veut pas vous tromper comme ses prédécesseurs, vous informer que j'ai un soin particulier d'envoïer autour de cette ville un nombre suffisant de troupes, pour qu'il n'ignore pas notre nouveau voisinage. Et je crois que cela suffit pour remplir les devoirs de la civilité auxquels un délogement nous oblige envers nos voisins.

» Mais, comme ces délogements causent souvent des querelles entre les voisins, soit par rapport aux bornes des terres, aux passages, etc., je ne pousserai pas plus loin mes compliments à cet égard, et je passerai à nos affaires particulières, d'autant plus que j'apprens de tous côtez que mon voisinage vous fait tant de peine que, non seulement vous l'avez décrié par toute sorte de calomnies, mais même vous avez été jusqu'à le rejeter, contre tout devoir.

» La déclaration que vous avez publiée, que votre voisin était un perturbateur du repos public, qui débauchait le peuple, est une insigne fausseté, qu'on veut faire passer pour vérité, non seulement auprès de quelques personnes, mais même dans tout l'univers, pendant que chacun sait qu'il y a plus de sept ans que la paix et la tranquillité ont été chassées de la Corse, que vous avez troublée par votre gouvernement et d'où vous avez chassé la paix par votre sévérité : maximes, qui, sous prétexte de rétablir la paix, ont plongé les pauvres Corses dans un affreux dérangement et tumulte.

» Telle a été votre conduite, et l'iniquité de Pallavicini ; et c'est ainsi que la paix et la tranquillité ont été chassées de Corse, après avoir été rétablies avec bien de la peine par l'empereur même.

» Votre bourru et opiniâtre Pinelli trompait ce peuple ; et voilà l'état où je l'ai trouvé quelques jours après m'y être établi.

» Mais pourquoi rejeter sur moi la faute de la conduite que vous avez tenue ? Et dans quelle loi trouvera-t-on qu'un aussi simple voisin que moi puisse être accusé de haute-trahison ? Car *trahison* suppose qu'on a violé l'amitié par quelque offense capitale, sous prétexte d'entretenir cette amitié. Supposons que je vous aie gravement offensez. Mais quelle amitié a jamais subsisté entre nous ? Quand ai-je été votre ami ? Dieu me préserve d'aimer jamais une nation qui a si peu d'amis !

» Cependant, on tâche de prouver que je suis coupable du crime de lèze-Majesté. Je tremble quand je pense à une accusation aussi terrible. Mais quand je cherche d'où peut venir votre Majesté, je me console de ne la trouver nulle part, quelque recherche que je fasse. Dites-moi, avez-vous hérité de cette Majesté de vos Doges ? Ou bien l'avez-vous acquise par mer lorsque vous accordiés une retraite aux Mahométans dans votre ville et que, poussez par votre avarice, vous avez transporté en Europe plus de Turcs qu'il n'en fallait pour en faire la conquête ? Peut-être avez-vous rapporté d'Espagne cette Majesté sur vos épaules ? Peut-être a-t-elle été transportée d'Angleterre sur vos terres par certain vaisseau envoyé par un marchand anglois à un de vos bourgeois élu Doge, auquel il était ainsi adressé : « *A Monsieur, Monsieur N. N., Doge de Gênes et marchand en diverses sortes de marchandises.* »

» Dites-moi, au nom de Dieu, d'où vous viennent ces airs de *Monarchie* et de *Principauté,* à vous dont la République n'a été autrefois qu'une société de corsaires avares? Depuis quelques siècles, vos Conseils n'ont été composez que de bourgeois. Est-ce d'eux que vous tirez votre Majesté?

» Y a-t-il rien de plus illégitime que le titre de prince que vous donnez à votre Doge, puisqu'il est certain que les loix fondamentales de votre République portent qu'il ne doit y avoir d'autre prince que les loix? Ainsi, vous qui n'êtes que les administrateurs des loix, pouvez-vous vous arroger le titre de *Souverains* et traiter le peuple de *sujets,* lui qui doit gouverner avec vous, comme cela arrive réellement?

» Quoique vous restiés encore en paisible possession de ce que vous avez en Terre-ferme, je crois que les choses seront autrement dans l'île de Corse, où le peuple, aïant ouvert les yeux, insiste sur ses justes prétentions, et se trouve obligé à secouer le joug de votre gouvernement.

» Quant à moi, j'ai résolu de me tenir au parti du côté duquel je trouve le droit et la justice; et puisque vous m'avez dépeint partout comme un trompeur de toutes les nations, j'ai résolu de prouver le contraire, au moins à une nation, aux Corses opprimez; et si, pour les arracher à vos tromperies, je puis vous tromper, je le ferai de tout mon cœur, vous permettant de me traiter de même, si vous le pouvez.

» Au reste, soïés persuadez que nos créanciers seront bien païés, puisque vos effets, que les Corses m'ont légitimement cédez, sont plus que suffisans pour païer mes dettes. Tout ce qui me fera de la peine, c'est que je ne pourrai jamais assez païer à votre République toutes les cruautez que vous avez exercées dans ce Roïaume.

» Il n'est pas nécessaire que je vous informe des heureux succès de mes adhérens, puisque vous avez sans doute appris que j'ai à ma solde assez de troupes pour vous convaincre que je suis capable non seulement de vivre aux dépens d'autrui, mais même que j'ai l'art d'entretenir 10 mille hommes à mes dépens. Vos vaillants soldats, qui se tiennent renfermés dans la Bastie, n'osant paroître en plaine campagne de crainte d'être vûs de trop près, vous attesteront s'ils sont bien nourris et bien païés.

» Au reste je puis vous protester que, de quelque manière que vous me décriés dans le monde, je suis persuadé que vous ne ferez pas sur ce peuple-ci l'impression que vous vous imaginez ; et que l'or qu'ils reçoivent aura plus de force que les calomnies que vous ne cessez de répandre contre moi. Je vous demande une seule chose. Faites-moi la grâce que, dans les rencontres qu'il y aura entre moi et vos troupes, je puisse au moins voir un de vous autres qui les commande, s'il s'en trouve quelqu'un qui ait cette véritable bravoure, que tout honnête homme doit témoigner pour sa patrie. Mais je suis persuadé que mes vœux ne seront pas remplis de ce côté-là ; puisque vos lettres de change, votre usure et votre négoce vous occupent si sottement que le courage ne peut point se loger chez vous. Aussi suis-je persuadé que jamais vos troupes ne vous feront honneur ; parce que vous, qui devriés les conduire, n'avez ni le tems, ni le courage de les mener en campagne, comme font les autres nations courageuses etc., etc.

» De notre camp devant la Bastie, le.... juillet 1736 *signé* : Teodoro, et *plus bas* Sebastiano Costa, secrétaire d'Etat et Grand-Chancelier. »

Ce ton de raillerie était bien propre à blesser profondément la République. Mais ainsi vont les choses de ce monde : la superbe reine des mers était déchue de sa grandeur ; à ses portes un petit peuple en armes la remplissait d'effroi, un chevalier d'aventure étranger l'insultait impunément.

L'élection eut lieu à Alesani le 15 avril 1736, et Théodore fut proclamé roi à vie : la couronne était transmissible, par ordre de primogéniture, à ses descendants mâles, à défaut de ceux-ci aux filles, et en l'absence d'héritiers directs, aux parents collatéraux. Mais les Corses ne conférèrent au roi qu'un vain titre : ils conservèrent leur constitution.

J'ignore si le nouveau souverain eut jamais l'intention de leur donner une reine ; on ne lui en laissa peut-être pas le temps. Il s'installa, comme il put, au palais épiscopal de Cervione, s'entoura de gardes et d'un apparat princier, et joua son rôle de roi aussi gravement que s'il fût né sur le trône. Nous savons qu'il se forma une cour splendide et bruyante, créant des marquis, des barons et des comtes. Les hommes sont partout les mêmes avec leurs passions. On peut se sentir roi au milieu des murs délabrés d'une petite chambre de village, comme dans les salles somptueuses du Louvre, et un duc de chocolat ou de marmelade à la cour d'un roi nègre portera son titre non moins fièrement qu'un duc d'Albe. A Cervione la foule courut se chauffer aux rayons du nouveau soleil et solliciter des titres et des faveurs ; au fond d'un village malpropre, dans une maison de misérable apparence, qui était un palais royal parce qu'on l'appelait ainsi, l'ambition et l'égoïsme jouèrent leur rôle tout aussi bien qu'à n'importe quelle cour.

Par un des actes de sa souveraine puissance, Théodore fonda un ordre de chevalerie, car il faut qu'un roi ait des décorations à distribuer ; il l'appela, comme on l'a vu, l'*Ordre de la Délivrance*. Les chevaliers avaient, ma foi, fort bonne mine avec leur habit bleu céleste orné d'une décoration ainsi décrite dans un ouvrage du temps : (1)

---

(1) Anonyme cité à la pag. 329.

« La croix ou étoile de cet ordre est en champ de sinople, avec un ourlet d'argent ou blanc. Les pointes de la croix ou étoile, et l'anneau par lequel elle est attachée, sont d'or ou jaune ; et les autres petites pointes, de sable, et chargées des armes du Roi, blanches ou d'argent; et le bord de la croix jaune ou d'or. Dans le milieu de l'étoile est la Justice, couleur de chair, représentée par une femme, qui a une ceinture d'où pend une feuille de figuier d'or : elle tient de la main droite une épée d'acier, et de la gauche une balance, dans un des bassins triangulaires de laquelle est une tache rouge, et dans l'autre une couleur de plomb. Au-dessous de la main qui tient l'épée est un globe d'or, surmonté d'une croix ; et au-dessous de la main qui tient la balance est un triangle d'or au milieu duquel est un T. »

Tout chevalier jurait obéissance au roi, sur terre et sur mer ; il était tenu de chanter deux psaumes par jour, le XI$^e$ (*Deus noster refugium et virtus*) et le LXX$^e$ (*In te, Domine, speravi*).

Les monnaies d'or, d'argent et de cuivre frappées par Théodore sont devenues très rares : elles présentent d'un côté son buste et l'inscription : *Theodorus D. G. unanimi consensu electus Rex et princeps regni Corsici* ; de l'autre les mots : *Prudentia et industria vincitur Tyrannis*. Sur quelques pièces on voit, à l'une des faces, une couronne supportée par trois palmiers avec les lettres T. R., et au revers la légende : *Pro bono publico Corso*.

Théodore donna aussi au bourreau sa part de besogne : il condamna à la peine capitale bon nombre d'hommes qu'il jugeait dangereux. Mais il gâta par là ses affaires avec ses sujets, particulièrement en faisant exécuter un chef indigène du nom de Luccioni. On lui reprocha aussi quelques attaques contre la vertu des vierges insulaires, ce qui n'était pas stipulé dans les clauses de l'élection. Cependant les Corses lui restèrent deux ans fidèles. Dans son désespoir, ce brave peuple avait demandé un roi, comme les Juifs l'avaient fait jadis pour être délivrés des Philistins. Lorsque Théodore quitta l'île pour la première fois, ils publièrent la proclamation suivante :

« Nous,
Don Louis Marquis de Giafferri
et
Don Hyacinthe Marquis Paoli,
Premiers ministres et généraux de sa Majesté
le Roi Théodore, notre Souverain.

» A peine avons-nous reçu les lettres du Roi Théodore notre Souverain que, pour obéir à ses ordres, Nous avons appelé à Corte toutes les populations des provinces, des villages et des châteaux du Royaume pour tenir une Consulte générale. L'assemblée se composait des représentants du deçà et du delà des Monts. Tous ont accueilli avec plaisir et soumission les ordres de Sa Majesté, à qui ils ont renouvelé d'un commun accord le serment de fidélité et d'obéissance dû à leur maître et souverain légitime. Ils ont également confirmé, pour lui et ses descendants, son élection au trône de Corse, suivant les clauses irrévocablement fixées dans la convention d'Alesani.

» C'est pourquoi, Nous faisons savoir à tous ceux qu'il appartiendra et au monde entier, Que Nous garderons toujours une fidélité inviolable à l'auguste personne de Théodore Ier, et que Nous sommes décidés à vivre et à mourir comme ses sujets, et à ne point reconnaître d'autre maître que lui et ses héritiers légitimes. Et de nouveau Nous jurons sur les Saints Evangiles de maintenir notre serment de fidélité en toutes ses parties, au nom du peuple ici assemblé.

» Et afin que le présent acte ait toute sa force et l'autorité nécessaire, Nous l'avons fait enregistrer à la chancellerie du Royaume, l'avons signé de notre propre main et muni du sceau du Royaume.

» Donné à Corte, le 27 décembre 1737. »

Des déclarations analogues se reproduisirent en 1739, au moment où Théodore débarqua de nouveau en Corse au milieu de la foule joyeuse accourue sur le rivage pour l'acclamer. Dans cette circonstance le roi faillit être brûlé vif. Le capitaine de son navire (un Allemand du nom de Wigmannshausen), corrompu par l'or des Génois, avait promis à ces derniers de faire sauter le vaisseau ; et déjà il prenait des dispositions pour mettre le feu aux poudres, lorsque Théodore, qui s'était réveillé plusieurs fois la nuit à l'idée qu'il périssait dans les flammes, songea à pénétrer avec ses domestiques dans la cabine du capitaine. Wigmannshausen, surpris au milieu de ses préparatifs, fut condamné au supplice du feu qu'il voulait infliger aux autres ; puis le roi, revenant sur sa première décision, ordonna qu'on pendît le coupable aux vergues du navire, ce qui fut exécuté sur le champ. Pendant son règne éphémère, Théodore eut donc lui aussi à subir un attentat.

Nous savons quel sort l'attendait dans son royaume. Après avoir vainement essayé de reconquérir le trône, il retourna en Angleterre, laissant derrière lui, comme un rêve, les années merveilleuses qu'il avait passées dans son île sauvage, la couronne sur la tête, le sceptre à la main, entouré de chevaliers, de marquis, de comtes et de barons, avec un chancelier et un garde des sceaux à ses côtés. Et tout d'un coup il se trouva, pauvre gueux, tristement assis au fond de la Tour de Londres, où ses créanciers l'avaient fait jeter ; et songeant à sa royale et aventureuse existence, il récriminait contre les marchands anglais qui le condamnaient à languir dans un cachot ; et ses plaintes étaient non moins amères et non moins douloureuses que celles que fit entendre plus tard Napoléon sur le rocher de Sainte-Hélène où l'Angleterre l'avait confiné. Lui aussi était une grandeur déchue, un personnage tragique.

Le ministre Walpole fit une pieuse collecte en faveur du pauvre roi des Corses et le délivra de sa prison, et le roi, par reconnaissance, lui envoya le grand sceau de son royaume. Comme Paoli et Napoléon, Théodore mourut sur la terre anglaise (1756). Il est inhumé à Westminster au cimetière de Sainte-Anne. Ce fut un homme d'une rare audace, un génie fantastique et bizarre, doué de ressources inépuisables, plus constant que son étrange fortune. De tous les aventuriers qui s'illustrèrent par leur bravoure, c'est le plus digne des éloges de la postérité, car il employa sa force et son intelligence à l'affranchissement d'un peuple valeureux. Les contrastes les plus violents, le trône et la prison pour dettes où le pain même lui manquait, il les a éprouvés dans sa vie. Nous autres Allemands, nous lui accorderons volontiers une place parmi nos braves : que ces quelques lignes consacrées à mon vaillant compatriote, servent à en raviver le souvenir !

## CHAPITRE V

**MARIANA. — RETOUR A BASTIA**

> Era già l'ora che volge il disio
> Ai naviganti e intenerisce il core,
> Lo dì c'han detto a' dolci amici addio.
> 
> Dante.

Le village de Cervione est au nord d'Aleria sur le penchant d'une montagne. Je regrette vivement de ne pas l'avoir visité. Son château ne renferme rien de remarquable, mais il a servi de résidence à Théodore. Parfois le voyageur, pris de lassitude, passe en dormant auprès des lieux les plus dignes d'attention. Cervione m'apparut sur la hauteur,.. et je descendis aux ruines de Mariana.

Plus loin, au nord de Cervione, débouche le Golo, le cours d'eau le plus considérable de l'île (l'été l'avait presque mis à sec): il arrose un grand nombre de vallées et couvre partout de ses alluvions la vaste plaine de Mariana, ou plutôt de Marana, comme on l'appelle ici. Sur la rive gauche de la rivière s'élevait jadis la seconde colonie des Romains. Coïncidence bien digne de remarque ! Ce furent deux hommes qui s'étaient voué une haine mortelle et se poursuivaient partout de leurs vengeances sanguinaires, ce furent Marius et Sylla qui établirent des colonies dans ce pays des Corses, ensanglanté par tant de luttes fratricides.

Leurs noms réveillent les plus terribles souvenirs de la guerre civile, et viennent ici alourdir l'atmosphère.

Je cherchai les ruines de Mariana. Elles sont à une heure de la grande route, du côté de la mer : comme à Aleria, ces décombres occupent une vaste surface ; le sol en est jonché. On les parcourt avec un sentiment de tristesse, car ces pierres formaient jadis une cité populeuse où, pendant des siècles, la vie a circulé. On voudrait avoir la lyre d'Amphion pour harmoniser ces débris épars et faire surgir encore une fois l'antique ville avec ses mystérieux habitants. Qu'étaient-ils ? A quelle époque faut-il les placer ?... Les ruines de Mariana sont encore moins importantes que celles d'Aleria. Il n'est guère plus possible d'en reconnaître la date. Le Corse aime bien à voir ici des restes de constructions romaines, et le voyageur lui-même peut se donner cette illusion : assis là sur un tas de pierres, il peut se représenter Marius sur les ruines de Carthage, déplorant la chute de cette grande cité.

Il n'y a que deux églises dévastées qui soient vraiment dignes d'attention. Ce sont les ruines les plus remarquables de la Corse au moyen-âge. L'une est une chapelle (1) dont la nef, oblongue, est bien conservée. Elle a une abside ornée, à l'extérieur, de six colonnes arrondies d'ordre corinthien. Des sculptures d'un travail très simple sont appliquées au chambranle de la porte latérale. A un mille plus loin, se trouvent les restes d'une église plus grande, dont les murs sont également restés debout. On l'appelle la *Canonica*. C'est une basilique à trois nefs avec une rangée de pilastres d'ordre dorien et une abside flanquée de chapelles gothiques. La niche aussi présente extérieurement des pilastres doriens. La longueur de la nef est de 110 pieds, sa largeur de 50. La

---

(1) San-Perteo.

façade est à moitié détruite, mais on y reconnaît encore le style pisan. Sur le cintre du portail sont des griffons, des chiens poursuivant un cerf, et un agneau, d'un travail si grossier qu'il pourrait bien remonter au VIII$^e$ siècle. On a voulu voir dans la *Canonica* un temple romain, transformé en mosquée par les Maures, et devenu plus tard une église chrétienne lorsque Ugo Colonna eut conquis Mariana sur les Sarrasins. On reconnaît bien que l'édifice a été complétement renouvelé ; mais rien ne nous dit qu'à l'origine il fût romain. Tout nous le montre, au contraire, comme une basilique pisane. Son architecture est noble, simple, harmonieuse, ce qui, joint à la pureté du marbre corse dont l'église est revêtue, lui donne l'apparence d'un monument antique.

En pénétrant à l'intérieur, j'y trouvai à genoux une communauté bien étrange : de sveltes sauvageons alignés dans les nefs de l'église, avançant les uns derrière les autres leur tête verdoyante. Un grand bouc barbu était planté devant la tribune sans toucher à un fil d'herbe et comme occupé plutôt par des réflexions morales. Non loin de là, des bergers faisaient paître leurs troupeaux de chèvres.

Je les interrogeai vainement sur les médailles. Et pourtant ces lieux, ainsi que d'autres en Corse, ont fourni un grand nombre de monnaies romaines du temps de l'empire. Ces pièces ne sont pas rares d'ailleurs ; la moitié du monde en est inondée.

C'est de cette ancienne colonie de Marius, fondée avant celle d'Aleria, que partait l'unique route romaine de la Corse : elle traversait Aleria et menait à *Præsidium*, à *Portus Favoni* et à *Palæ*, ville qui occupait sur le détroit à peu près la place où se trouve actuellement Bonifacio. La Corse était donc à cette époque encore plus impraticable que de nos jours. Les Romains n'ont jamais pénétré dans les montagnes de l'intérieur.

Bastia m'apparaît d'ici dans le lointain, et je vais terminer mon voyage. A gauche, s'élèvent les hauteurs de Borgo, arrosées du sang des patriotes : c'est là que les Corses ont remporté leur dernière victoire sur les étrangers.

Au-delà brille le paisible étang de Biguglia, que domine le village de ce nom, l'ancienne résidence des gouverneurs génois. Son château est complètement détruit.

Avant d'arriver à Bastia, on rencontre un dernier village : c'est Furiani. Sa noire forteresse n'offre plus que des débris où le lierre et la blanche clématite étendent leur tapis de luxuriante verdure. De là le regard se porte encore vers l'aimable plaine du Golo, et vers les montagnes bleues qui de l'intérieur de l'île semblent avec leurs voiles de brume me donner le signal du départ.

Une belle excursion est maintenant terminée. Le voyageur s'arrête pensif, et remercie joyeusement la divine Providence de l'avoir guidé et soutenu dans ses pérégrinations. Et pourtant, mon cœur se serre au moment de dire adieu à cette île merveilleuse. Elle est devenue pour moi une amie. Ses vallées paisibles avec leurs grands bois d'oliviers, ses golfes enchanteurs, ses montagnes éthérées avec leurs sources fraîches et limpides et leurs vertes couronnes de pins, ses villes et ses villages avec leurs habitants hospitaliers ont laissé à mon esprit et à mon cœur des souvenirs ineffaçables et me rattachent à eux par les doux liens de l'hospitalité.

Un Corse couché là-bas à l'ombre d'un antique olivier me présente encore une fois l'image de son peuple et de son pays.

## ADIEUX A LA CORSE

### *L'Etranger*

Farouche montagnard, à quoi rêves-tu, — étendu là, morne et taciturne, à l'ombre d'un antique olivier, — le fusil double au bras, — l'œil fixé sur le ciel lumineux et brûlant? — Dans ta triste masure, ton enfant pleure de faim, — ta femme chante un *vocero* et file, file sans cesse ; — et se plaint de ne voir aucun terme à sa peine, — de retrouver toujours sa chambre déserte et le feu éteint au foyer. — Et toi, pareil au faucon, tu te poses là-haut sur le roc, — et dédaignes de venir dans la vallée répandre le blé d'or, — de t'entourer de la douce verdure des plantes nourricières — et des vignes, de t'élever un confortable abri. — Vois la plaine qui s'étend là-bas — souriante vers la mer, — au pied de ces montagnes bleues ensoleillées, — un éden où coulent mille clairs ruisseaux ! — Mais là pullulent l'arbousier et le myrte, heureux souverains de ces vastes domaines, — là croissent partout la fougère, le cytise et l'érica, — pâturage d'été des chèvres au poil noir. — Le Golo s'y traîne paresseusement vers le marais — couvert de roseaux, qui alourdit — et enfièvre l'air humide, et consume lentement la vie — du pêcheur à qui il donne son poisson. — Et quand le voyageur parcourt ces campagnes, il n'entend que le bruit du vol des oiseaux sauvages, — et ne se heurte qu'à des débris informes — de villes romaines disparues. — Debout, ô Corse ! quitte enfin ton repos indolent ! — descends à la plaine, saisis la bêche, — la houe et la cognée, cultive la terre, — et ce jardin se couvrira de fruits pour toi.

## CHAPITRE V.

*Le Corse.*

Etranger ! tes ancêtres, je les rencontrai jadis sur mes pas ; — je les plongeai, à Calenzana, dans l'éternel sommeil. — Pourquoi viens-tu troubler mon repos ? Pendant deux mille ans — j'ai combattu sans trève, n'ayant d'autre plaisir que la lutte, — pendant deux mille ans j'ai tenu tête — aux envahisseurs de mon pays. — Au Col de Tenda j'abattis les Romains : — les champs en portent encore les traces. — J'attaquai les flottes du carthaginois Asdrubal ; — les guerriers étrusques, je les dispersai comme des grains. — Le Maure rapace pénétra dans nos golfes, — traîna au loin nos femmes et nos enfants, — promena dans nos demeures la rouge flamme dévorante ; — je courus à lui, et après une lutte terrible, la victoire me resta. — La conque marine m'appela de nouveau aux armes ; — d'autres ennemis s'étaient abattus sur notre sol, — des Lombards, des Turcs, des Aragonais. — Mon sang coula à flots, — ma maison s'en alla en poudre ; — mais je ne pleurai point : — la liberté me restait. — Alors vint le Génois... Oh malédiction ! — L'Italie jeta son fils dans les fers ! — Tu regardes mon pays et déplores tant de désolation : — ces campagnes désertes, ces ports sans navires, — ces villages couverts de lierre et presque détruits ? — Sache-le, c'est un fruit des Génois. — Tu entends, sur le golfe, aux sons de la cithare — s'unir le *vocero* comme un long gémissement. — Et ces notes toujours plaintives causent ta surprise ? — Sache-le, elles me viennent des Génois. — Un coup de feu retentit dans la montagne ; tu vois tomber la victime obscurément baignée dans son sang, — et tu frémis de ce monstrueux esprit de vengeance ? — Sache-le, je le tiens des Génois. — Tu vois maintenant ce que j'ai souffert... — Mais c'est moi qui ai creusé à

Gênes une fosse. — Si tu la visites un jour, tu diras : — O Gênes, j'ai vu l'île de Corse, ton tombeau. — Ce fut un combat féroce, d'une cruauté inouïe. — Le marchand livra mon pays aux mains de la France, — comme une terre qu'on achète pour de l'or ; — et le monde lâche assista paisiblement à ce marché ! — Ecoute étranger ! Sur les hauteurs de Pontenovo, — je tombai victime des instruments de la tyrannie ; — les yeux pleins de larmes, je m'éloignai sanglant du champ de bataille, — me traînant jusqu'au faîte des montagnes, comme un fauve blessé. — Et maintenant je suis las. — Ce m'est bien permis après de tels combats. — Laisse-moi donc me reposer à l'ombre de cet olivier !

### L'étranger.

Dieu me garde de t'adresser une parole amère ! — je n'ai voulu que compatir à la malédiction qui te poursuit, — ô toi, vaillant précurseur de nos luttes sanglantes, — qui te reposes de tes glorieux combats ! — Tu peux bien te reposer ! — Alors que l'Europe était plongée dans le sommeil, — toi seul, pendant de longues nuits, — tu veillais sur ton âpre rocher ; — toi seul luttais pour les droits de l'homme, — quand le reste du monde en avait perdu le souvenir. — J'ai entendu l'appel de tes aïeux, — la voix grave de Pascal Paoli — m'invitant à donner par ma parole — un nouveau lustre à l'image voilée de tes vieux héros. — Si tes sanglantes discordes m'ont parfois rempli d'une muette horreur, — ou d'un profond sentiment de tristesse, — ton héroïsme m'a pénétré d'admiration, — et tes poétiques complaintes, je les ai emportées dans mon cœur, — où elles résonnent comme des cloches argentines. — Et lorsque, assis au pied de tes pics gigantesques, — je voyais le torrent rouler dans les nuages, — la nature versait toujours sur ma tête sa coupe éthérée, — et mon esprit s'ouvrait à la lumière... — O Corse, encore un adieu, en attendant que sur la vague mobile — se gonfle la voile de mon vaisseau errant ! — Que Dieu te récompense de tes dons, — de tes fruits, de ton vin délicieux, de ton aimable hospitalité ! — Puisse ton olivier ne jamais te refuser ses richesses, — tes jardins se couvrir tous les ans pour toi de beaux fruits ; — que le maïs dore toujours tes plaines, — et que le soleil consume la malédiction de ta vengeance, — et sèche enfin le sang généreux qui inonde cette terre de héros ! — Que tes fils héritent de l'énergie de tes ancêtres, — que tes filles conservent la pureté de tes torrents ! — Qu'entre elles et les mœurs efféminées de tes vainqueurs — s'élève toujours le granit de tes montagnes ! — Adieu, Corse, adieu ! Puisse ta gloire toujours resplendir, — et la vertu de tes pères se retrouver dans leurs derniers neveux ! — Que jamais l'étranger visitant tes montagnes ne s'écrie tristement : — « Héroïsme de Sampiero, tu n'es plus qu'un nom ! »

FIN.

**NOTE DE L'AUTEUR**

Je vais noter les principaux ouvrages qui m'ont servi dans mon travail ; on le constatera ici, quelque insulaire que soit un sujet, il entraîne toujours avec lui tout un continent de littérature. J'ai déjà nommé les historiens Filippini, Pietro Cirneo, Cambiaggi, Giacobbi, Limperani, Renucci, Friess, et le géographe italien Francesco Marmocchi. J'ajouterai Robiquet (*Recherches historiques et statistiques sur la Corse ; Paris 1835*), livre fort riche de matériaux et auquel je dois des renseignements utiles.

J'ai consulté de Niccolò Tommaseo ses *Lettere di Pasquale Paoli (Firenze 1846)*, et ses *Canti popolari corsi*, insérés dans le recueil des chants populaires corses, toscans et grecs.

Les *vocerí* du présent volume sont tirés du *Saggio di versi italiani e di canti popolari corsi ; Bastia 1843*. Lors de sa dernière visite à Rome, le poète Salvatore Viale a bien voulu me laisser un recueil manuscrit de chants populaires corses, que je compte publier à mon heure. Le digne vieillard est mort. Tommaseo lui a consacré dans l'*Archivio storico* un beau souvenir. J'ai inséré dans mon livre la nouvelle de Viale intitulée : *Le vœu de Pietro Cirneo*. Elle ne se trouve pas dans la première édition. Les sujets des autres nouvelles corses (elles relatent toutes des faits réels), je les ai empruntés au recueil de Renucci publié à Bastia en 1838 ; mais l'exposition m'appartient. Le livre de l'anglais Boswel (*Etat de la Corse, suivi du journal*

*d'un voyage dans l'île et des mémoires de Pascal Paoli;
Londres 1769*) mérite d'être lu, parce que l'auteur a connu
personnellement le grand Corse et n'a fait souvent que transcrire ce qu'il a entendu de sa bouche. Je dois enfin plus
d'un renseignement à l'ouvrage de Valery (*Voyages en Corse,
à l'île-d'Elbe et en Sardaigne; Bruxelles 1838*).

**NOTE DU TRADUCTEUR**

L'*Histoire des Corses* a été traduite sur la 1re édition
(1854), le *Voyage en Corse* sur la 3e (1878) avec quelques
légers changements indiqués par l'auteur.

| | | |
|---|---|---|
| Chap. VII.. | — Deux cercueils | 219 |
| — VIII. | — Pozzo-di-Borgo | 222 |
| | Le Brutus corse | 225 |
| | Marianna Pozzo-di-Borgo | 228 |
| Chap. IX... | — Environs d'Ajaccio | 231 |

## LIVRE IV.

| | | |
|---|---|---|
| Chap. I..... | — D'Ajaccio à la vallée d'Ornano | 239 |
| — II.... | — D'Ornano à Sartène | 246 |
| — III... | — La ville de Sartène | 250 |
| — IV... | — Deux drames de la vendetta. | 255 |
| | Orso Paolo | — |
| | Dezio Dezii | 261 |
| — V.... | — Environs de Sartène | 266 |
| — VI... | — La ville de Bonifacio. | 269 |
| — VII.. | — Siège de Bonifacio par Alphonse d'Aragon. | 276 |
| — VIII. | — Autres souvenirs. — Une fête | 285 |
| — IX... | — Le détroit. | 293 |
| — X.... | — Les grottes de Bonifacio. | 300 |

## LIVRE V.

| | | |
|---|---|---|
| Chap. I..... | — La côte orientale. | 307 |
| — II.... | — Aleria, colonie de Sylla | 312 |
| — III... | — Théodore de Neuhoff. | 318 |
| — IV... | — Théodore I$^{er}$ par la grâce de Dieu et de la Sainte-Trinité élu Roi de Corse | 331 |
| — V.... | — Mariana. — Retour à Bastia. | 344 |
| | Notes | 352 |

# TABLE DES MATIÈRES CONTENUES DANS CE VOLUME

## LIVRE PREMIER.

| Chap. | I...... | — Du Nebbio à l'Ile-Rousse. . . . . . | 3 |
| — | II.... | — Idylle sur le rivage de l'Ile-Rousse . . . | 9 |
| — | III... | — Vittoria Malaspina. . . . . . . . | 15 |
| — | IV... | — De l'Ile-Rousse à Calvi . . . . . . | 23 |
| — | V.... | — Calvi et ses hommes remarquables . . . | 28 |
| — | VI... | — Une fête de Maîtres Chanteurs . . . . | 34 |
| — | VII.. | — Les chants funèbres corses . . . . . | 38 |
| | | *Voceri*. Complaintes corses . . . . . | 53 |

## LIVRE II.

| Chap. | I..... | — A Corte par la Balagne . . . . . . . | 117 |
| — | II.... | — La ville de Corte. . . . . . . . | 123 |
| — | III... | — Parmi les chevriers du Monte-Rotondo. . | 130 |
| — | IV... | — Au sommet de la montagne. . . . . | 144 |
| — | V.... | — Se vengera-t-il ? . . . . . . . | 151 |
| — | VI... | — De Corte à Ajaccio . . . . . . . | 154 |

## LIVRE III.

| Chap. | I..... | — Ajaccio. . . . . . . . . . . | 159 |
| — | II.... | — *La Casa Bonaparte* . . . . . . . | 167 |
| — | III... | — La famille Bonaparte . . . . . . . | 172 |
| — | IV... | — Enfance de Napoléon . . . . . . | 180 |
| — | V.... | — Napoléon fougueux démagogue . . . . | 189 |
| — | VI... | — Derniers événements de la vie de Napoléon en Corse . . . . . . . . . | 206 |

# TABLE GÉNÉRALE

## VOLUME PREMIER.

| | |
|---|---|
| 1re PARTIE. Histoire des Corses . . . . . . . | 1-146 |
| — Appendice (Jugements des Grecs et des Romains sur la Corse) . . . . . | 1-XVI |
| 2e PARTIE. Voyage en Corse (Bastia; Cap-Corse; Casinca; Orezza; Rostino.) . . . . | 1-260 |

### NOUVELLES.

| | |
|---|---|
| 1. Le vœu de Pietro Cirneo . . . . . . . . | 77 |
| 2. L'Antigone corse . . . . . . . . . . | 211 |

### PORTRAITS.

| | |
|---|---|
| 1. Sénèque. . . . . . . . . . . . | 134 |
| 2. Rousseau . . . . . . . . . . . | 179 |
| 3. Joachim Murat. . . . . . . . . . | 189 |
| 4. Pascal Paoli . . . . . . . . . . | 224 |
| 5. Clément Paoli . . . . . . . . . . | 246 |

## VOLUME II.

| | |
|---|---|
| Voyage en Corse (Nebbio; Balagne; Corte; Monte-Rotondo; Ajaccio; Vallée d'Ornano; Sartène; Bonifacio; Côte orientale; Aleria; Mariana.) . . . . | 1-353 |

### NOUVELLES.

| | |
|---|---|
| 1. Vittoria Malaspina . . . . . . . . . | 15 |
| 2. Le Brutus corse . . . . . . . . . | 225 |
| 3. Marianna Pozzo-di-Borgo. . . . . . . . | 228 |
| 4. Orso-Paolo . . . . . . . . . . | 255 |
| 5. Dezio Dezii . . . . . . . . . . | 261 |

### PORTRAITS.

| | |
|---|---|
| 1. Napoléon . . . . . . . . . . . | 167 |
| 2. Sampiero . . . . . . . . . . . | 239 |
| 3. Théodore de Neuhoff . . . . . . . . | 318 |
| CHANTS FUNÈBRES CORSES . . . . . . . . | 38 |

# CORSICA
## DE FERDINAND GREGOROVIUS

## *ERRATA*

OMISSION.

Epigraphe de l'*Histoire des Corses* :

. . . . . . . . . . . . . . . . . Tuumque
Nomen, Libertas, et inanem prosequar umbram.
LUCAIN (*Pharsale*).

HISTOIRE DES CORSES.

| *Au lieu de* | *Lisez* |
|---|---|
| p. 5, lig. 7 ; et p. 7, lig. 31. de la Phocide | de Phocée |
| p. 6, lig. 5. les langues | la langue |
| p. 15, lig. 15. ramènent | emmènent |
| p. 23, lig. 29. des pays | du pays |
| p. 43, (note) 1450-1476 | 1466-1476 |
| p. 47, lig. 14. où il termina | et il termina |
| p. 59, lig. 19. François II | Henri II |
| p. 64, lig. 27. de Calvi | de Calvese |
| p. 66, lig. 3. ne se couvrant | en se couvrant |
| p. 66, lig. 7. et le roi | et Charles IX |
| p. 82, lig. 14. il avait amené | il amenait |
| p. 90, lig. 29. fruster | frustrer |
| p. 106, lig. 6. Castagnetta | Castineta |
| p. 118, lig. 33. eût | eut |
| p. 123, lig. 13. à Aleria, à l'endroit même | sur cette côte orientale |
| p. 126, lig. 1. Inquiétée par | Inquiète de |
| p. 137, lig. 18. le Corse Centuri | le Corse Paolo-Matteo de Centuri |
| p. 137, lig. 24. 1765 | 1767 |
| p. 140, lig. 17. aient soutenus | ont soutenus |

## APPENDICE.

| Au lieu de | Lisez |
|---|---|
| p. VIII, lig. 6. Les Africains | Les Carthaginois |

### VOYAGE EN CORSE. — VOLUME I.

| | |
|---|---|
| Préf. p. I, lig. 1. En traduisant, l'année dernière, | En traduisant |
| Préf. p. I, lig. 16. 1882 | 1881 |
| — p. II, lig. 4. Adrien. | Adrien, |
| p. 8, lig. 24. de l'excellent | d'excellent |
| p. 21, lig. 2. poil de chèvre | peau de chèvre |
| p. 21, lig. 3. cartouchère | cartouchière |
| p. 31, lig. 18. Dolce | Grato |
| p. 31, lig. 19. Infinchè | Mentre che |
| p. 32, lig. 1. Non parlar, | Non veder, |
| p. 32, lig. 30. Ni parler, ni sentir | Ni voir, ni entendre |
| p. 40, lig. 29. esfill. | filles. |
| p. 42, lig. 16. Bastia ..... 20,288. | Bastia... 70, 288. |
| p. 121, lig. 22. et plus | plus |
| p. 124, lig. 14. sous la protection | sous la garde |
| p. 128, lig. 27. cityse | cytise |
| p. 158, lig. 17. cythares | cithares |
| p. 159, lig. 19. jenne | jeune |
| p. 171, lig. 29. devint | devînt |
| p. 180, lig. 7. Roussean | Rousseau |
| p. 230, lig. 3. ses côtés | son côté |
| p. 235, lig. 3. Il et | Il est |
| p. 235, lig. 4. est demie | et demie |
| p. 236, lig. 13. compren | comprendre |
| p. 254, lig. 11. verxu beas | beaux vers |

### VOYAGE EN CORSE. — VOLUME II.

| | |
|---|---|
| p. 32, lig. 18. où | ou |
| p. 50, lig. 18. s'expriment | s'exprime |
| p. 130, lig. 11. m'enforçai | m'enfonçai |
| p. 151, lig. 23. petit-frère | petit frère |
| p. 174, lig. 13. Francesco Bonaparte, 1576. | Francesco Bonaparte, 1567. |
| p. 304, lig. 4. Alphonse, eut, | Alphonse eut, |
| p. 327, lig. 5. « On dit | On dit |
| p. 327, lig. 33. « Sa femme | Sa femme |

# PUBLICATIONS

DE LA

## SOCIÉTÉ DES SCIENCES HISTORIQUES ET NATURELLES

DE LA CORSE

---

*Bulletin de la Société des Sciences Historiques et Naturelles de la Corse*, années 1881-1882 et 1883-1884, 2 vol., 724 et 663 pages.

*Lettres de Pascal Paoli* publiées par M. le docteur Perelli, 1re série, 400 pages.

*Mémoires de Rostini*, texte italien accompagné d'une traduction française par M. l'abbé Letteron, 2 vol., 482 et 588 pages.

*Memorie del Padre Bonfiglio Guelfucci*, dal 1729 al 1764, 1 vol., 236 pages.

*Dialogo nominato Corsica del R$^{mo}$ Monsignor Agostino Justiniano, vescovo di Nebbio*, texte revu par M. de Caraffa, conseiller à la cour d'appel, 1 vol., 120 pages.

*Voyage géologique et minéralogique en Corse, par M. Emile Gueymard, ingénieur des mines, (1820-1821)*, publié par M. J.-M. Bonavita, 1 vol., 160 pages.

*Pietro Cirneo*, texte latin, traduction de M. l'abbé Letteron, 1 vol., 414 pages.

*Histoire des Corses*, par Gregorovius, traduction de M. Pierre Lucciana, 1 vol., 168 pages.

*Corsica*, par Gregorovius, traduction de M. P. Lucciana, 1er vol., 262 pages.

(Ces deux derniers volumes font partie du même ouvrage).

# BULLETIN

DE LA

## SOCIÉTÉ DES SCIENCES HISTORIQUES & NATURELLES DE LA CORSE

**PRIX DU BULLETIN :**

Pour les membres de la Société, un an. . . **10** fr.

BONNEMENTS :

Pour la Corse et la France, un an . . . . **12** fr.
Pour les pays étrangers compris dans l'union
    postale, un an. . . . . . . . . . **13** fr.
Pour les pays étrangers non compris dans
    l'union postale, un an . . . . . . . **15** fr.

NOTA. — Tout abonnement est payable d'avance, et se prend à l'année, du mois de janvier au mois de décembre.

S'adresser pour les abonnements à M. CAMPOCASSO, Trésorier de la Société, ou à la librairie OLLAGNIER, à Bastia.

Prix du fascicule : **3** francs

www.ingramcontent.com/pod-product-compliance
Lightning Source LLC
Chambersburg PA
CBHW070849170426
43202CB00012B/2000